成长保卫战

陪孩子走过青葱岁月

辰菡／著

讲述父母和孩子的成长故事
在平淡与冲突中体验和感悟人生
用爱与尊重为生命提供动力和滋养

中国环境出版社·北京

图书在版编目（CIP）数据

成长保卫战 / 辰菡著. -- 北京 : 中国环境出版社，2014.4
ISBN 978-7-5111-1816-5

Ⅰ. ①成… Ⅱ. ①辰… Ⅲ. ①家庭教育 Ⅳ. ①G78

中国版本图书馆 CIP 数据核字（2014）第 071245 号

出 版 人　王新程
责任编辑　马琦杰
责任校对　唐丽虹
装帧设计　宋　瑞

出版发行　中国环境出版社
（100062 北京市东城区广渠门内大街 16 号）
网　　址：http://www.cesp.com.cn
电子邮箱：bjgl@cesp.com.cn
联系电话：010-67112765（编辑管理部）
发行热线：010-67125803，010-67113405（传真）
印　　刷　北京中科印刷有限公司
经　　销　各地新华书店
版　　次　2014 年 5 月第 1 版
印　　次　2014 年 5 月第 1 次印刷
开　　本　787×960　1/16
印　　张　19.5
字　　数　240 千字
定　　价　32.00 元

序言

素质教育是我们毕生孜孜以求的教育理念。尊重个性，挖掘潜力，一切为了学生的发展，一切为了祖国的腾飞，一切为了人类的进步。不仅授业、解惑，更重要的是传道，引导下一代追求真、善、美，奠定科学的世界观、人生观、价值观，培养有伟大理想、高尚人格、健全心智的优秀人才，并使之能够服务社会，造福人类。

《成长保卫战》是素质教育在家庭教育中的具体应用和生动体现。它之所以能深深打动人心并触及灵魂 w，是因为书中有着浓郁的生活气息，充满了真挚情感，并将爱和责任贯穿始终。既有对孩子和家人的小爱，也有对生命和祖国的大爱；既有对孩子和家庭的责任，也有对社会、国家的责任。

这种升华让《成长保卫战》别具一格，显得大气、丰富和厚重，特别值得家长和孩子一读。爱是教育的最高境界，有没有深爱、大爱，是教书匠和教育家的分野之一。家庭教育也一样，有没有深爱和大爱，有没有历史责任感和社会责任感，是一般家长和优秀家长的分野，是一般孩子和优秀孩子的分野。

作者将个体家庭的成长故事和命运，汇入滚滚的时代大潮中，与国家命运和时代变迁关联起来，从生活层面向生命层面进发。在潜移默化中传承中国传统文化，强化对孩子、对家庭、对社会、对国家的爱和责任，完成生命和文化的接力。在这种大情怀下培养出的孩子，会由内滋生出一种感恩，一种博大，一种担当，然后才可能在今后有大气度、大智慧、大作为、大成就、大贡献。

只关注孩子个体成长的家庭，在处理与孩子有关的问题和冲突时，容易丧失原则和底线，也会让孩子变得自私、狭隘、冷漠，难以感恩父母、回馈社会。当我们把自己和家庭放在社会和人生这个大坐标时，才能更全面深刻地了解社会，突破自身经验和眼光的局限，以更高的视野、更宽广的胸怀看待身边发生的一切事情，向他人学习，向实践学习，在错误和教训中学习，向前辈和历史学习。

书中还饱含很多经验方法和生活智慧，对孩子、家长和老师都很实用。例如，如何培养和保护良好的阅读习惯，怎样看待和应对游戏痴迷；为何要敬畏规则、践行诚信，怎样与他人保持安全距离；如何尊重孩子的私密空间，理解和疏导青春期的迷茫和躁动；提升学习能力的方法和技巧，直面困难解决问题的态度和能力，填报志愿、备战高考的经验总结等。最重要的是如何给生命赋予价值和意义，在坚持梦想的路上，体验身边的快乐和幸福。

本书让我们丰富了生命体验，在平淡和冲突中感受世界的无奈与精彩，生命的痛苦与美丽。也在少年世界与成人世界之间搭建了一座沟通桥梁，增进两代人之间的理解和互谅，更加亲密和谐地相互陪伴。让我们和家长们一起努力，共同为孩子们营造一个更好的成长环境，用知识、心血、仁慈和关爱浇灌这些幼苗，使花蕾盛开，树苗茁壮，使他们拥有一个更加美好、更加有意义的未来。

人大附中　沈章献

前言

我们都曾经是少年。当30年前的那个叛逆少年，如今已成为另一个叛逆少年的母亲时，不得不感慨时光的飞逝、岁月的短暂、生命的轮回与生生不息。少年的我与当年的父母、少年的儿子和如今的我，其间发生了很多个故事、很多场战争，它们在不同的时空坐标中来回穿梭，不停地在脑海里相互比较、冲突和印证。

如今的儿子，个子比我高，力气比我大，知识比我多，想法比我新。虽然在父母面前还是一脸的稚气，举手投足还不时现出孩子的原形，但是，当母子间真正爆发冲突时，儿子在某些方面更为深刻的思想内涵，让我感到既惊讶又震撼，既痛苦又欣慰。

我们第一次身为父母，对养育孩子毫无经验。好容易学会照顾童年的孩子，他一眨眼已成为叛逆的少年。如何与家中的少年相处，进行深入平等的交流？如何理解和疏导孩子的叛逆与迷茫，引导他们有一个正确的人生观与世界观？如何做一名合格的父母，并与孩子一同进步成长？这是父母的困惑。

孩子也第一次成为孩子、成为少年，对这些角色也毫无经验。怎样面对父母和成人世界的权威，并获得同龄人的认可和尊重？怎样妥善处理遇到的矛盾和问题，化解内心的压力和躁动？怎样看待社会、世界和人生，探究并实现自己的存在价值和意义？这是孩子的困惑。

父母与孩子是不能相互选择的，不管彼此之间关系如何，他们一直在相互影响、相互适应、相互塑造，一同感受爱与被爱，一同面对生活的赐予与磨炼，一同承受生命的快乐和痛苦，一同不断丰富着对人生的体验和感悟。不同年龄段的孩子，就像蝴蝶蜕变，有痛苦的历练，也有不可预知的转变。因为未知，所以充满魅力，值得期待。

忽然意识到，这些体验和感悟如此珍贵，就像一粒粒岁月的珍珠，纵使时光一去不返，却能永久驻留在父母和孩子的内心深处，淡淡地散发着生命的光辉；又像是一级级台阶，在特定时间、特定场景，由特定事件引发了生命的跨越和成长；更像是一条条爱的丝线，在间歇的冲突和磨合中不断加粗加长，哪怕孩子像风筝一样越飞越高、越飞越远，丝线的另一端始终被父母牢牢地牵着。

我决定将这些体验和感悟记录下来，通过生活中发生的一些值得纪念的小故事，讲述父母与孩子的心路历程和成长故事，与普天下所有的父母和孩子们分享。即使不发表，这些文字也是弥足珍贵的，里面有我们过往的记忆。同时也认识到，这些体验，已经不是个体之间的故事，而是两代人的期望与叛逆，对话与冲突，关爱与成长。尤其是我们的下一代，不仅关乎一个家庭的命运，更关乎着国家的前途与未来。

当时正在热播《婚姻保卫战》，于是灵机一动，就写《成长保卫战》吧，作为儿子十五岁的生日礼物。这将是一份多么厚重的生日礼物啊，我被自己这个创意深深打动了。把想法也告诉了当了一辈子班主任的大姐，她非常支持："你一定要写。现在好多家长都有一大堆疑惑和问题，不知道该从哪里找答案。教育孩子的书虽然不少，但好的不多。"

说干就干，离儿子十五岁生日只有短短几个月了。我变得亢奋起来，进入到忘我状态，把所有业余时间都用来写书，一坐就是几个小时。没办法，很多思绪满脑子乱转，根本停不下来。只有把它写成文字，才能恢复平静。有时写累了，恨不得脑袋里有个开关，摁一下按钮，就能立刻停止思想。

赶在儿子生日的前一天，终于将书写完了。用标准的16开纸双面印刷，加上封面，整订完毕，还真有点正规书的样子。本书限量发行，只有三本，绝对的稀世珍宝。封面有儿子很帅气的生活照，书内也加了些彩页，是儿子不同时期、不同主题的生活照，还有一张与父母和兄弟姐妹几个家庭三代同堂的全家福。

单看扉页上的两张标准照，就能发现儿子身体和思想的成长。5岁的儿子，眼睛里面满是笑意，清澈得像两汪湖水。脸圆圆的，眉毛淡淡的，嘴角微微上翘，面色粉嫩又光洁。14岁的儿子，目光变得冷峻，有股叛逆的味道。脑袋变长了，眉毛变浓了，面部轮廓变得更加分明。厚厚的嘴唇紧闭着，嘴唇上面，已隐约看到一些淡淡的胡须。

生日那天，我把书郑重地送给了儿子。很想知道他读完这本书的感受，但两周过去了，他压根没提。实在忍不住了，就主动采访。儿子有些不高兴地说："我翻了一下，没看完。如果别人看了，会觉得这男孩好傻。里面总写我有点什么事儿，你苦口婆心。又发生什么事儿，你又苦口婆心。把我写得这么傻，你写得这么伟大。其实，很多事情我已经不那么想了。"

我愣在那里。没想到儿子会这么想，付出全部心血写成的文字，他毫不领情。尤其要命的是，他的大部分观点是对的。如果我摆出一副人生导师的模样，不止儿子，所有的人都会反感。整理了一下情绪，对儿子说："你说得对，我得改。不过，妈妈花了很多心思，你还是看一看。里面有很多人生经验和感悟，对你今后绝对会有帮助。”

以儿子的视角再读这本书，果然发现了很多漏洞和不足。书中描述的人物和时空范围太局限，有太多的主观评论，缺乏鲜活的生活细节，并不是现实的忠实再现。也没有把一个家庭发生的故事，放在特定的历史背景中，没有纵深感和厚重感，很难引起他人的共鸣。

我开始修改，试图更加客观真实地还原故事原貌，并增加了一些成人世界的经历、反思和感悟。因为少年世界和成人世界是相互穿插、相互渗透、相互印证的，有很强的关联性和互鉴意义。修改进程比预想要漫长得多，对过往生活和历史背景的零星记忆已成为碎片，必须不断回顾，让碎片逐渐整合。在此过程中，将个人和家庭的命运与国家的命运进行关联，又生出许多新的感慨和感悟。

这期间，有名号称“虎妈”的美籍华人在全美乃至全球的各式媒体中掀起了轩然大波。她通过互联网发表了一篇关于中国式家庭教育的文章，一周内的点击数超过百万。引起全美如此关注的一个重要历史背景是，美国总统奥巴马刚刚在国内发表一次演讲，批评美国的教育过分宽松和自由，孩子成人后的竞争力逐渐降低，长此以往会输给中国和印度。

“虎妈”的文章就像应景儿似的出炉了。高调弘扬自己严厉甚至粗暴的中国式家庭教育，批判美国式中小学教育的种种弊端，引起一片哗然。不少人认为，为让孩子练钢琴，压抑孩子的天性，不让吃饭，进行辱骂和体罚，不仅不可思议，也是不道德的、没有人性的。

我查了一下“虎妈”的资料，发现她不能算是一个传统意义上的中国人。她父母上世纪初就移民新西兰，本人在新西兰出生，在美国长大，没在中国生活过。她的家庭教育方式，自称是沿袭了父辈的中国式教育，殊不知在近代100多年里，中国经历了怎样的历史，中国当前的家庭教育已经发生了怎样天翻地覆的变化。

一直以来，总有人想把中国妖魔化。“虎妈”就像是一个被妖魔化的中国母亲形象，在全球迅速传播。我并不想同“虎妈”PK，只想告诉世人普通的、典型的、真实的中国母亲是怎样想、怎样做的。她们如何尊重和关爱自己的孩子，如何跟随孩子一同不断成长。

不过，想同“虎妈”PK的确实大有人在。2011年年末，媒体又在恶炒一位号称“狼爸”的人。“狼爸”生长在中国大陆，年纪与“虎妈”相仿，家有四个儿女，有三个孩子都考上了北京大学。“狼爸”的教子宣言是：“三天一顿打，兄妹进北大。”笃信棍棒底下出才子，也写了本书，把自己的成功经验昭示天下。

这些事让我陷入了沉思。是不是只要孩子考上了国内外名牌高校，就能证明孩子和父母的成功，获得世人的艳慕？是不是唯有通过严酷甚至不近人情的体罚教育，才能达成上述结果？这些成功到底是谁想要的，父母，还是孩子？成功后的孩子健康、幸福吗？成功后的孩子能报答父母、报效国家吗？

而有关“富二代”、“官二代”、“星二代”、“啃老族”的种种负面报道日盛一日，让父母们更加困惑，不知道什么样的家庭教育才是适当的。花费了大量的金钱和心血，给孩子提供力所能及的最好教育，却没能达到预想的结果；竭尽所能满足孩子的欲望和需求，非但没有换来爱和亲情，反而招致更多的抱怨和冷漠；人生刚刚开始，孩子们却已未老先衰，除了安逸享乐，找不到奋斗的理由和动力。

未来世界，方向比努力更重要，能力比知识更重要，健康比成绩更重要，生活比文凭更重要，情商比智商更重要。父母到底该怎样做，才能引导孩子的兴趣，让孩子健康快乐地成长，并能适应未来世界的生存和发展需求？父母到底该怎样做，才能总结并传达自己的人生经验，让孩子拥有一颗诚实善良的灵魂，能感受生命的奇妙和美丽？父母到底该怎样做，才能帮助孩子树立适应未来社会的信仰与价值观，让他能寻到人生的价值和意义？

在探寻上述问题答案的过程中，“虎妈”、“狼爸”渐行渐远，对成功的渴望和困惑也变得无足轻重。剩下的，唯有对生命和社会的再认识、再体验、再感悟。过往的历史和经历渐渐变得清晰，它沉默不语地向前延展着，让我们看得到通往未来的路。

辰　菡

2013 年 11 月 3 日

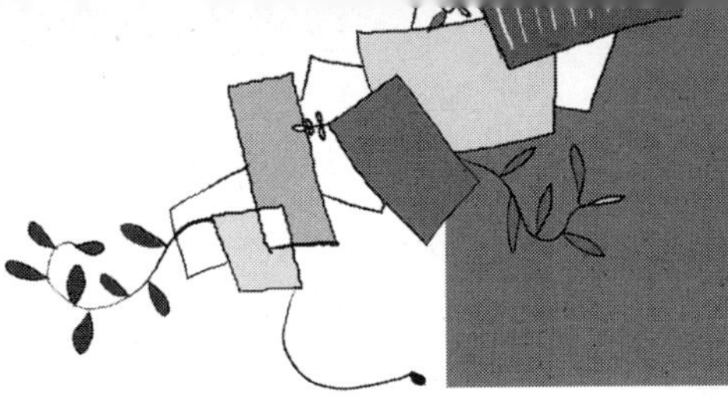

目录

第一章 读书保卫战 1

第二章 游戏保卫战 51

第三章
纪律保卫战 97

第四章
尊严保卫战 139

第五章 能力保卫战 185

第六章 信仰保卫战 241

第一章
读书保卫战

孩子读书，就像他身体的成长，不同阶段会有不同的需求。坚持阅读不仅能提高成绩，还能帮孩子更丰富地感知人生、更深刻地理解世界。只有将课本知识与课外知识相融合，才能形成牢固的、相得益彰的知识体系。

导读：

读书能开阔视野、增长知识，知识能启迪智慧、改变命运。知识越多，眼界越宽，想法越多，对自己、对未来的期望也越高。于是，生命偏离了原来的轨道，越飞越高，越飞越远。个人的命运总会被打上时代的烙印，尽管这一代代人都想穷尽自己的一生，为后代争取更好的前途和命运。

孩子读书，就像他身体的成长，不同年龄段会有不同的需求。坚持阅读能让孩子告别懵懂，更丰富地感知人生、更深刻地理解世界。读书不仅能提高成绩，还能帮助孩子认识自己，了解他人，了解社会，教孩子做人原则、生存方法和生活智慧，学会与他人和谐相处，获得内心的平和与宁静。

只要在对的时间和场合，看课外书用不着偷偷摸摸，也不用限定范围。喜欢阅读是件好事儿，能帮助孩子提高文化素养，获得课外知识，发展兴趣爱好，发现自己的特殊专长和能力，还能促进课本知识与课外知识有机融合，相得益彰，形成孩子自己的牢固的知识体系。

电视和互联网是把“双刃剑”，既有很多有用的工具和精神营养品，也有很多副产品和精神垃圾。如今，当看电视和上网已成为一种生活习惯时，我会偶尔思念起读书带来的独有乐趣。在嘈杂拥挤的人流中，在孤单寂寞的时光里，打开一本自己喜欢的书，就立刻能进入另一个世界。

1. 知识改变命运

书是人类思想的宝库，是先祖们的遗训，也是人类进步的阶梯。人类之所以比其他物种有更高的智慧，对自然有更大的影响力，就在于人类创造了丰富的语言和文字，能记载、积累、贮存和传承生命实践中获取的思想、知识、经验和智慧，并在此基础上不断拓展，使人类文明加速发展，使世界呈现今日的丰富与繁荣。

这些话听起来像是大话、套话，却在数代人的生存斗争经验和社会发展轨迹中不断得到体现和印证。读书能开阔视野、增长知识，知识能启迪智慧、改变命运。知识越多，眼界越宽，想法越多，对自己、对未来的期望也越高。于是，生命偏离了原来的轨道，越飞越高，越飞越远。

对一个普通的中国家庭来说，“知识改变命运”在几代人之中是如何体现的？尽管每个家庭的故事不尽相同，但沿着祖辈、父辈的足迹，还是可以寻找到答案，因为他们的经历是一个时代、一段历史的缩影。

我没有见过爷爷、奶奶和外公，他们在我出生以前就离世了，只看到过他们的照片，黑白的，看上去敦厚、慈爱，很典型、很传统的中国老人形象。他们好像都没有读过书，也不识字，世世代代都是农民，一辈子面朝黄土背朝天，从来也没有离开过生养他们的土地。

在一起生活较长时间的只有姥姥。她是个小脚女人，只有三寸金莲，自然是文盲，也从没想过要改变命运。在那个封建年代，女人的命运似乎早已被注定：嫁一个好人家，本本分分地在家相夫教子。很少有女人读书的，“女子无才便是德”是社会共识。而且读书也是一件非常奢侈的事，只有家境好的父母，才有能力把家中的男丁送到私塾或学堂读书，以求取功名。

闭上眼，就能很清晰地看到父母的音容相貌，以及往日生活的点点滴滴。当初，父母是如何离开农村的？他们的命运又如何被知识改变的？自以为非常了解他们，但绞尽脑汁，竟然发现对父母青少年时代的生活经历一无所知，这让我感到很内疚，很意外。

立刻拨通了父母的电话，想知道那个让我焦灼的答案。母亲接的电话，她总能在第一时间判别出不同孩子的声音。心里暖了一下，有点愧疚，又有几周没给家里打电话了。“妈，想问你几个问题，你还记得吗？”简单问候之后，直奔主题。

“你说。”这是母亲的风格，一旦孩子有要求，随时准备给出自己力所能及的帮助。眼前浮现出一位年近八十的老太太，矮矮胖胖的体态，一双眯眯眼满是慈祥，短短的脖子，圆圆的脸，皮肤轻薄而光洁，思维依然非常敏捷、清晰，只有满头的银发和前额的皱纹告诉我：母亲的确已经老了。

“你以前读过书、上过学吗？”母亲愣了一下：“当然上过学。怎么忽然想起问这个？”“你别管，就是想知道。我忽然发现你和爸过去的事儿怎么没告诉过我们？”在母亲面前，我永远是任性的，任性中又带点撒娇。

“你妈是文盲，没上过学！”听到父亲在一旁笑着大声说。这句话用父亲特有的闽南普通话抑扬顿挫地讲出来，别有一番味道。父亲曾经大而明亮的眼睛，已经变得小且浑浊，但总是会散发出一种孩童般的天真快乐。挺直的鼻梁，厚厚的嘴唇，高高的额头，花白的头发，清瘦的脸上满是褶儿。一米七八的个头已经萎缩了一些，腰板也有些弯曲了。

“瞎说！”母亲立刻反驳道，“我上过夜校，然后直接上了小学四年级，六年级毕业。又读了两年的初中，二十三岁毕业。”在那年头，这样的学习经历已经相当不错了。我笑着调侃母亲："你比我想象的要有文化多啦！我一直认为你只上了小学二年级呢。"

母亲说，新中国成立前，她从来没敢想过自己能识字、能读书。姥爷死得早，母亲和小姨很小就许配给人家当童养媳。幸好遇上新中国成立，世界被颠倒了个儿，地主、富农的土地被没收，贫下中农当家做主，还分到了田地。那一年，母亲十六岁。

获得解放的母亲一边种地，一边参加人民公社组织的夜校扫盲班，学识字、学文化，甚至还念了中专，学到了一些专业技能。被知识武装起来的母亲开始与命运抗争，不肯嫁给原先许配的人家，凭着珠算和心算技能，进入城镇工厂工作，将农村户口转为城市户口，实现了人生的一大飞跃。

父亲的故事也很精彩，他不仅没有忘记少年往事，还记得一些细节。父亲的声音依然洪亮开朗，完全不像一个八十多岁的老人。父亲的老家在闽南山区，比较落后和封闭，但家境还不错，人丁兴旺，在当地也算得上是个大户人家。爷爷在父亲八岁时就将他送进了附近一家私塾学习，两年后，转到乡办私立小学继续读书，毕业后去县里的中学学习。

当时，抗日战争已接近尾声，几名国民党退伍军人来到这偏远的山村，给孩子们当老师。县城离家里很远，爷爷经常走几十里的山路，挑着担子翻过大山给父亲送去大米，还有其他吃的。父亲没读高中，直接考进了农业专科学校，因为爷爷希望他学成之后回家务农，科学种植养殖，振兴家业。

专科毕业时，新中国刚刚成立，保家卫国的朝鲜战争刚刚开始。一腔热血的父亲不顾家人反对，报名参加陆军，被爷爷托人拦下了。他又再接再厉，偷偷报考了空军。爷爷拗不过他，眼瞅着花了半生精力培养儿子，却让儿子离自己越来越远。父亲成为家乡第一个跑出大山的人，跟着部队去过不少地方。从空军复员后，父亲听从组织安排，在中原定居安家。

“文革”十年，是父亲最不愿回忆的一段往事。全国上下都处于一种极为亢奋的狂热之中，几乎所有的当权者和知识分子都受到波及。一心追寻革命的父亲忽然间变成了被革命的对象，平日工作吊儿郎当的基层员工忽然间成为革命运动的先锋和领导者。人与人之间充满了戒备和对立，大字报总是铺天盖地，被打死、批斗死或忍受不了屈辱而自杀的事件时有发生。

读书、学习突然间成了一种罪过，看文学名著或钻研技术都得偷偷摸摸，否则会被扣上臭老九或反动学术权威的帽子。但有一项学习是不能免的，就是读“红宝书”，全国人民几乎人手一册。毛主席说过的每一句话都是真理，是毋庸质疑的。谁要在言行上稍微显示对领袖或革命的质疑和不敬，就可能会成为反革命，被批斗、坐牢，断送自己的政治前程甚至身家性命。

1976年，发生了很多大事。唐山大地震，不到一分钟的工夫就摧毁了一座城市。三位国家最重要的领导人相继辞世，在全国引发了更强烈的“地震”。“四人帮”反党集团被粉碎，接受了历史的审判，一切开始拨乱反正，书被解禁，高考恢复，知识和知识分子重新获得尊重。大家重新认识到，一个民族只有回到世界文明的大道，把人类已获得的全部文化成就作为自己的起点，才能以现实的高速度前进。

1978年，大姐高中、二姐初中同时毕业。那时高考刚刚恢复，在等待高考分数时，有个护士专科学校要招收初中毕业生，不仅不需要学费，还能有一些生活补贴。二姐当时只有十四岁，学习成绩很好，没太犹豫就接受了母亲的建议。如果能料到若干年后，二姐的这个决定会对她的职业生涯带来局限时，结果一定会有所不同。

后来，母亲经常提起这事儿，二姐就宽慰她：“在那个年代，能有书读、有中专上就已经很不错了。什么年代说什么年代的事儿，妈，你也用不着内疚。”母亲说：“那时政策总在变，说是上山下乡已经取消，但‘文革’把人都给斗怕了，没有一点儿安全感，万一哪天又变回来了呢？唯独那一年，护士学校针对初中毕业生招生，只想着机会多难得啊！”

等我和妹妹参加高考时，家里的生活压力小多了。上不上大学，在哪里上，要不要继续读研究生，全凭自己的能力。于是，跟姐姐们相比，我们的自由度大多了，心就更野，也跑得更远。尽管很多年后才知道，为了每月及时寄给我们大学生活费用，父母一直克勤克俭，一分钱掰成两瓣花，把自己的生活需求降至极简。

在脑海里勾勒出这几代人的命运轨迹，感慨万千。文盲的爷爷希望父亲有知识、有文化，只想他能帮助自己振兴家业，却正好遇到社会的新旧更迭，被信念和知识武装起来的父亲志存高远，置小家于不顾，要去报效国家，结果一去不回，跑得最远。

尽管命运多舛，父亲曾经的信念和理想并没有改变。他时刻教导我们要好好学习，爱祖国、爱人民，成为又红又专的共产主义接班人。等我们开始贡献社会、报效祖国时，又遇到改革开放和社会转型，于是在理想和现实之间不断纠结和挣扎。

不肯舍弃理想又不得不向现实妥协的我们，对唯一的孩子关怀备至，希望他能接受最好的教育，能实现我们未能完成的志向，经历和感悟更精彩的人生。但是，在全球一体化的新时代，孩子们对家国的概念早已模糊，对前辈曾经的“主义”和理想不屑一顾。我们只能看着孩子日渐远去的背影发呆，不知放风筝的那条丝线能否一直握在自己手上。

备受呵护和关爱的下一代有的已经成为年轻的父母，在观念和想法上与我们有很大差异，很多人并没有高远的志向或强烈的奋斗意愿，更懂得享受生活，也更注重个人权利和价值的实现。他们对过往的历史和遥远的未来不太关心，对孩子的期望也变得简单、纯粹，只希望孩子健健康康的，能感受身边的、当下的幸福和快乐。

一个人生的大轮回。忽然觉得，无论有没有知识，有多少知识，在历史的大潮面前，个人的命运显得那么柔弱无力，只能随波逐流，跟着历史轨迹的改变而改变。尽管这一代代人，都想穷尽自己的一生，为后代争取更好的前途和命运。

大家好像在以家族为单位叠罗汉，继而延展到整个国家，整个民族。祖辈站在最下方，拼尽自己的全力将父辈们托起。于是，父辈们的眼界就高了一些，视野就广了一些，他们看到或体验到了更多的东西。

接着，父辈们又开始蓄力，把我们托举了起来，让我们站得更高，看得更远。虽然不能将所有的孩子托举到同样高度，但已经拼尽了全力，付出了所有的爱与艰辛。我们成年以后，就需要自己努力，到达我们想要的高度，并把所见所闻与父母分享，随我们一起体察不一样的生命。

现在，轮到我们来托举孩子了。幸好只有一个，不至于有那么多纠结和艰辛。我们已经准备好了。儿子，你准备好了吗？如果看到精彩的风景，别忘了告诉我们。

2. 快乐阅读

有好奇心和求知欲，是所有动物的本能和天性，也是物种生命延续和发展的基础，人类也不例外。通过书籍来探索身外的世界，这种天性好像已经融入了人类的基因里。它能让我们告别懵懂，更丰富地感知人生、更深刻地理解世界。很少看到不喜欢读书的孩子，而且发现，孩子读书，就像他身体的成长，每个年龄段会有不同的需求。

兴趣是最好的老师。童年时，因为喜欢听童话故事，儿子对色彩斑斓的童话书着了迷；喜欢玩具，不知不觉就能阅读玩具说明书；再稍大一些，爱上黑猫警长，对侦探故事和推理小说情有独钟；对外部世界充满好奇，又研读起自然和科技类图书；进入青春期，转而阅读人文社科类图书了。

我在孩提时的一些阅读经历和感悟至今留存在记忆里，深刻影响着自己对人生和社会的看法，对自身价值和是非曲直的理解和判断。这些经验也自然而然地传递到对下一代的养育当中，儿子自小就表现出对阅读非同一般的兴趣和天赋，也许是一种遗传吧。

关于读书的最早记忆与语文课有关。依稀记得小学一年级上的第一课，同学们拖着长音跟着老师大声朗读：“我是中国人。我热爱我的祖国。”那嘹亮的童声，纵然穿越四十年，依然能在灵魂深处产生莫名的共鸣与感动。后一课好像是《我爱北京天安门》，从此，天安门成为孩子们心中的圣地，成为中国和中国人民的象征，去北京看天安门，也成为很多孩子儿时的梦想。

记忆最深的要数唐诗宋词。一开始很简单，像《咏鹅》《悯农》等，然后篇幅和难度不断增加。有些至今还记得，像苏轼的“人有悲欢离合，月有阴晴圆缺，此事古难全。但愿人长久，千里共婵娟”。岳飞的“三十功名尘与土，八千里路云和月。莫等闲，白了少年头，空悲切”。陆游的“无意苦争春，一任群芳妒。零落成泥碾作尘，只有香如故”。

因为年龄小，当初背诵课文时，对这些诗词的理解和感受还十分肤浅，只觉得文字精练优美，对仗工整，通俗易懂，朗朗上口，有气势，有韵味，有意境。一边或豪迈或凄婉地背诵着这些诗词，一边会在脑海里勾勒出绝美诗意的画面。

后来，经历越多，对诗词的感悟就越多。当生活中有事情发生时，它们常会在不经意间从大脑存储间里“溜达”出来，给予我启示和指导，抚慰我精神上的伤痛。曾在千里之外独自仰望明月，流着泪默念“但愿人长久”；也曾用“莫等闲”来励志，帮助自己克服困难和惰性，保持对生活的热情；甚至偶尔会自比蜡梅，无论身处何种境地，也要尽力呵护内心的芬芳。

我们这代人对课本的阅读记忆如此深刻，还有一个历史背景。文化大革命那些年，高考制度被取消，知识分子被打倒，许多承载知识的书成了违禁品，除了被指定的少数书籍外，大家几乎无书可读，读古书是封建主义，读西方的书是资本主义，读苏联的书是修正主义。

甚至国内很多近现代名著，因为描述了爱情和腐朽的资产阶级生活方式，也被归入“毒草”行列。根据这些作品改编成的电影，只能作为内参电影，仅限于革命队伍内部放映。在这种神秘的氛围下，我看过电影《青春之歌》《五朵金花》和《阿诗玛》，里面充满了阳光的、积极向上的生活气息和美好的情感，怎么也难以与毒草画上等号。

等我们上高中时，“文革”已经结束，在解放思想、拨乱反正的时代大潮中，多年的思想禁锢被破除，很多优秀深刻的文学作品也破茧而出。这些作品让人耳目一新，脱去了以往激情、豪迈、正统的伪装，真实描述各类人物的故事和悲欢离合，直面社会的阴暗与光明，或悲或喜，或委婉或激扬，直捣你的内心。

我对这些有些着迷了，经常背着父母偷偷看大部头文学期刊杂志。很喜欢舒婷的《致橡树》，告诉女人不要做藤蔓，要有树的形象，有自己的红花绿叶和尊严；也认同毕淑敏的《素面朝天》，欣赏那种淡定的、注重内心充实的生活状态；而《歌德巴赫猜想》，曾唤起一代人对科学探索的向往，对那些戴着深度眼镜、不修边幅、读书到痴迷的人充满敬仰。

进入大学后，学校图书馆就像一座宝藏，各种各样的书应有尽有。觉得自己就像是一块干渴的海绵，什么书都想读，什么知识都想学。研究过不同的宗教，喜欢过科幻小说，研读过晦涩的诺贝尔文学奖获奖作品，传阅过言情的、武打的通俗小说，还有关于地理、哲学、历史、社会、摄影、绘画、音乐等不同门类的书。

在大学校园里才开始真正完整阅读外国文学作品。这些著作在“文革”期间大部分都是禁书，很难看到。在高中语文课本里偶尔出现时，也只是其中的一小段节选。每学期，我至少要借阅十本的外国名著，它们就像一扇扇窗子，让我看到了外面的世界，新奇、震撼，虽然好像遥不可及，但书中描述的人物和故事，依然能引起内心的感动和共鸣。

比如法国作家维克多·雨果的《巴黎圣母院》，把外表和心灵的美与丑描述得淋漓尽致，在强烈的对比和冲突中，完成了人性的救赎与升华。苏联作家保尔·柯察金的《钢铁是怎样炼成的》告诉我们，怎样的生活才更有意义，如何融入时代大潮中，使自己百炼成钢。

英国作家夏洛蒂·勃朗特的《简·爱》将我们带到19世纪的英国庄园里，目睹一位平凡的女性如何在低微和苦难中保持坚强独立的个性，不卑不亢，自尊自爱，追求爱情的自由与平等。美国作家玛格丽特·米切尔的《飘》则让我们在美国南北战争的惨烈风云中，跟随郝思嘉一起跌宕起伏，洗尽铅华，完成了蝴蝶的美丽蜕变。

成年后，我去过很多地方，都跟少年时的读书记忆有关。它就像是带有解说的地图或导游手册，里面充满情感和诱惑，不断召唤我，让我有种渴望，想身临其境，去实地体会和感悟。比如第一次看到黄河、长江；第一次登临华山和黄山；第一次面朝大海，听惊涛拍岸，感受春暖花开；第一次品尝慕尼黑的啤酒，倾听巴黎圣母院的钟声，沉醉在地中海的蔚蓝中，在开满樱花的富士山脚下徜徉。

阅读帮助我们了解自然的神奇与博大，足不出户就能游览万水千山；让我们穿越时空，沐浴远古的文明与沧桑，体验异国他乡的风土人情；能经历不同年代、不同民族、不同国度的人生故事，随他们一起喜怒哀乐；能教会我们如何在平凡中看到伟大，在困顿中发现快乐，在丑陋中体察美丽，在绝望中找到希望。

每本书都是一个丰富多彩的世界，只要用心去读，书中的文字就能激活我们身体所有的感官，能听到、看到、闻到、触摸到和感受到作者所描述的一切。依据书中提供的信息，不断调整我们对世界与生命的理解，并让书中的知识或故事，成为自己生命的一部分。

因为理解书对少年成长的意义，我对儿子读书一向给予鼓励，从不按照自己的喜好对他设定限制，只要是孩子喜欢的健康的书，都给他买，支持他在课本之外广泛发展阅读爱好，但前提是不能影响正常的学习。有时孩子难以控制自己，作业还没写便偷偷看课外书，那就得出面干涉了。

有一次，儿子正在书房里写作业，老公削了盘苹果让我给儿子送去。来到书房，儿子听到脚步声，本能地做了个小动作。我会心地笑了笑，问：

“作业做完了没有？”儿子侧过头来，两只手压着课本，迟疑了一下：“还没有。”走到他身后，拍拍他的脑袋，移开他的手，课本下面果然藏着一本《海底两万里》——凡尔纳的科幻小说。“儿子，这一招我三十多年前就用过。妈妈什么时候反对过你读课外书？读书是件好事儿，值得鼓励。不过，最好先老老实实写完作业，然后想怎么看就怎么看。要不然，总有作业在心头压着，书也看不踏实。是不是？”

儿子被抓个现行，有些窘，不过很快便释然了。他笑着把课外书放到一边，将注意力放回到作业上：“这道题让列出20个成语故事，我的《成语词典》放在教室里没拿回来，做不下去了。”

“这还不简单，我给你说几个：滥竽充数、守株待兔、望梅止渴、刻舟求剑、杯弓蛇影、掩耳盗铃、狐假虎威、买椟还珠、螳臂当车、讳疾忌医、负荆请罪、东施效颦……”

“哇！妈妈，你好厉害！”儿子夸张地惊叹道。

不是我厉害，是老师厉害。初中时，语文老师不仅让我们背成语，还要了解成语的出处、背后的故事和想要表达的道理，课本里还配有相应的插图进行说明。这些成语，短小精悍，里面蕴含着很多哲理和生活智慧，像“三人行，必有我师”，“己所不欲，勿施于人”，“仓廪实而知礼节”，“失之毫厘，谬以千里”等。

“我最害怕背文言文了，能弄懂每个字、每句话的含义已经很不错了，老师还让我们整段地背诵，课堂抽查，不会背就罚站。为什么要背这些，以后有用吗？最后还不是都忘了。”儿子翻弄着语文课本，有些苦恼地说。

我也有些害怕文言文，晦涩拗口，年代越久远，与现代文差异就越大，以前背得滚瓜烂熟的课文早就被丢到爪哇国去了。不过，还有一些片段和佳句，就像长在了骨头里，一旦需要，就立刻跳出来。

“吹吧，吹吧！反正吹牛不上税。”老公不知什么时候走了进来。

“不信？我们比比。”我把身体挺直，作豪迈状：“明月几时有，把酒问青天，不知天上宫阙，今夕是何年……”

“这不是文言文，也太简单了，换一个。”儿子一边笑，一边出题目：“《出师表》！《出师表》！”

凝神想了半天，只记起几个字，“臣本布衣，躬耕于南阳”。

“牛皮吹破了吧！儿子，你来！”老公得意至极。

儿子毫不费力，信手拈来：“臣本布衣，躬耕于南阳，苟全性命于乱世，不求闻达于诸侯。先帝不以臣卑鄙，猥自枉屈，三顾臣于草庐之中……”

后来，又比试了《木兰辞》《陋室铭》，自然都败在儿子的手下，时间过去太久了。

败给儿子，不丢人。现在想想，才真正体会到老师当年的良苦用心。中华文化的精髓其实都藏在这些文章、成语和诗词里面，虽然大部分背过的文字都忘了，但里面所蕴含的哲理和智慧，早已融入我们的血液中，悄无声息地影响着我们的观念和行为。是老师们的严格要求，才使千年的中国文化得以传承，并让我们受益终生。

孔子更厉害，在两千多年前就用短短的一句话，概括出人的一生：“三十而立，四十而不惑，五十而知天命，六十而耳顺，七十而从心所欲”。如今，当自己成为“奔五”的一员时，才在无数的挫折和感悟中真切体会到，“不惑”和“知天命”都是需要用时间和阅历来沉淀的。没有足够的生活阅历，就不可能达到如此境界。

“不会吧，妈妈，你现在知道自己的天命了吗？”儿子在诡笑。

“快了。至少遇到事情不会太着急，能从容应对。我这辈子也就这样了，今后的重心就是你，你就是我的天命了！”

“还从容呢？一看到我坐在电脑前就紧张得要命，总以为我在玩游戏。”

“还不是你闹得，太在乎你，要是别人家的孩子，我才不会紧张呢。我的修炼还不够，等什么时候对你视而不见了，就真正没什么可着急的了。”

3. 童话天堂

儿子的阅读是从童话故事开始的，幼年的儿子本身就是小天使，喜欢快乐美好的童话天堂。缠着大人讲童话故事，几乎是所有小朋友的最爱，尤其是那些色彩鲜艳的卡通故事书，他们想知道书里画的到底是谁，他们在干什么，有哪些精彩的故事发生。

也许时间更早，他在娘胎里就开始听故事了。怀孕后，老公买了几本孕期保健和孩子早教的书，我们从中学到了不少新知识。根据书里的建议，怀孕期间，除加强营养、多活动、尽量不生病或少生病、不吃药或在医生指导下用药以外，还要多听优美的音乐和故事，保持健康愉悦的心态，据说这样生出来的孩子聪明。

书店里或卖音像制品的地方，有很多胎教磁带或音乐碟片。为了不让儿子输在起跑线上，我们精心挑选了很多国内外经典的音乐碟片、歌曲碟片，还有一些专门针对胎教的童话故事，经常在家里播放。按下键钮，轻快或舒缓的音乐、歌曲或故事立刻充满了每个房间，不足四十平方米的陋室也即刻显得灵动、优雅起来。

当时，国家法定带薪产假只有四十五天。所以，儿子刚满月不久，我就上班了。请了一个十七八岁的小保姆，是家里的远房亲戚。白天由小保姆照顾儿子，下班后就由我来接手。女孩很伶俐，看起来跟城里人没什么两样。儿子出生后的前几个月，大部分时间都在睡觉，只要能及时更换尿不湿，让孩子感觉舒服、不哭不闹就可以了。女孩很会逗孩子玩，经常拿着各种玩具吸引儿子的注意力，给他唱歌、讲故事。儿子交给她照顾，还是挺放心的。

就这样平稳地过了一段时间。有一天在家抱儿子时，忽然感觉他的眼神好像不对，跟他对视时，两只小黑眼珠都向鼻梁靠拢，有些对眼。抱他出门玩，表情总是怯怯的，怕见陌生人，不愿与人对视和交流。心里就有些疑惑，决定在上班时间跑回家来个突击检查，看看到底是怎么回事。

走到家门前，听到悠扬的歌声从屋里飘出来。敲门时，歌声戛然而止，小保姆红着脸开门迎我进来，觉得有些突然。儿子正躺在摇篮里，摇篮的顶部挂着一只充气小狗和一只铃铛，他就一直定定地与小狗对视，不哭也不闹。难怪儿子会对眼，也难怪女孩最近忽然会唱很多歌，都是我喜欢的。她每天呆在家里哪儿也不去，忙着看电视、学唱歌，让儿子在摇篮里躺着。儿子不会说话，只能听任她的安排了。

原来，每次回家时她跑前跑后围着孩子转，都是做给我看的。我心里不高兴，还不能发火，十几岁的女孩子自己还没有长大，肯定会贪玩。我心疼地抱起孩子，严肃地对女孩说：“我知道带孩子挺累，所以一下班就尽量自己带。你以后不能再这样了，如果孩子对眼了怎么办？性格变孤僻了怎么办？”

我们这么信任她，把孩子托付给她照顾，希望她能不辜负这种信任和托付，真正承担起责任，不能图自己一时的快乐，而影响孩子一生的健康。单位大院里有很多孩子都有保姆带着，多到户外去，让孩子多接触自然和人，跟其他的小保姆一起聊聊天，对儿子、对女孩都有好处。

那次谈话过后，女孩改进了不少，只要天气许可，就抱儿子出去，很快便与其他的小保姆交上了朋友。当然也有不尽人意的，儿子哭闹的时候她有个绝招，就是让儿子看电视。只要看到花花绿绿的活动影像，儿子就立刻变得安静下来，两眼紧紧盯着屏幕，样子非常专注。他甚至会自己选台，专爱看卡通片，如果不是，就手脚乱划乱踢，直到他满意为止。不知道后来儿子近视是否与幼年时看电视太多有关，反正木已成舟，也只能接受了。

一岁刚过，儿子突然能自己走路了。那天我在外地出差，没有亲眼目睹。小保姆兴奋地告诉我，本来她是一直牵着儿子在篮球场里走的，后来他甩开了她的手，自己跑了起来，边笑边叫，绕着球场跑了好多圈。

之后就是开始学说话和数数。“妈妈”、“爸爸”、“姐姐”、“阿姨”这些简单的词儿，很早就会了，稍难一些的，就需要反复跟他说，让他模仿。只要跟孩子在一起，我们就不停地跟他说话，把他的需求和大人的指令关联起来，不断强化，比如吃饭、喝水、玩玩具、看电视、上厕所、出去玩、洗澡、穿衣服、脱衣服、睡觉，都是教孩子说话的好机会。

我们说累了，就放磁带给儿子听。每当这时候，儿子就会立刻安静下来，全神贯注。磁带里的童话故事，都是经过精心挑选和编辑的，就像是一个个情景剧，有场景、音乐、对话和模拟声响，随着情节的变化而变化，让你恍若身临其境。

儿子喜欢上了童话故事，也开始对童话书产生浓厚的兴趣。为满足这种兴趣，我们经常带儿子去书店，每次都买不少童话书回来，还是成套的。如今的童话书，一本本装潢精美、色彩艳丽、画面脱俗，尤其是里面的故事，收纳了国内外最优秀的童话作品，再以丰富多彩的卡通形象展现出来，大人、孩子看了都喜欢。

书买回来后，儿子先自己认真翻看一遍，再让大人讲一遍。一遍还不够，每晚睡觉前，总是匆忙地洗漱完毕，高兴地钻进被窝，等我们给他再讲。我尽量模仿磁带里讲故事的方式，让自己的发音标准，语速和语调能体现故事情节和情感。后来才知道，这是讲故事的正确方式，能培养孩子的语言表达能力和语感。

儿子听故事时，必须坐着，靠在我身上，小脑袋凑过来，和我一起边听边看。还时不时问已经读到了哪里，他要同步阅读。很享受这样的时刻，跟儿子一起再过一次童年，更何况，很多故事我也是第一次看到。

睡前阅读通常要半小时左右，直到儿子开始打哈欠、揉眼睛。儿子几乎喜欢所有的童话故事，像《白雪公主和七个小矮人》《三只小猪》《动物运动会》《小蝌蚪找妈妈》《舒克和贝塔》《狮子王》《小鹿斑比》《叮当猫》《海底总动员》《玩具总动员》《汽车总动员》等，都让他百看不厌，百听不烦。

儿子特别喜欢听《拇指姑娘》，因为我把他编了进去，变成了儿子和拇指姑娘一起经历的故事，故事的趣味性和吸引力倍增。拇指姑娘个头小，能看到正常人不能看到的奇异世界，也经历了很多风险。一片草地对她来说就是一片森林，蟋蟀也变得巨大无比。她可以睡在荷花的花蕊里，也能够坐在一片落叶上在湖面上滑行。

儿子比拇指姑娘个头大多了，自然在故事里承担起保护拇指姑娘的责任，拇指姑娘遇到困难或危险时，也一定向这位哥哥求助。比如，帮她跳过一道鸿沟、翻过一块岩石，赶走那些围攻她的蚂蚁，再帮她建一所可以遮风挡雨的小房子。儿子很喜欢自己在故事里这么能干有力量。有段时间，他每天都要听这个故事，每次讲的情节还要有变化，我只能展开想象临场发挥了。

《龟兔赛跑》的故事非常经典，儿子总让我讲。讲了几次后，忽然想来点变化："兔子赛跑输给乌龟以后，它很不服气，想要再比试一次，乌龟答应了。它们一起出发，兔子依然跑得很快，不一会儿就把乌龟远远甩在后面。不过这一次，兔子吸取了上次比赛的失败教训，中途没有睡觉，一口气跑到终点。但让它万万没想到的是，乌龟正在终点向它招手呢。为什么？"

儿子想了半天，没想明白。"乌龟从水里游过去的，抄了近道，所以比兔子先到。"儿子觉得很有意思，摇我的胳膊让再讲一个。"第二天，它们又比赛。这次乌龟没有游泳，但还是赢了。"为什么？"儿子依旧不明白。"乌龟这次利用一棵竹子，把竹竿压弯，就像炮弹似的，一下子飞了过去。"

就这样，边说边笑着连续讲了十几个版本，挣脱书本固有的模式，让思想自由延展，激发孩子的想象力。乌龟不仅有恒心，还变得足智多谋，克服了身体的局限，赢得了一个又一个的胜利。而那只矫健的兔子，原本拥有绝对的优势，却因为不懂得利用智慧而不断失败。

有时，同一个故事，还能用不同的媒介来演绎。比如《舒克和贝塔》，儿子先听了故事磁带，又看了童话故事书，还买了光碟在电视上看。后来，遇到商店有卖卡通人物玩具的，儿子又要买。他在家里的桌子上或地板上一边摆放这些玩具，一边按照书里的情节，模仿磁带里的声音和动画片里的背景，给我们复述这个故事。就这样，听觉、视觉、触觉相互印证和强化，对孩子阅读和理解能力的培养锻炼大有裨益。

为了能自己独立看懂童话书里的故事，儿子慢慢对认字产生了浓厚的兴趣。我们买了很多看图识字的卡片，像扑克牌那样大小，一面是实物图像，一面是文字和读音。儿子拿着卡片，一张张让我教他，反复多次进行训练，然后逐一测试。每答对一个，他就会高兴地跳起来。

不知道是经常看故事、听故事、看图识字的原因，还是幼儿园老师教的，儿子四五岁时竟然能读报纸了。虽然有些字还不认识，需要大人的帮助，但一篇文章基本上能读得让人明白。这让我们非常吃惊，孩子的模仿能力和智力真是难以低估，没人说得清那颗小小的脑袋里面到底能装多少东西。

4. 科学与探索

最先发现儿子能阅读的是大姐。儿子四岁多时去大姐家住了几天，大姐给他买了几样玩具，有回力车和遥控飞机等。儿子非常高兴，兴冲冲地打开包装，拿出说明书认真地看起来。“你能看懂吗？要不要我帮你念？”大姐问。

儿子随后就大声读出来，虽然有些磕磕绊绊，一些字还得问大姐，但大致意思都对。这让当了一辈子小学班主任的大姐很震撼：“你是怎么认识这些字的？”儿子说，每次我给他读故事书或说明书时，他都一起跟着看，就把这些字给记住了。

“你孩子对汉字特别敏感，对读书有着不一般的天分和爱好。他只要一看起书来，就陷进书的世界里，把身边的一切都忘了，叫他也听不见。而且记忆力超强，很多内容过目不忘。”大姐后来对我说，让我好好培养儿子，他是块读书的好料子，将来一定会很有出息。

儿子读说明书，是想知道玩具该怎么操作。他一直是个好奇心很重的孩子，无论看见什么都想弄明白。刚能摇摇晃晃走几步路，就开始在家里翻箱倒柜了。凡能看到、摸到的东西，就一定要拿过来研究一番。再或者，拉开抽屉，翻里面的东西。拿一件，把玩一会儿，再扔到一边，直到把抽屉里的东西扔完。家里越乱，他就越高兴。

为防止可能的损伤，家里采取了坚壁清野政策，把药品、易碎的瓶瓶罐罐、可能塞进嘴里的小物件、小刀、剪子等锐器全部藏到儿子够不着的地方，还要不停收拾屋子，把儿子弄乱的东西再归到原处。

等儿子会说话了，就看到什么问什么。这是什么？为什么？这是他最常用的疑问句。天为什么会下雨？花为什么有不同颜色？太阳为什么会下山？月亮为什么经常变样？汽车为什么会跑？电灯为什么会亮？

我不知道自己刚会说话时，是不是就有这么多问题。不过，依稀还记得上小学时，我兜里常带一个小笔记本，随时记下想到的问题：为什么太阳还没有下山，月亮就出来了？为什么小竹笋能把大石头给顶开？为什么一年会有四季？为什么春天开花，夏天炎热，秋天落叶，冬天下雪？

好多问题父母和老师也讲不清楚，又找不到科普书，就一直留在记忆里，若干年后才得到答案。还有些问题自己就想当然地解决了，比如，为什么植物叶子大多是绿色的？因为天是蓝色的，地是黄色的，天地之间生长的植物自然就是绿色的。绘画课上，绿色在调色板上不就是这样调出来的吗？当然，现在知道这种解释是错误的。

我对植物和色彩的喜欢可能是受父亲的影响。他一直喜欢种些花花草草，虽然搬过几次家，父亲的小花园始终存在。我对花草的喜爱就这么被父亲培养起来了，我也一直困惑，这花到底是怎么开的？总看到没开的花、半开的花和开了的花，却从没看到一个完整的开花过程。于是，在一个初夏的清晨，少年的我悄悄爬起来，想弄明白喇叭花的绽放过程。

至今还记得，淡粉色的花骨朵儿被托举着，颤抖一阵儿，开放一点儿，休息一会儿。再颤抖，再开放，再休息。最后拼一股力气，花瓣就完全舒展开来了。四周看不到一个人影，连蟋蟀和知了也在沉睡。少年的我在凉爽、静谧的清晨，长时间半跪着与喇叭花对视，如同一个虔诚的信徒。脸上的表情一直在变换着：好奇、焦急、惊讶、喜悦和满足，还带着一些崇敬。因为植物不仅有生命，好像还有灵魂、有智慧，知道怎么积攒自己微弱的体力，如何分步实现美丽的绽放。

多年后，当儿子开始问“为什么”时，会想起少年时自己曾经的困惑，总是尽自己所能，认真回答每一个问题。儿子五岁时，跟我们一起爬黄山，他很争气，上山下山全是自己走，连缆车也不坐。虽然很累，一路上眼睛、脑袋和嘴巴还闲不住，不管看见什么都想问清楚。

“那是什么？”儿子指着对面的山顶，那里有座圆顶的白房子，房顶上面有根细长的金属杆，在阳光的照射下闪着光。“那是避雷针，防止雷电打到人或房子。”

“为什么它能避雷呢？”儿子追问道。因为它是用金属做的，可以导电。有雷电的时候，避雷针的位置高，闪电先击到避雷针那里，然后直接传到地面上。打雷闪电时很危险，要呆在屋里不能出去，千万不能跑到大树下面或站在高坡上，不然它会把你当成避雷针了。

“我知道，幼儿园老师告诉过我们。旁边那个东西是什么？”一个高高的塔形金属结构，尖尖的塔顶直指天空。应该是电视转播塔吧，我也不十分确定。

“转播塔是干什么用的？”通过卫星转播电视节目呗，家里看的电视节目都是通过电视塔来转播的。“它是怎么转播电视的？卫星在天上，离我们这么远。”通过无限电波。先把电视信号发到同步卫星上，卫星接收到信号后，再把它发到不同地方的转播塔上。

一对年轻人从我们身边走过，那姑娘不以为然地对同伴说：“这么小的孩子，给他讲这些，能听懂吗？”

我也不知道儿子到底能不能听懂，能听懂多少。但我会尊重孩子的提问，呵护他的好奇心，不去随意敷衍。虽然看上去似乎只是微不足道的点点滴滴，日积月累没准就会长出一棵参天大树来。越往后，儿子的问题越难，难到我不再有能力给他一个圆满的解释。

幸好，这时儿子已经能够阅读了，他开始自己去书店选书，从书中寻找答案。儿子很喜欢逛书店，附近的大书店我们几乎都去过，常常在休息日，选几本书，坐在书店的咖啡厅里，边看书边吃些小吃，悠闲地度过一个下午，离开前再买上几本书带回家。

遇到我想逛街时，就先把儿子安顿在附近的书店里，约好会合的时间和地点，然后各自分开行动。对孩子来讲，书店是一个很安全的地方，到了节假日或者学校放假，里面总会有很多大大小小的孩子，随地坐在书架旁边看书，一呆就是大半天。

家里买了好几套不同系列的百科全书及相关的科普图书，涉及科技、能源、机械、生物、物理、化学、天文学、环境科学、电与磁、声与光、细胞与遗传等。比如《十万个为什么》《科学探索者》《宇宙未解之谜》《科学改变人类的100个瞬间》《思维的黑洞》《时间简史》等。

这些书制作精美，又非常系统。像细胞与遗传专辑，用非常通俗的语言来描述平日看不到的微观世界，通过形象生动的事例、照片、图例来阐述“遗传”这样抽象的概念，对学科的发现与创立过程以及最新的进展状况也都有相对完整的描述。这些知识，我们在初中的生物课上大部分都学过，但由于缺乏鲜活照片和真实案例所带来的直观感受和冲击，大大影响了我们对知识的认知深度。

再比如机械专辑，会将舰船、车辆、枪械等各种常见的机械种类，以实物照片的形式展现出来，同时给出剖面图，详细说明其内部结构和运动原理，再对发动机、传动轴、刹车系统、推力系统等关键部件进行详细解析。儿子对这些非常入迷，不仅自己看，还有模有样地给我们讲。有了这些知识作铺垫，儿子学习物理的兴趣很大，成绩也相当不错。

还有《我们爱科学》半月刊杂志，儿子持续订阅了近十年，每期必看，先是少儿版，然后换成中学生版，在内容上要更深、更丰富。高中时，改订了法国著名期刊《新发现》，儿子异常喜欢，每月初都非常期待。我也跟着看了看，发现它确实不错，刊登的都是最前沿领域的科学与技术研究成果，描述人类探索宇宙、探索自然、探索生命的最新发现和进展，包括一些非常新奇的想法和作品，比很多科技类杂志，在视野和水准上都有一个突跃。

儿子的阅读爱好不仅没有影响学习，反而会对学业有互补和促进作用。小学六年级时儿子发生了一件事儿，与读书有关。儿子的数学成绩一向很好，他自己对数学也非常感兴趣，经常买些像《趣味数学》之类的课外书。这些书有个共同点，就是在游戏之中体会数字的奇妙和变化多端。

儿子小学毕业前夕，数学考试有道题目看似简单，就是在一个正方体的箱子内，要放满圆柱体，问最多能放多少？儿子的答案跟所有同学和老师的都不一样。但他信心满满地找到老师，指出标准答案的错误，并给年级数学老师们演算了他的正确答案。这让老师们非常吃惊，因为儿子考虑到利用圆柱体之间的间隙，在每排之间交错排列，可以在正方体内多放一排，还用到方根计算，已经超出了孩子们所学的课程。

后来，老师又让他给全班同学讲了一遍，把他好好表扬了一番。这让他很自豪，进一步强化了他对数学的兴趣。我私下问儿子是如何想到的，他笑了笑说："我看《趣味数学》时，有一个类似的问题，是在箱子里装子弹。"

相似的场景在我少年时也发生过。对一道数学题，我经常能给出几种不同的解法，有的比老师的正解更巧妙。于是，老师总会让我上台给同学讲解思路，或者将我的题解张贴在教室后面的黑板报上供大家学习。同学总认为我有什么秘诀，其实秘诀很简单，就是多读课外书，不满足和局限于老师的思维模式，广收并蓄，开阔思路。

儿子这一代对自然和科技知识掌握的深度和范围，远远超过同龄时的我们。除了阅读书籍外，知识传播媒介的发展，也是一个重要的助推器。我自己就喜欢看电视，所以从来也不限制儿子看。儿子最喜欢看动画片还有自然和科技类的节目，里面涉及很多领域，知识面广，信息量大。

不少动画连续剧将科普知识融汇于故事情节当中，悄无声息地给孩子们提供科学滋养，像《海尔兄弟》《大头儿子与小头爸爸》等。"寰宇"和"探索"电视频道经常会讲述各种人类探索自然、探索宇宙的故事，用历史影像资料，来完整再现一些重大科技发现的始末，用现实生活中的具体应用画面，来展示科技进步对人类健康与繁荣的贡献。

科技馆带来的是另一种体验。我们带儿子去过好几个大城市的科技馆，一待就是一天。这些科技馆的设计极富想象力，把科学原理和技术文明用实物进行模拟，再配以声、光、电等各种现代技术完美地展现出来。让我们能够沐浴在亿万年的历史长河中，聆听先知和"大家"的思想与智慧，回顾人类的发展历程，感受科技给生活带来的变化，在声情并茂、奇异有趣的互动游戏和展示中，了解深奥的科学原理，更深刻、直观地感受科技的魔力，对未来的生活和未知的世界展开无尽的想象。

人类科技的发展，总是会超出我们的想象。在2010年的上海世界博览会上，“城市未来馆”里有两座用书籍垒起来的巨大柱子雕塑，周围是四本打开的巨幅书籍，每本书都有四五米高。书页是弯曲的LED做成的，循环播放着历史上有关城市规划的设想，包括设计思想和图例说明。那是我少年时代读过的书，没想到在多年以后，能以这种超乎想象的方式展示出来，让我有机会再读一次。我们在那里流连了很长时间，惊诧于先人的想象力，他们在几百年前的预言今天都一件件变成了现实。

5. 魔幻世界与魔法少年

一本好书就像是一个善良、智慧的导师或好朋友，能让孩子变得更好；而一本坏书就像是有些匪气、痞气的坏朋友，也许就把孩子给带坏了。正规渠道发行的书，需要经过相关部门的严格审查，书的质量大体上都不错，但那些私自印刷的非法出版物或在互联网上自行发布的书，品质就难以保证了。

儿子上初中时，学校对面有一个窄窄的、有些凌乱的小巷，小巷里有好几个卖书的书摊。孩子们每天上学、放学的时候，都会路过这里，常常会停下来翻看。其中大部分是与课本配套的辅导书、课外练习或模拟试题库，也有一些课外阅读类书籍。

有一次在接孩子时，我在这些书摊边随意看了看，有些书只看书名就觉得非常低俗，它们通常是“三无”作品：无审批授权书号，无出版社名称，无印刷厂的名称和地址。大多讲述魔兽世界发生的虚拟故事，人魔争斗，派系火拼，还有情爱、战争与杀戮。这些书怎么能堂而皇之地摆在这里卖呢？

家长会上，老师特地提醒道，学校附近书摊上卖的这些魔幻书，在中学生中还挺流行的，希望家长能够关注。初一年级有个孩子对魔幻书几乎痴迷了，与他父亲斗智斗勇了几个回合，都是父亲败下阵来，父子关系陷入僵局。老师出面孩子也不听劝，现在经常逃课，学校、家长都拿他没办法。

老师说，很多孩子都会偷偷看课外书，其实，用不着偷偷摸摸的。看课外书学校从来不反对，家长也应该支持。喜欢阅读是件好事儿，能帮助孩子提高文化素养，获得课外知识，发展兴趣爱好，发现自己的特殊专长和能力，还能促进课本知识与课外知识有机融合，相得益彰，形成孩子自己的牢固的知识体系。

但我们一定要告诉孩子，看课外书要分时间和场合，上课的时候就不能看，作业没做完也不应该看，影响了正常的教学进度和效果就有些得不偿失了。尤其要关注书里描述的内容是否适合孩子，对孩子是有正面积极的引导，还是别的乱七八糟不太健康的东西。如果能及早发现孩子读不健康的书，孩子还没陷得太深，沟通和纠正起来就容易多了。

在这个案例中，家长的做法也欠妥当，一味围追堵截，反而把孩子推得越来越远。把所有的书都没收了，孩子就上网看；电脑设密码，他也能解密；家长没辙，把电脑送人，孩子就发疯、绝食，最后干脆逃学，整天呆在网吧里继续上网读。这个孩子原本很听话，成绩也优秀，现在却像魔鬼附身一样。他父母更痛苦，不知道该怎么办，准备带他看心理医生。

对青春期的孩子，单靠“堵”是堵不住的，你越堵，他就越反叛。大禹治水为什么能成功？就是给洪水留个出口，让它按照设定的路线宣泄出去。对孩子身上发生的问题，也只能“疏”，先了解他对魔幻书的评价，为什么会那么喜欢，然后针对原因慢慢劝解和疏导。不能动用家长权威，一下子把书全给没收了，要逐步收窄，买一些内容健康、孩子又喜欢的书，或者用其他什么来分散他的注意力，也许结果就不是这样了。

儿子以前也看过几本这样的魔幻书，而且对这类书有着某种恐惧，越看越怕，越怕越看。他在小学毕业那年暑假，去大姨家玩了十多天。回来时，带回一大包东西，除课本、作业以外，还有玩具、零食和几本课外书。这些课外书是成套的，一共四本。在帮他从包里拿出东西时，儿子做出了一个奇怪的举动，把四本书扔在一边，眼里还有一丝惶恐，甚至不敢拿正眼看它。

通常，儿子对喜欢的书，会把它们整整齐齐摆放在书架上，经常可以随手翻一翻。我有些狐疑，把那几本书拿过来看了看，里面讲的是一些悬疑探案故事，有些插图，画着一些人物正怒目相对，手里拿着长矛、匕首正在厮杀，一个人物的身上正在滴血。

儿子说，书是大姨给买的，看的时候有些害怕，还是忍不住看完了。

打电话问大姐，有点埋怨她为什么给孩子买这样的书。大姐说，是孩子在街边书摊上看到的，就想要。买书时她看了一下，觉得还好啊。孩子挺喜欢的，晚上要带他出去玩都不肯，一个人呆在家里看书，两三天的工夫就把四本书看完了。

眼前立刻浮现出一幅场景：在空旷的屋子里，儿子一个人在幽暗的灯光下读魔幻书。那一个个文字，描述着变幻莫测的情节，又穿插着暴力的场面，让他着迷又恐惧，而黑夜，更加重了这种恐惧。这种恐惧已被深深地刻在心里，让儿子感到不安。

我得把儿子的心魔除掉。“别怕！不过是几本书而已，里面讲的故事都是编出来故意用来吓唬小孩的。”

当着儿子的面，我认真地把书一页页撕开，又仔细把它们撕成一块块小碎片，放在不锈钢盆子里，堆成一座坟墓的样子，把盆子放在客厅中央。

“去，把打火机拿过来，咱们一起把它烧掉。”两人的神情都很凝重，像是在举行一个庄重、神秘的仪式。

儿子远远地递过打火机，却不敢靠近被撕碎的书。

红色的火焰在我们庄严的注视下慢慢升腾起来，越来越高，越来越大，同时带来一阵温暖。黑色的烟灰在火焰中慌乱飞舞，像是许多罪恶的精灵在进行临死前的挣扎。

火焰又渐渐变得矮小、暗淡，直到书冢完全消失，变成薄薄的一层浅灰色灰烬。

在盆里接了些水，将灰烬倒进马桶里，然后“哗——”的一声，灰烬被冲得无影无踪。

儿子站在一旁，一动不动地看着整个过程，那双惊恐的眼睛也在一点点变得安详。真为儿子感到庆幸，也许正是他的这种恐惧，让他能够保护自己，远离那些让他惧怕和不自在的东西。

等年龄再大一些，儿子遇到了魔法少年《哈利·波特》。这时的他，心智已经有足够的承受力，不再害怕里面的魔幻人物和场景。儿子买了所有的七集故事，从《哈利·波特与魔法石》《哈利·波特与混血王子》到《哈利·波特与死亡圣杯》，甚至买了一本异常厚重的《哈利·波特百科大全》，就像是本专用词典，描述了各集出现的人物，他们的背景、能力、出现时间及相互间的关系，包括书中所有咒语的意义与作用。

儿子是名副其实的“哈迷”，一说起哈利·波特，他就兴高采烈：“你看，魔杖、飞天扫帚、魁地奇、九又四分之三车站、会咬人的书、会旋转的楼梯、鼻涕糖，她是怎么想出来的啊！还有那些故事，好像来自于现实生活，但现实中你又完全想象不到。真是太棒了！”他一边说，一边拿支筷子模仿魔法少年挥舞着，嘴巴里念着咒语，逗得我们哈哈大笑。

在《哈利·波特与死亡圣杯》发行的时候，我们一起跑了好多家书店，发现只有英文版，中文版没有同步发行。儿子要先睹为快，买来英文版对着字典一页页地看，一天能看上二十多页。他觉得不过瘾，就上网去查，看有没有人在线翻译。“怎么可能！英文版也才刚刚全球发行啊！”我笑他。

怎么不可能！儿子将关键词一输入，立刻跳出一条条相关网页，有很多人像着魔了一样，日以继夜地翻译，一边翻译，一边上传，为了让更多的中国“哈迷”及早看到。大家不仅自觉自愿，还相互分工协作，进行翻译接力。“太棒了！太棒了！”儿子兴奋地跳了起来，“你看，几乎都译完了，怎么可能！而且有些地方比出版社翻译的都要好！”

通过这件事，我着实感到一部伟大文学作品的魔力。每次凯瑟琳新书发行时，哈迷们就像是过节日，哈利·波特系列电影更是风靡全球，狂揽票房。想想看，一个中年家庭妇女，就用一支笔，加上非凡的想象力，竟然成就了一个文化产业。互联网的魅力也不可小视，它使千万个毫不相干的人，为了共同的爱好走到一起，利用共同的力量，去完成一项不可能完成的任务。这是一个多么不同、却又充满生机的时代啊！

为什么同样是魔幻悬疑小说， 对孩子的影响会有如此大的差别呢？

将这两类书作了一个简单的对比，觉得《哈利·波特》系列之所以有如此多的不同年龄、不同性别、不同国籍的读者和粉丝，实在是里面有太多值得回味的东西。比如丰富的想象力，跌宕起伏的故事，鲜明的人物形象，生动幽默的文字描述，超越生死的父母之爱，冰冷的亲情和温暖的友情等。

故事在现实世界和魔幻世界之间恣意穿行，平凡人能够学习或拥有控制灵魂与事物的非凡力量，现实场景中呈现出无穷的魔幻变化，魔幻世界里处处看得到现实世界的影子。冲突无处不在，无时不在。真实与谎言，现实与虚妄，正义与邪恶，善良与猥琐，聪明与愚笨，幽默与呆板，合作与斗争，局限与超越。还有悲与喜，爱与恨，灵与肉，生与死，等等。

作者立足于现实世界和现实情感，然后在超现实的氛围里进行尽情发挥，无限演绎。尤其令人着迷的是，这一个个身怀绝技的魔法少年和人物好像就在我们身边，几乎可以在街头偶遇，或就住在我家隔壁。只不过我们这些“麻瓜”们的世俗眼睛无法辨认而已。如果幸运，我们甚至可以成为他们中的一员，在熟悉的火车站找到第九、第十站台，然后推着行李车，对着中间的柱子直冲过去，没准就穿越了，进入亦真亦幻的魔法世界。

而学校街边小摊上的许多魔幻小说，根本就是一堆文字垃圾。书名醒目，内容粗俗，印刷低劣。书中追求的，是一种感官的刺激与享受，没有道德底线，没有是非界限。对人生没有进行正面、积极的引导，很容易扭曲孩子的世界观和人生观。真搞不懂，那些写书的、印书的和卖书的，怎么能赚这种昧心钱。他们绝对不会因此而发财，却很容易毁掉一个孩子和一个家庭。而这种毁灭，再多的金钱都无法弥补。

6. 人文与社会

有一段时间，工作给我的压力很大，每天上下班总在想与工作有关的人和事，大脑闲不住，把日常生活节奏都打乱了，也影响到家庭生活。日子久了，感到身心俱疲，精神抑郁，有时会想把自己隐藏起来，逃避所有人，身体也开始慢慢出现状况。

意识到这是一个非正常的状态，需要对自己的内心进行调适，返回正常生活。于是，在陪儿子买书时，也给自己买了几本，像《生活，应当适可而止》《谈判天下》《心灵鸡汤》等，希望能从中找到破解方法，并获得一些精神上的抚慰。

这种阅读非常有用，为了继续“走下去”，我们必须先“停下来”。这些书有一个共同特点，就是用生活中的小故事讲述人生哲理和感悟，就像一碗心灵鸡汤，只要你用心细细品味，会发现每个故事都回味无穷，让你的心灵得到休整、抚慰和滋养。

我们每个人都是社会人，与周围人相互依存、相互影响。每天接受来自周围人的压力，无形中也在给周围人带来压力。但我们往往容易过分关注自己的感受，夸大自己的喜怒哀乐，而对他人的感受或情感变化漠不关心或熟视无睹。

看完书，心情平静很多，压力也舒缓不少。根据书中的经验，试着分析自己当前的处境和压力来源，哪些压力是正面的，能给自己带来前进的动力；哪些压力是负面的，让自己陷入消极情绪不能自拔。学会了解并控制自己的情绪变化，理解并包容他人的情绪反应，能更从容地看清和处理身边所发生的事情。

这种思考和检讨就像是一种心灵抚慰，一种心灵的压力释放和自我救助。开始学会登高望远的达观和拿得起、放得下的精神姿态，知道什么是自己该追求的，什么是该舍弃的。在今后的行进中要懂得减压和卸载，调整行走的速度和节奏，让俗世的繁华擦肩而过，让无谓的倾轧在身外上演，不需介意别人一时一事的评价，自己心中已有山高水长。

当我们能用敏锐的目光去观察，用平和的心情去感悟，用自知的清醒来梳理自我、梳理生活；当我们能够在顺境中感恩，在逆境中依旧心存喜乐，带着清新感受认真愉悦地活在当下；虽然寄身于俗世的喧嚣，从容的心灵却如处高邈开阔的天空，得以在现实中归于宁静恬淡。那时，我们将真正领悟到生命散发出的永恒而深远的美。

没想到，刚升初中没多久的儿子也很喜欢这些书，非常认真地看完了。大概儿子也开始体会到人际关系的压力了吧，想了解人和人之间的相处技巧，关注对人生和社会的看法和感悟，关注自己的内心。

从班主任那里也了解到，儿子智商很高，但情商还需要进一步发展。他作为班委，有时所提的班级管理建议比较稚嫩，无法实施，得不到支持就有些受挫。在面对同学间的矛盾和冲突时，比较偏激和自我，有时会钻牛角尖，反复找老师和同学辩解，不大能理解别人的想法和感受。

受挫的次数多了，儿子在某些方面可能就失去了一些自信，在班级事务上不再那么积极主动了。性情上也发生了一些变化，变得沉默、内敛、胆小，不愿与他人发生正面冲突。有时老师在课堂上提问，明明是他的强项，他样子看上去也是怯怯的，总怕说错了什么，完全放不开。

希望《谈判天下》能帮到儿子。作者认为，谈判无处不在，已渗透到我们生活的各个角落。书中介绍如何跟人打交道，处理冲突，希望唤醒人们的谈判意识，提升领悟力。这种能力是可以学习和改善的，只要你掌握了其中的方法和技巧。比如，要着眼对方，协调彼此的需求和冲突，建立相互信任、相互满足以达成双赢，等等。

看完书，儿子不仅记下了，还会活学活用。有一天，刚参加工作的亲戚小洁打来电话，说她与同事发生了冲突，然后就哭起来。小洁研究生毕业后留高校当了老师，个子小巧，长得不算漂亮但还清秀，人也温和，能跟同事发生多大的冲突呢？

“你先别哭，慢慢讲。到底有什么伤心事儿？我帮你分析分析。”

小洁抽泣着说：“前几天，有个同事在学校的内网上发了帖子，骂我是个孤僻变态、没人要的老女人。虽然没有指名道姓，但所有认识的人都知道是在说我。她太过分了！”

那位同事和小洁差不多大，两人一开始还在学校住一个寝室，关系不错，无话不谈。后来因为工作的原因起了些争执，也不是什么大事儿，但两人都不肯低头，最后闹成这个样子。

儿子在我旁边看书。我正帮小洁分析、劝解，没料到儿子抬起头，冲着电话大声说：“有人感到愤怒，冲你发火，就是想把愤怒传给你。你如果生气，就正好中了他的圈套。你不生气，他反而会更加生气。”

这孩子，看着漫不经心的，没想到一直在听我们说话呢。

“不错啊。你是怎么知道的？可以做姐姐的心理医生了。”

“《谈判天下》里讲的。”

我把电话递给他：“你自己给姐姐说，好好劝劝她。”

小洁听了，破涕为笑：“是啊，这么简单的道理，连小孩子都懂，我怎么还纠结这么长时间出不来呢？”

儿子还喜欢上政治、历史和地理课，觉得挺有意思的。但很多同学不喜欢，说：“我们是理科生，现在谁还学政史地啊，都是垃圾。成王败寇，都是当权者书写的，有几分能信？”再加上高考不考，会考也是开卷，可以照着笔记直接把标准答案抄上去。有人干脆把这些课变成自习课，写别的科目的作业，或者干脆睡觉。

我上学那会儿也不怎么喜欢。老师讲得没意思，几乎是照着课本念，呆板，抽象，很少有自己的观点，也没有鲜活的案例，更没有在课堂上与学生交流和互动。而听课的唯一好处是，知道了老师认为的重点。对重点问题，老师都给出了标准答案，只要把答案背会，考试时就可以得高分了。

当时还是年龄小，生活阅历太浅，对政治中的抽象概念和理论理解不了，对历史中的人物和事件只能死记硬背。现在才发现，这些课特别有用，跟每个人的生活密切相关，甚至远比数理化更能影响我们的日常生活，也能加深我们对人性和社会的理解与认识。

不过，偶尔也有例外。高一时的政治老师是位刚毕业的大学生，学哲学的，人长得很帅，可他讲课时一点热情都没有，总是敷衍了事，然后早早下课。不知是有同学提意见，还是别的什么原因，在一次上政治课时，校领导和老师来了好几位，悄悄坐在教室的后排座位上，来旁听我们的政治课。

政治老师显然事先知道，而且准备充分。那堂公开课让所有同学大开眼界，原来政治可以讲得这么有趣，这么精彩。同学们被镇住了，凝神静气，一句话也不愿落下。那天讲的是运动和静止的概念，还有两点论与辩证法。他引用了国内外著名哲学家的名言：“一个人不能两次踏进同一条河流”，“树欲静而风不止”，然后以一系列的事实来论证运动的绝对性和静止的相对性。

课上还谈到如何用全面的眼光，来客观看待周围的一切事物。任何事物都有正反两个方面，就像硬币有两面一样。真理和谬误、美丽与丑陋、正确与错误、得到与失去总是相伴而行。比如陋石的丑到极处便是美到极处，比如“塞翁失马，焉知非福”，就是古人对两点论和辩证法的经典诠释。

其实，政治课里的很多概念，在现实中都有精彩、具体的表现，老师如果用心，以他们丰富的生活阅历，完全能以更通俗易懂的方式传授给学生。像“经济基础决定上层建筑，上层建筑又反作用于经济基础”，两者之间的辩证关系我们在考试时回答得很正确，但并没有真正理解。

现在有点理解了。经济基础是什么？是实力。上层建筑是什么？是地位。有了实力，拥有更多的人才、技术、财富、资源，才有更高的地位，才能说话算数。说话算数了，才有权力来制定政策和规则，调配资源，获得更大的实力。对国家、对单位、对个人无不如此。

历史也一样。不管是古代史还是近代史，不管是中国历史还是世界历史，都是在叙述人类文明的发展进程，一系列看似偶然的事件背后，都包含着人类社会发展的必然规律，也是各种相关因素共同作用的结果。它对现代人是有意义的，能帮助我们在历史的坐标轴中定位，对现实有更全面、客观、准确的认识和理解，并指导我们未来的行进方向。

历史也可以讲得很精彩，因为历史本身就很精彩。初三时，儿子买了《明朝那些事儿》全套，看得很入迷，这些书被他的同学轮番借阅。

我觉得很惊讶。一直以为，但凡讲历史的书都是非常枯燥的，像《三国演义》《水浒传》这些经典名著，家里买了全套精装本，翻了几页，就实在读不下去了。对历史的认识也往往局限于曾学过的历史课，以及关于历史的电影和电视。小小中学生就热衷读历史，他们能看得懂吗？

等《明朝那些事儿》所有六卷在儿子班里辗转半年后，我终于能将它们认真、完整地看一遍了。不知作者施展了什么魔法，让你看了开头以后，就有欲望要一直看下去，直到最后。

这是一个年轻人写的历史。他把历史读懂、读透以后，将不同朝代的故事和人物融汇在一起，用现代语言、现代叙事方式和思维方式来描述。尤其利用类比的手法，把复杂、久远的封建社会制度、官宦制度、科举制度、社会关系、历史事件等，比照现今的社会，简单、直白地表述出来，同时还穿插许多个人的理解、评价、调侃和判断。

书中讲述的不仅仅是一个王朝的兴衰更迭，更是许多活生生的人生故事，在历史的舞台上轮番上演：或扬名千古，或遗臭万年，或默默无闻却能闪烁着永恒的人性光辉。

难怪孩子们喜欢。相形之下，中国古典历史名著就显得晦涩得多，需要有很强的文学功底并具备足够的钻研能力，才能读完、读懂。如果学校老师能以这种方式来讲政治、讲历史，学生们绝不会再感到无聊和枯燥了。

7. 理科男的困惑

尽管儿子广泛阅读了各类人文书籍和期刊杂志，人文素养有了很大的提升，语言理解能力、表达能力、写作能力也有很大的进步，但是，他的语文始终处在年级的中上游水平，好像进入了一个瓶颈，再怎么努力，也很难突围，跻身优秀行列。

这大概是很多理科男的典型困境吧。社会公认的对理科生，尤其是理科男这类人群的定义是：一种情商没有智商高的生物。抽象思维能力强，逻辑缜密，但语言能力、阅读能力和写作能力相对较弱。一对理工科出身的父母“研究”出的孩子，也许被自然遗传了典型的理科思维基因。

儿子最发怵语文阅读和写作，这一贯是女孩的强项，也通常是男孩比较吃亏的科目。它们考察的是学生的文学素养和思想的深广度，是一项慢工夫，需要长期积累和沉淀。提高语文成绩本来就很难，对大多数理科男而言，更是一筹莫展。

成人之后才明白，阅读和作文的练习实在太重要了，它能训练并提升你的洞察力、思考力和表达力，通俗一点儿讲就是能把事情看得真切，想得清楚，说得明白。这些能力是人与人之间相互交流与沟通的基础。肚里没货不行，肚里有货表达不出来也不行。肚里有货，但说出的话让人产生歧义或误解，那就更糟了。

“你儿子已经相当不错了，理科经常满分。大多数理科超强的学生都是这样，文科弱一些也能理解。想鱼和熊掌兼得有点难，也急不得。保持现在的成绩就很不错了，高分、名校都没问题。”高考前，在跟语文老师探讨儿子成绩提升的问题时，老师宽慰我。

依我对儿子的了解，他并不是一个情商低下的书呆子，不像《生活大爆炸》里的那些 Geek，智力超群、性情古怪。儿子的书面表达能力挺好的，文笔好，思想有深度，情感也丰富细腻。但在阅读文章或写作文时，这些素养就体现不出来了。

比如阅读理解，儿子明明觉得自己把文章读懂了，但正确答案总会从文字背后挖掘出更多更深的含义。“标准答案不一定是作者的本意吧？作者写的时候能想这么多吗？”儿子很发愁，他想不到这么多。

我也曾有类似的疑问。像学鲁迅的《狂人日记》时，平平常常的白话文，被后人诠释出无比深奥的内涵来。但如果把文章放到当时的社会大背景中，了解鲁迅一贯的观点和主张，会发现简单文字的背后，的确不同凡响，会引发我们更深刻的思考，而社会洞察力也会在潜移默化中悄然提升。

对儿子的记叙文，老师会经常批注说，作文写成了流水账，只是简单地描述身边琐事，平淡无奇，没有深刻的思想内涵和新颖见解，对生活的观察思考不够深入，没有把握住升华文章主题的关键。

“生活本来就是这样子，又非得来个命题作文，不是有感而发，总不能让我去编吧？”儿子有些无奈。

“该编的时候就得编，或者叫发挥想象力。本来，作文就应当源于生活，又高于生活。有时需要将日常的平淡重新组合，发现真善美，发掘人性的光辉，或对自己有所触动和感悟，才能触及灵魂，增添作文的分量。”

我中考时，作文几乎满分。现在还记得作文的题目叫《老师屋里的灯光》。老师没住在学校，我从来没在晚上去过她家，这该怎么写？

很快，我有了主意。虽然没有亲眼目睹老师挑灯备课，但老师白天很忙，经常将作业带回家批改，这是一个真实的线索。老师满头白发，对我们要求很严格，又很慈爱，深受大家的尊敬和热爱。于是，在真实线索和真实情感的基础上，我虚构了一个情节，就是夜晚路过老师家，看到老师在灯下批改作业，花白的头发在灯光的照射下闪着银光。作文写得声情并茂，只扣了两分。扣两分的理由是，作文写到最后，老师支撑不住，伏在桌上睡着了，这好像与主题有点相悖。

儿子说，他编不出来。他没办法在一个虚拟的场景中讲一个虚拟的故事，不习惯声情并茂地表达自己的情感。我没办法说服他，也许他这是一种低调的奢华吧。就像有人说，真正的Geek，内心有一个纯净如水的科学世界，同时对俗世的浪漫也有着含蓄的向往。

议论文相对好一些，感情色彩少，更加理性，符合理科男的思维习惯。立题、阐述、扣题，按三段论的构架，再增加一些故事或案例来说明，一般不会跑题，只是论述的深浅程度不同而已。儿子的记忆力好，在举实例时，内容丰富、翔实、精准，但很多时候，还是拿不到高分。

我仔细看了一段时间以来儿子写的议论文，很认同老师的点评，就同他探讨：你看，立题时先要把题目的主要内涵加以解释和说明，然后展开论述时，脉络会更清晰，内容会更丰富。还有，应该尽量避免某种思维定式，不管什么题目，不能总讲近代外国科学家、发明家的故事。

这些故事很好，逻辑也严谨，但全是相似的事例，被太多人引用过，看不出你的独到和新颖之处。离当代生活有点远，现实感不强，没有体现出对社会现实的关注和看法、对新闻事件或当下热点问题的认识，感觉冷冰冰的，自然难以引起读者的共鸣。

要写出思想深刻、见解独到的文章，就要跳出原来的思维框架，对外部世界留心观察，深入思考。针对时弊，从正反两个方面进行论证和剖析。除了讲伟人的故事外，可以学着从身边的凡人小事入手，对看似平淡无奇的素材进行精加工，去粗存精，由表及里。在平凡和细微处，发掘并体现出不凡和伟大。

为提高语文成绩，提升人文素养，老师、家长还有儿子自己，都没少下工夫。老师教给孩子们很多方法，如坚持阅读，写读书笔记，背诵一些经典的名段佳句，将同学的优秀作文进行点评推广，对每次考试结果进行经验反馈，对出现的错误反复考查，强化记忆，以保证在练习或考试时写过的每篇作文篇篇过关，不合格的重写，老师面批面改，直到满意为止。

老公每个月都会给儿子买一些期刊，像《读者》《意林》《青年文摘》《特别关注》等。儿子很喜欢，里面有很多小故事，温暖人心又富有人生哲理。对媒体所关注的国内外重大时事和热点新闻，不管是政治的、经济的，还是军事的、外交的，老公时常会在休息或吃饭的时候讲给儿子听，再加入自己的观察、评价和思考。

每次写作文前，儿子会翻看一下《中学生优秀作文选》等杂志，或直接在网上查阅一些反映社会生活的典型材料、精彩片段、名言警句等。经过分析整合，转化为自己的观点，再用自己的语言表达出来。

改进了学习方法，坚持阅读写作，这些努力让儿子的作文水平有明显的进步。尤其是议论文，会经常引用一些耐人寻味的故事来论证他的观点，有些论述还相当深刻，语文老师表扬他的次数明显增多。

坚持人文阅读和写作锻炼的好处有很多，不只是提高成绩，还能引发孩子对社会和人生的思考和探索。

高二寒假，儿子正在写作业，见我过来，起身伸了伸懒腰："老师这不是难为我们吗？一个题目，要写三种体裁。我已经写了两篇，还差一篇。最怕写记叙文，又不会编，愁死了！妈，你帮我看看，该怎么写？"

作文的要求如下：围在城里的人想逃出来，城外的人想冲进去，对婚姻也罢、职业也罢，人生的愿望大多如此。每天，我们吸入与呼出，进门与出门，阅读与表达……"入"与"出"成为生命的常态。请以"入与出"为话题，自选角度，自拟题目，分别以记叙文、议论文、抒情散文三种题材，写三篇800字以上的文章。

作文题目出得不错，相当有深度。我先看了看儿子已经完成的两篇，写得都挺不错，看得出下了一番工夫。从记叙文的角度，我帮他选了一个切入点："你看，现在城乡大流动，农村人往城市里跑，城里人往农村跑。我们这次回老家看房子的经历和见闻，不就是很好的素材吗？"

老家是一个江南乡镇，这几年赶上国家城镇化建设浪潮发展很快。

县城新城区铺设了六个车道的主干道，宽敞的街道两旁，有不少新建的高楼、居民小区和公共绿地，城区边界不断拓展，城乡之间的界限也越来越模糊。变化最大的还是老家的人，他们纷纷离开土地外出打工，在县城买了新房，彻底告别了农村人面朝黄土背朝天的生活。

以前住在县城的亲戚，则跑到省城买房子，把整个家都搬了过去。真不知道这人是怎么想的，放弃山清水秀、悠闲自在的小镇不住，纷纷涌向城市。小城市的人往大城市挤，大城市的人向北上广挤。大都市其实并没有想象的那么好，高昂的房价，拥挤的车流人流，巨大的竞争压力，这不是自讨苦吃吗？只冲着雾霾这一项，就应该逃离都市。

还真有一些都市人开始逆向而行了。县城有不少新楼盘，小区配套完备，周边环境优美，跟大都市的楼盘相比一点也不逊色，但单价要便宜很多。因为楼盘离省城不远，有不少房子被省城人买了去，用来度假和休闲，退休后也能落叶归根，回家乡养老。更有人彻底抛开都市的繁华和紧张，把家搬到千里之外更偏远的山区，过起了简单清静的遁世生活。

但是，对大多数人来说，还是难以抗拒大都市的吸引力。毕竟这里有更丰富便捷的生活，有更多的工作机会和发展机会，有更多更优质的公共资源和教育资源。而且工作单位在这里，同事和朋友都在这里，凭借单位提供的事业平台，有机会把活动范围延展到全国各地甚至到国外。能不断扩展视野，增长知识、能力和经验，感受生命的成长。回到老家能干什么？坐在冷清的屋里，呼吸着清新的空气，看着三湖连江的美景发呆吗？

所以，不管在哪里生活，只要我们做出了选择，就不要抱怨。不管在哪儿，都会有得有失。这也是一种围城，城里的人想冲出来，城外的人想冲进去。不少在国外生活多年的人，现在不又回来了？那里的生活条件和环境质量都好吧，为什么还回来？一定又少了别的什么东西。

儿子一边听我分析着作文，一边上网检索，希望能在网上找到类似的作文。他忽然爆笑起来：“太有喜感了，我们同学都在赶作文，在网上撞车了！”原来，有不少同学被这道作文题目困住了，纷纷上网搜索，悬赏求助。大家在网上相遇，相互调侃、打招呼，竟然还遭遇了学校的老师，把同学们抓个正着。老师警告说，如果发现有两篇相似的作文，就罚他们重写意识流、杂文、诗歌、戏剧、说明文的题材，每种罚写十篇！于是，大家嬉闹着作鸟兽散。

哎，无语了。可爱又无奈的理科男啊！

8. 当代的读书挑战

又是一个公休日，儿子的寒假也马上就要结束了。老公用手机在网上看新闻，我在沙发上当“土豆”。家里有了电视、通了宽带以后，看书的时间直线下降，户外活动也明显减少。每天下班回家，第一个习惯性动作就是打开电视，一边听新闻一边准备晚餐或做家务。一有时间就窝在沙发里，在100多个频道之间来回翻看。

央视“纪录”频道正在播放《当卢浮宫遇见紫禁城》，四集连播，共有十二集。这是中国第一部探索东西方文化的纪录片，通过馆藏文物，从纵横两个方面来全面解读东西方文明之间的共同与差异、交流与碰撞，就像一场视觉艺术盛宴，把你带入古代和近现代文明绚烂的影像之中。

法国巴黎的卢浮宫和中国北京的紫禁城，这两个世界著名的文化圣地我都实地去参观过，还拍了一大堆照片回来，感觉很震撼，为了它们各自的精彩，还有彼此显著的不同。至于精彩在哪里、不同在何处，只有朦胧的印象，仅限于导游手册里的粗略介绍。

看了这个纪录片以后，才发现自己所谓的参观，不过是浮光掠影、走马观花，获得的知识非常有限，获得的感悟非常肤浅。这也难怪，这部纪录片的制作，是近百位影视工作者和中外艺术史专家参与、影视创作和学术研究通力合作、历时近两年才完成。自己区区一天的参观，怎么可能达到如此的深度和广度呢？

这就是电视的魅力，它让我们的视野和思想得到无限伸展，也带来了一场阅读的革命。把以往用语言文字描述的知识、故事、情感或思想等信息，非常直观地通过画面、人物、色彩、语言、声响、音乐等综合完整地表达出来，给人们带来视听的盛宴与享受。

老公看我专注看电视的模样，板着脸说，有专家研究证实，电视看多了，人会变傻的。现在的孩子阅读理解能力和作文能力普遍下降，就是电视文化的熏染，视觉知识强，文字理解力差。儿子就因为总和你一起看电视，作文才难以再上一步。有这时间，不如多读读书，给儿子做个好榜样。

口气有点不对头啊！理科男的作文成绩怎么能怪我、怪电视呢？每个人都有自己的天分和局限，该努力时努力，该接受的就平静接受，有什么大不了的。孩子小的时候，电视不一样带给孩子很多快乐、很多知识吗？哪能这么因噎废食。有同事从孩子上学以后就禁止孩子看电视，自己在家也从来不看，这样的事儿我做不来。

况且，儿子现在也不怎么看电视了，他的兴趣已经转移到互联网。如果说电视节目是一道道精美的大餐，互联网就像一个几乎没有边界的巨型快餐店，里面无所不有，无奇不有，想要什么，手到擒来。对青少年来说，互联网比电视更有吸引力。

不过，的确有好长时间没有去书城了。儿子不是说学校布置了经典名著阅读作业吗？他给了我一张书单，上面列出的中外经典名著各十本，让我帮他从里面选出三本，读完还要写故事梗概和读书心得。

中国名著有《红楼梦》《水浒传》《三国演义》《西游记》《儒林外史》《封神演义》《聊斋志异》《官场现形记》《东周列国志》《镜花缘》，外国名著有《呼啸山庄》《茶花女》《双城记》《简·爱》《巴黎圣母院》《基督山伯爵》《飘》《堂·吉诃德》《哈姆雷特》《老人与海》。

书单里的中国名著家里有几本，是以前在小区门口买的打折书，装潢很精致。但儿子更愿意看外国名著，家里没有，就只能去书城买了。

我能理解儿子的这种选择。他们这代人，生活在全球一体化的互联网时代，从小受到西方文化的浸染，从麦当劳、肯德基、必胜客，到外国电影、电视和电脑游戏，还有来自西方世界的各种高科技产品。跟前人相比，他们没有那么鲜明的国家界限，把自己都当成世界公民了。

书单里的大部分中国名著我自己也没看，只读过《红楼梦》，其余的看过小人书、电影或电视连续剧。上次买回那套精装书之后，想静下心来认真读一读。先选了《三国演义》，看了两个章回就看不下去了。文字和语言表达和现在差别太大，读起来很别扭。除了需要有很强的文学功底，还要有足够的钻研能力和耐心，才能读完、读懂。

相反，大多数国外经典名著都是在近现代翻译过来的。原著作者和翻译者的文化素养和语言功底都很高，用通俗易懂的语言，按照现代人的思维方式和表达方式来展现，读起来会更有感觉。

正好电视节目也播放完了。我从沙发上跳下来，伸了伸懒腰，冲着书房喊：“儿子，去书城买书去！”

儿子应声道："算了吧。买书可以在网上买，干吗一定要去书城呢？不就是想让我出去吗，还不如直说呢！我正在查资料，又不是在玩游戏。"

班主任单独给儿子交代一项任务，帮助收集和编辑一套经典数学题集，给同学们作为复习参考。内容涉及焦点三角形、离心率的取值范围、圆锥曲线轨迹问题、定点定值问题、最值范围、焦点弦、双参数。

我对数学一向非常自信， 怎么连这些概念都看不懂？大脑里搜寻不到任何相关记忆，甚至不知道自己是学过但忘了，还是根本就没有学过。

"这些太难了，我都快不想学了，解一道题至少需要半个多小时。如果工作以后都用不上，早晚会忘掉，那干吗现在要学呢？"虽然在抱怨，儿子已经利用网络搜索工具，对每个问题都找到了一些经典试题和解析，编辑的题集有几十页了。

班主任把这任务交给儿子是有道理的。儿子良好的理科思维习惯，让他常常对一道数学难题又爱又恨。他喜欢数学的逻辑和精准，说里面有一种难以言状的美。遇到难题，总会不满足于老师的思路和解题方法，总想能够另辟蹊径。有时这样做会耗空他的脑力，却又好像有强迫症似的停不下来。

"话不能这么说。数学最能培养人的逻辑思维能力，尤其是你喜欢的 IT 技术，很多模型和产品的设计开发都运用到数学概念和理论。"我看了一下电脑上的时间，"你已经在网上查多久了？差不多就行了。网上的信息实在太多，永远看不完，小心掉进巨量信息的陷阱里，反而降低效率。"

互联网已经大大改变了人们的阅读方式，它是开放的、互动的、自助的、廉价的，任何用户都能自由浏览或上传信息。而目前全球网络用户将近二十亿，即使每人每天只上传一条信息，每天网上的新增信息就有二十亿条。

以前说“知识在于积累”，现在是“知识在于检索”；以前做“知识分子”，现在当“知道分子”；以前喜欢“深阅读”，现在流行“浅阅读”。

这不，儿子完成了老师布置的任务后，又拿出语文作业来做了。作业里有古诗词填空，他很多都不会。问我，我也不会。但上网一搜，即刻就获得了答案。我站在旁边正在看诗词解释时，儿子已抄完答案，关闭页面，查下一个诗词填空了。

“怎么这么快就换下一个问题了，你至少得将整首诗通读一遍，了解每句诗的含义啊！就这么把答案抄上去，根本没过脑子，做完作业又有什么用。”我有些不满意，在一旁提醒道。

接受了我的提醒，儿子把查到的诗词解释上下看了看，但很快就失去了耐心：“这太浪费时间了，都这么看，寒假作业哪里做得完啊？看了又怎样，你能记住吗？最后还不是忘了！”

我并不反对儿子在网上搜作业答案，但这种方法如果使用过度，就成了投机取巧，自欺欺人，省略了思考过程，为完成作业而完成作业，没有达到真正的学习目的。

“作业的本意是进行知识的强化训练。如果直接抄答案，或自己做了却不知道对错，就等于没做，等于在浪费时间。做过的作业，一定要弄明白，发现自己的错误。哪怕作业做不完，我去跟老师说。”

儿子看上去漫不经心，却把我的这些话听进去了，后来还作为学习经验向同学介绍。

儿子放下作业，扭头对我诡笑一下：“怎么？刚才挨爸爸的训了？总怕我网瘾，你还电视瘾呢。你为什么对网络不感兴趣呢？网络里面有这么多好东西，在网上也可以看电视剧啊。”

不是不感兴趣，是有点怕它。一上网，各种信息铺天盖地涌过来，不断诱惑你去看。有点像是吃自助餐，一不小心就吃撑了。几小时一晃就过去了，看得头昏脑涨，湮没在信息海洋里，都忘了自己想干吗了。

还有，互联网上鱼龙混杂，有很多有用的工具和精神营养品，也有很多副产品和精神垃圾。通过网络，大家可以分享经验和信息，相互帮助，曝光贪腐，还可以网上购物，预订旅馆等，极大地方便了生活。

但网上的污言秽语、情色信息、骗人陷阱、教唆犯罪等乱七八糟的内容也比比皆是。很多成年人都难辨真假、难敌诱惑，对孩子自然有更多担心：怕遇到坏人，上当受骗；怕没有足够的判断力，人生观、价值观被扭曲；怕过早接触情色信息，陷入其中不能自拔。

等《堂•吉诃德》《巴黎圣母院》和《飘》买回来以后，儿子并没有真正完整地看完，翻了几页就把它们扔到了一边，然后在网上下载了故事梗概和读书笔记，就算交差了。

这就是吃着麦当劳、肯德基长大的一代，他们习惯并享受着E时代提供的精神快餐，你还能指望他们能静下心来阅读一本大部头的经典名著吗？

即使是我们，在那个书籍匮乏的年代曾经那么饥渴，现在不也变了吗，整天在电视、网络或手机上浏览和阅读，看到的只是即时的、快速的、零碎的资讯，真正能打动内心、称得上深度阅读的又有多少呢？

不过，儿子至少还提出了一个问题："为什么有人说第一遍读《堂•吉诃德》时想笑，读第二遍时想哭，读第三遍时会思考？"

幸好，我看过这本书，尽管是节选。我想了想，认真回答道："第一次看，会觉得堂•吉诃德太傻，总会去做一些像挑战大风车之类的、超越自己能力的荒唐事，所以好笑。第二次看，会感慨堂•吉诃德的坚韧，即使屡战屡败，头破血流，也能坚持自己的信仰和理想，所以想哭。第三次看，会思考为什么他会经历这些磨难和失败，应当如何总结经验教训，采取哪些方法和途径去实现理想，获得成功。”

书，记载历史，反映当下，思考未来。只有书籍，能把辽阔的空间和漫长的时间浇灌给你，能把一切高贵生命早已飘散的信号传递给你，能把无数的智慧和美好对比着愚昧和丑陋一起呈现给你。

如今，当看电视和上网已成为一种生活习惯时，我会偶尔思念起读书带来的独有乐趣。在嘈杂拥挤的人流中，在孤单寂寞的时光里，打开一本自己喜欢的书，就立刻能进入另一个世界。

透过文字，你可以展开无限的想象空间，分享主人公的心路历程，体味文字精彩细致的变化，与自己的内心进行坦诚对话。在精美的大餐和浮躁的快餐中，始终为自己保留一片宁静的天空，细细咀嚼自己独有的品位。

第二章

游戏保卫战

喜欢游戏是孩子的天性，能开发智力和获取能力，父母要给予理解和尊重。同时也要合理干预，好的游戏如果没有节制一样会变成灾难。每个孩子都有一颗向上的心，只要疏导得当，孩子会理解并体会家长的良苦用心。

导读：

喜欢游戏是人的天性。有孩子真好，能让我们再经历一次童年和少年，体验游戏的快乐时光，重温那种永恒的美好。快乐其实是件很简单的事，无论身处何时何地，也无论贫富贵贱，只要有简单、平实的心境，快乐一定会如约而至。

虚幻的世界不能代替真实的生活。对游戏的爱好如果不受约束，就会成为灾难，让原本青春活泼的青少年，变成面黄肌瘦、形单影只的新鸦片吸食者。人生是个单行道，没有后悔药可吃，也不可能像游戏一样有很多条命，失败了可以重来。

没有有问题的孩子，只有有问题的家长，有问题的教育。每个孩子都有一颗向上的心，只要疏导得当，孩子会理解并体会家长的良苦用心。认可和接纳自己的孩子，建立沟通与互信。否则，即使不玩游戏，也可能会出现其他成长问题。

睡梦中的儿子面色光洁而安详，就像小时候一样。隐约可见的小胡须、青春痘和细长的身体却在提醒我，孩子长大了。而你，只看到了他身体的成长，没有看到他思想和灵魂的日渐丰满。

1. 中考结束了！

今天是中考的最后一天。我早早地来到学校门口，等待中考结束。校园紧闭的大铁门外已挤满了一群家长。自行车、摩托车、小轿车满满地停在附近，一直延伸到离校门很远的地方。加上门前的马路正是地铁的施工现场，间或不断有车辆经过，扬起了一阵阵尘土。

家长们就在这片尘土飞扬中，静静地等待。有的倚在自行车旁，有的蹲在树荫下，有的拎着一袋吃的不停地变换着站立的姿势。彼此间很少交流，一个个翘首向校园内张望。脸上的表情很肃穆，期待中掺杂些许紧张。

如同二十多年前，父亲用自行车把我送到高考考场后，就一直在外面候着。考完最后一门科目，看见父亲在七月的骄阳下满头大汗地站在考场外，身上的衬衫已经湿透，手里捧着一弯月牙形的西瓜在等我。现在，我站在考场外等待儿子出来，手里拿着相机，准备记录下中考后的这个瞬间。

考试结束的铃声响了，校园的铁门也缓缓打开。家长们露出轻松的笑容走进校园，自觉分立在校园主干道的两旁， 像欢迎凯旋的战士般迎候在那里。这场景已经经历了很多次，我喜欢这种等待的时刻。

铃声响过许久，孩子们才开始一波一波地走了出来。他们看上去那么充满朝气，一脸的轻松自在，三五成群，一边走一边嬉闹不停，还没有意识到这可能是中学同学最后一次全体聚会。很快，他们就会又一次走向不同的学校，走向不同的未来。

小学毕业时，儿子经历过这种分离，让他难过了很久。跟他一起长大的两个最好的朋友，号称“三剑客”，一个随父母去了南方，一个去了本地的另一所中学。之后，他们在父母的帮助下曾聚会过，只有短短几天。分别后，各自的生活有了越来越多的改变，无论相貌还是心境，已经难以回到从前。

家长们和孩子们在两个阵营里相互寻找。女孩们的眼光寻见了父母，往往会高兴地扑过去。男孩们矜持一些，当着同学的面绝不会有这些孩子气的举动。很多家长都拿出了相机，有的已经在和孩子在校园里四处合影留念了。

儿子总是晚些时候才能出来，但我还是发现了他。儿子与他的好友一高一矮并肩走着，说说笑笑，非常醒目。我悄悄举起了相机，儿子看到了，顽皮地往下一蹲，然后，当作没看见似的继续往前走。“嘿，考得怎么样？”我走到他身后，拍拍他的肩膀。“考砸了！说好了按新的试卷框架考的，谁知又回到老的题型。我们复习这么久全白费了！”儿子边笑边抱怨。

“没事儿，考完了就别想了，好好放松一下。你说，想干吗？去吃西餐吧！”好像每次考试儿子感觉都不是太好，可成绩一般都还不错。“算了，还是回去吧！我跟同学已经约好了。”“我明白了，是约好了上网玩游戏吧！”儿子笑着说：“那你说我们中考以后的最大愿望还能有什么？看书？学习？那不是有病吗！”

等待中考成绩的这两个礼拜异常漫长。考试和竞争压力瞬间释放以后，儿子每天早上睡到自然醒，中午才起床吃早餐，下午就在家看电视或玩游戏。做家长的也放松了对孩子的要求和管制，由着他去，完全不加干涉。

孩子放了假，家长反而变得忙碌起来。以前儿子的中餐都在学校解决了，现在可好，我每天还得利用中午一小时的午餐时间，从单位跑回家给儿子送饭或做饭，忙得跟打仗似的。儿子正在长身体，晚餐就不能对付了，需要正经八百地炒两个菜。于是，我有点怀念儿子上学的日子。

儿子虽然无所事事，心里却并不轻松。在无聊和焦灼中等待成绩，揣测可能的成功或失败。随着九年义务教育的终结，他正处在初中向高中时代过渡的真空阶段。未来不知道在哪里，原来的同学和朋友圈子已经解体，新的团队和社交圈子尚未建立，感到极度的落寞与空虚。

张榜那天，儿子通过电话查询到了自己的成绩：数学、英语的位置值分别为 2，语文的位置值为 3，物理和化学（合考）的位置值为 1，思想品德、历史和社会（合卷）的位置值为 1.5，加上体育的 1.8，总位置值为 10.3。

什么是位置值？解释起来有点复杂。2005 年，为探索中考评价体系改革，教育部确定了 17 个城市或地区作为全国首批国家级课改实验区。我所在城市的教育局推出了“新中考”，将中考时的学生成绩由分数制改为等级制，对初中毕业生按学业考试等级和综合表现等级进行组合评价。

这项中考改革的本意，是为了鼓励学生均衡发展，不偏科，模糊和降低学生间的成绩差距。它选出来的是通才，不是专才、怪才。偏科的学生很吃亏，即便绝大多数科目都非常优秀，只要有一门科目考得比较差，总位置值就会被大幅度拉升，排名也会被大幅度拉后，难以进入重点高中。

“新中考”实行五六年来，一直备受质疑和争议。反对者认为，这种方法趋于选拔庸才，不利于选拔人才。单科的微弱差距有可能在总排名上被拉后成百上千名，而对于相同的总位置值，考试总分却可能相差几十分。

根据省政协委员的提议，省教育局对“新中考”的利弊进行了为期两年的调研，终于决定取消等级制，重新回到分数制的轨道。对这一决定，有强势科目的学生比较高兴，因为他们可以发挥自己的优势，去拼总分。排名稍后的学校不太高兴，因为这样一来，优秀生源又会过度集中在寥寥几个学校，有失公平。儿子成为“新中考”的终结实践者。

一颗悬着的心终于落停。这个结果还算正常，根据前两年的经验，上全省最好的学校应该没问题。一直告诉儿子，父母并不期望你的成绩最好，但希望能考上好的学校。只有这样，才能分享好的教学资源，遇到好的老师和同学，交到好的朋友。知识可以从书本上学到，但好的老师和同学可遇不可求，他们带来的耳濡目染、良性竞争与互学互助，会让你受益终生。

有些人看了一定生气。这叫什么话？难道其他学校就没有好老师、好同学了？好学校多的是，凭什么说你儿子考的学校就是最好的？我知道这样说有些绝对，任何地方都会遇上好的老师和同学，但好学校遇到的几率更大，人数更多。

我还是有点小小的失落，他再多考好那么一点点就行了，能省一两万元学费呢。儿子小升初时，就因为半分之差与奖学金失之交臂。中考时，为了笼络好生源，不少学校对成绩排名靠前的学生发放数千元的奖学金，其他的按成绩分为几档，每档收取数额不等的学费。

忽然忍俊不禁，想起同事给我讲，她女儿成绩一直很好，以为可以免费上这所学校，谁知平日成绩没女儿好的几个同学都只交了几千元的学费，她反而要交三万五千元。这让同事很郁闷，有好一段时间，她天天叫女儿“三万五”。那我也该叫儿子“两万一”吧？“你知足吧，儿子已经很不错了！不信你算算，看看升学率，这比考重点大学还要难得多呢！”老公斥责道。

不管怎样，儿子考上了，一块压在心头的沉甸甸的石头终于落地。可另一块沉甸甸的石头又慢慢悬了起来。为什么？好容易有这么一个没有压力的暑期，有什么可担心的？有的，那就是电脑游戏。

2. 鸟枪换大炮

中考过后，拗不过儿子的恳请和游说，答应给他新添置一台更好的电脑。电脑的配置目标很明确，能玩以前玩不了的游戏，有更快的速度和更精致逼真的画面。儿子求助正在读博士的哥哥（大姐的孩子）帮他一起完成电脑选型和配置，还有设备的采购谈判与测试。当然，我是跟在后面付账的那一位。

“你买电脑主要想干什么？编程、处理文件，还是玩游戏？”外甥问。

儿子顽皮地一笑：“这还用问吗？我现在怎么可能会编程！”

“你的预算是多少？电脑的品牌很多，价格差别也很大。”

“我不知道。妈，你能给我的预算是多少？”儿子把问题抛给了我。我没有概念，依稀记起单位最近新配备的工作用手提电脑，价格基本在七千到一万两千元之间。“七千元左右吧。”我犹疑地说，保守地选择了下限。

“呜哇，这么多！三千多元的品牌台式机已经很好了，如果配兼容机，只需两千多块。”外甥做了个夸张的表情。

“那就按三千元来配吧。”我连忙更正。

“我先帮你选一组配置，然后你上网查查价格。现在各种电脑配件基本都做穿了，网上的价格和市场的价格不会差别很大。”外甥对儿子说。

几天过后，儿子列出了电脑配置清单：CPU、主板、内存、显卡、硬盘、机箱、电源、显示器、键盘、鼠标等，还有一系列的品牌名称、规格型号及参数。这些我都看不大明白，但看懂了一组数据：参考总价 5 800 元。

“不是说好了三千吗，怎么突破这么多？”我叫了起来。“哪有！你不是说七千吗？看，我已经给你省了一千多块了！”想起古代“曾子杀猪”的故事，只为兑现父母对孩子的承诺。

电脑城在市中心，是专门经营各式电子产品的集散地，规模越来越大，已经覆盖了周边的好几栋大厦。门面外，马路边，人流、车流混杂在一起，一派繁荣景象。外甥把我们领进他常去的一个卖场，走进宽敞明亮的卖场大厅，立刻被琳琅满目的各式电脑品牌湮没了。国产的，进口的；原装的，组装的；手提的，台式的，平板的。还有各式各样的配件，个个设计新颖美观，让你目不暇接。

恍惚间，我回到了二十多年前的学校。那时，我正在读研究生，也是第一次接触电脑和计算机语言。整个教研室只有一台 IBM286，花了两三万元人民币从国外买的，大家都把它当成宝贝。当时，研究生生活费每月只有几十元，大学老师的月收入也不过两三百元。按当时的预期，十年的工资收入才有可能买一台电脑，而现在，半个月的收入就能买一台相当不错的电脑了。

IBM286 不只是贵。为了使用电脑，我们学了半个学期的相关课程，包括计算机基础教程，BASIC 和 FORTRAN 编程语言。这些机器用的语言非常枯燥、抽象，又要求有严密的逻辑，学习过程毫无乐趣可言。学到最后，计算机才给了一个小小的惊喜。

我至今仍记得第一次用计算机编程时的忐忑与激动。为了完成学位论文的最后计算，将已获得的试验数据按照一定的数学模型进行编程。

录入写好的程序，按下“运行”指令，一条完美的曲线就一点点展现出来。改变不同的参数，得到一组曲线，于是，材料性能的内在规律就在这一组曲线的比对中跃然而出了。

“到我们这里来看看吧。需要什么？我来帮你们推荐一下。”几位销售人员笑盈盈地争相迎了上来，热情得让人有些发怵。外甥拿出配置清单，一项项确认品牌、性能和价格。之后，又到另外两家进行比对。各卖家好像都在说自己的性能好，速度快，性价比高，稳定性好，兼容性强。同时又在委婉地提醒我们，其他卖家可能存在的性能夸大或掺有水分的价格策略。

卖家总是比我们更聪明。他们指出了我们事先拟订的电脑配置存在的缺陷，比如，显卡配置略低，影响 CPU 性能的充分发挥。那就配一个更好一点的显卡吧。好的显卡功率很大，需要配一个好的电源。那就配一个好电源吧。好电源功率大，发热多，需要配两个更好的风扇……如此这般，预算很快又增加了将近一千元。

既然要满足孩子的愿望，那就彻底满足吧！可让我难以接受的是，一个薄薄的、火柴盒大小的 CPU，就要一千多元。而一对大而漂亮的音箱，也不过几十元。“这小东西怎么这么贵啊！”我责问道。

儿子碰了我一下，靠近我耳边低声说：“你别外行了。别看小，这是中央处理器，是电脑的心脏。没听人说中国的电脑没有‘中国芯’吗？别看这么多配件都是中国产的，其实不值钱。值钱的芯片我们比不过别人，钱都让外国人赚去了。”

付了五百元的预付款后，销售人员带我们去取货，还要进行电脑的组装测试。我们来到百米开外的另一幢楼上，这里的景象与营业厅形成了鲜明对比。楼道昏暗、狭窄，一个不足二十平方米的房间被划分成三个区域：组装区、测试区和顾客休息区。靠窗一侧有一个小门与邻近的仓库相连，门旁边有一个小小的收银柜台，取货、交款的地方只能同时容下两个人。仓库的面积更小，里面塞满了各种零部件。

虽然工作环境不怎么样，但工作人员看起来都很不错，慈眉善目，有问必答，分工明确，各自都在不停地忙着手头上的活儿，尽量满足客户的各项要求。这是很多中国小商户的典型生存状态，没有金饭碗或铁饭碗，处在社会的底层，在艰苦的环境中长时间工作，照样生活得简单快乐。

大约等了一个小时，才轮到我们。“这么高的配置，不太多见，一定是玩游戏吧！”工作人员调侃道，“现在是暑假，有很多家长陪着孩子来买电脑或换电脑，很多大人来买电脑也主要是为了玩游戏。”

这个配置与当年的 IBM286 相比，简直不可同日而语。内存容量、处理速度是以前的千倍、万倍，显示器的外观由原来的 14 英寸黑白射线管变为轻薄、色彩艳丽的 19 英寸液晶彩显。 磁盘驱动器被光驱和几个 USB 接口取代，一张光盘或一个钥匙链大小的 U 盘能储存的信息量相当于原来的几十张甚至上千张磁盘，震撼吧！

计算机编程语言、操作系统和程序也在不断推陈出新，有了越来越多的选择，越来越强大的功能，越来越有效的各式开发或应用工具。电脑硬件和软件的更新换代速度越来越快，电脑核心部件 CPU 几乎平均每一个半月升级一次，使用三五年的电脑基本上就该淘汰了。全球尤其是中国的电脑产业会有如此天翻地覆的变化和发展，这在二十年前，是做梦也不会想到的。

视窗操作系统和办公软件等也让电脑的使用变得简单、有趣。不必花时间学习那些抽象、枯燥的计算机语言，简单易懂的指令，人性化的操作界面，宜人的色彩搭配，轻点鼠标，一切尽在掌握。只要不是文盲，大人、孩子很快就能学会，有效简化和缩短了学习过程。于是，计算机不再是象牙塔或研究机构专用的高深莫测、高不可攀的科学机器，而是放下身段，成为人们日常工作和生活的必需品。

也许全球首台个人电脑的发明者早已预测到这一天的到来。利用科技进步和大规模生产，使高科技产品走入寻常百姓家，让家庭和社会生活变得更加便捷、高效。而他们没有料到的是，这些高科技产品日后所具备的功能，已远远超出了原来的自动计算，几乎无限延伸到人们学习、工作、生活的方方面面，甚至也成为游戏的一个重要载体，让上亿的人们，不分种族，不分年龄，为之痴迷和狂热。

因为是模块化设计，电脑的硬件组装和软件安装进展顺利，但运行测试时遇到点麻烦。将核心部件的参数设置在最严苛的条件下运行，主机和风扇强劲地运转起来，噪声很大。没过十分钟，机身开始发烫，CPU 的温度迅速上升到 70 多度。

“电源的功率太大，这里的环境温度又高。要不换一个好一点的风扇？你看，温度和噪声都与风扇相关。”主管推荐了一款铜制风扇，看起来很扎实。装上以后，温度降了一些，噪声小了一些，但仍然超出了 50 多度的验收限值。

这也是他们很少遇到的问题。两三名工作人员围拢过来，共同来查找原因，寻求解决方案。换了一个主板，对各部件进行紧固和调整，问题还没有得到彻底解决。可能是显卡的问题，但因为该型号是最新的产品，销量较小，仓库没有库存，只能从厂家发货了。后来，主管兑现了他的承诺，尽管因为到货较晚，时间上延迟了一些。

3. 新装备，新体验

有了新装备，儿子很兴奋。近一米七的个头，一张尚未成熟的娃娃脸，有种抑制不住的快乐。在家里安置好电脑，儿子迅速将硬盘分区，从网上购买了几款自己喜爱的游戏，分门别类地建档。“下载速度实在太快了，好爽啊！”儿子从椅子上跳起来，手舞足蹈。他打开并运行一份文件，开始玩起了游戏。

我凑过去看了看，是《刺客信条》。跟我以往对游戏的印象完全不同，这游戏更像是一部电影。中世纪欧洲场景，画面非常真实，有质感，让人身临其境。主人公头顶盔甲，肩披风衣，手握短剑，在山林原野间纵横驰骋，在大街小巷里躲闪穿行，在屋内屋外攀爬跳跃，遇到对手快速解决，身手敏捷，玉树临风。

“好电脑就是不一样。”儿子高兴地说，你看这墙壁多逼真，能看到剥离的墙灰和污渍！还有这玻璃门，从不同的角度去看，它的明暗和反射都在变化，甚至可以看到人物的投影在上面移动。还有这速度，这音效，这画面！真是帅呆了，酷毙了！

儿子问我喜欢什么，他帮我下载。我不太喜欢玩电脑游戏。上班时在电脑前坐一天了，眼睛和身体已经够累，干吗还跟自己过不去？又玩不好，手指、眼力劲儿都跟不上，总有种挫败感。“没事儿，我给你选的都比较简单，换一下脑子，也算是休息。”

以往我对游戏的了解，仅限于养宠物、种菜偷菜、交换卡片、抢车位等，对这些简单、温和的游戏还比较容易接受。看到全国人民都在电脑上种菜偷菜，恍惚觉得自己竟然像是异类了，为什么老少妇幼都喜爱的游戏，我怎么会无动于衷呢？

儿子给我解释了其中的乐趣，说小游戏里面有大道理，比如有耕种才会有收获，给别人农场除草拾粪可以获得经验值。收获的时机很重要，早了没熟，晚了就被别人偷走。只有加入好友后，才能互偷互助。

另外一款儿子喜欢的游戏讲的是城市规划，可以学到如何建设一座城市，让它完整配套，包括住宅、办公楼、交通、学校、医院、警察局等，这样居民才可以安居乐业。还要知道怎样经营这个城市，让它能够可持续发展，尤其要避免交通拥堵和污染。预算有限定，拆房建房都需要钱。房建多了，其他的功能配套也必须跟上。还要建工厂赚钱。建工厂要考虑的更多，厂址不能离市区太近或太远，绿化隔离带首先要种上，不然污染指数上去了，当市长的业绩评价就不会太好。

“不过现在这些游戏我已经不玩了。有些游戏，玩一次就够了。有些游戏，玩到一定程度后就会觉得没有意思。我现在经常玩的游戏只有几个，甚至觉得有些游戏荒了。”

听着儿子有声有色的描述，真希望能分享到他的那份痴迷与热爱。对于游戏，我只能算是幼儿园小班的学生吧。儿子对我这个“幼儿园小朋友”有足够的耐心，为我演示并解说游戏的玩法和技巧，同时展示他喜欢的几款比较大型和复杂的游戏。

有些游戏我很喜欢，像《植物大战僵尸》《祖玛》，不紧不慢的，画面好看，有声有色，一学就会。《机械迷城》则是静静的，后现代风格，像水墨动画版的侦探小说，有人物和故事贯穿始终。每个场景都有一个任务和提示，但这提示很隐晦，必须开动脑筋发现每一个蛛丝马迹，经过很多次尝试互动才能解开谜团。

赛车之类很激烈的游戏我不喜欢，一遍遍跑着相似的街道，经历类似的障碍或灾难，只为追求速度与超越。我对战争或暗杀类的暴力游戏也很反感，拿着匕首或各式武器，在屋内屋外、城内城外、天上地上、人间地狱不停地追逐，见人就杀就砍，你甚至看得见伤口的鲜血喷涌，听得到人垂死前的挣扎。不过这类游戏有些制作得很精美，看起来像3D电影，有场景，有人物，有故事情节，还可以影响任务的进程和结果，对男孩非常有吸引力。

儿子对我的一些观点感到不能理解，苦笑着说："我觉得震撼的，你说很暴力；我觉得刺激的，你说很无聊；我觉得无聊的，你说很有趣；我觉得好玩的，你说学不到知识。为什么同样的东西，我们看到的、想到的会差别这么大呢？比如赛车，每关的道路都不一样，每次遇到的危险也不一样，到你眼里全变成一样的了。"

儿子解释说，那些战争游戏，让人着迷的不是打打杀杀，是里面所使用的各种新式武器装备。老师也讲，所有的高科技首先都是应用于军事，还有场景和情节设计，都非常严密，经得起推敲，也有很多现代战争的策略和理念在里面。有些故事，直接影射当前的国际政治背景。根本不像我说的那样，是一些别有用心的人正在用游戏侵害一代人，让他们沉溺于虚拟世界，变得虚弱和暴力。都什么跟什么啊！

面对儿子一连串的发问，我反驳道："难道不是吗？看看你们这些孩子，课外休闲时间几乎全用在电脑游戏上面了，眼镜度数越来越高，身体受不了一点儿累。国外的孩子，经常有各种体育锻炼和社会活动，哪像你们天天窝在家里玩游戏？"

我们谁也说服不了谁。两代人接受了不同的教育，经历了不同的生活，这种分歧总会存在。我试着去理解儿子，也希望儿子能试着理解父母的苦心，换一种角度审视他所喜欢的游戏，也许会有不一样的想法和感受。

与父母没有共同语言，儿子就只能通过电话和网络与同学分享自己的快乐。打了一圈电话，儿子大笑：“太棒了，好几个同学也刚刚换了电脑，还有的正在说服家长。”然后投来一束探询的目光：“我能请同学来咱家玩吗？”

当然没问题。搬家以后，儿子还没办过同学聚会呢。在他上中学以前，我们一直住在单位大院里，大院中部是公共休闲区，有一个标准的灯光篮球场和一个雅致的园林花园，将办公区和居住区自然分开，也是孩子们的竞技场和游乐天堂。到处都是高大常青的松树、桂树、南竹、香樟树，一年四季都有鲜花盛开，尤其到了秋冬两季，桂花、蜡梅暗香扑鼻，令人陶醉。

在这样的社会主义大家庭里，孩子们就像生活在童话里。有十几个孩子与儿子同龄，他们是真正意义上的“发小”，干什么事儿都在一起。被小保姆抱着一起在户外晒太阳、牙牙学语、蹒跚学步，一起上单位的幼儿园，跟同样的老师，学一样的知识，玩一样的玩具，唱一样的歌。后来，又一起上同一所小学，被分到同一个班级，每天搭乘同一辆面包车上下学。

在大院里，家长很安心。孩子如果想约人一起玩，楼下喊一嗓子就成；在玩耍时磕着或碰着了，可以自己直接去医务室；遇到小朋友之间争抢或打架，有大伯大婶们帮着劝架调停；肚子饿了，自己去食堂，想吃什么就点什么。陌生人进入大院要接受严格的盘查，孩子想溜出大院也有门卫拦着，不存在孩子被拐骗的风险。

儿子上初中以后，我们搬出了单位大院。因为国家取消了公有制住房，原来分的房子全部私有化，折价转卖给了员工。单位也不再盖房子了，要想改善住房条件，就必须自己去买商品房。当时，房地产市场刚刚启动，每平方米一千多元的房价，对大多数工作十几年的家庭还是可以承受的，很多人在单位大院以外买了房子。

没有了分房优惠和公有房的约束，单位员工的流动性迅速提高，原来想都不敢想的离职、辞职，越来越多地发生在我们周围。大院里的住户也变得越来越复杂，于是，很多福利都被取消了，全部社会化，包括幼儿园、食堂、医务室、供暖等。再后来，单位又在城郊买了块地，办公区整体搬迁，原有的社会主义大家庭就这么解体了。

我们现在住的小区，面积比原来的单位大院要大，绿化也很好，有小桥流水，也有篮球场、网球场、游泳池、儿童乐园、健身设施等，甚至还有一个高尔夫练习场，又临湖而建，虽然离市区稍远，但空气质量很好。新房子的面积是原来的两三倍，还看得到湖景，住房条件比原来好多了。

可是，儿子的感觉完全变了。在这里，大家谁也不认识谁，谁也不知道谁的底细。相互间走动很少，即使是一个楼道的对面邻居，住了几年了，除了见面笑笑、打个招呼以外，没说上几句话。操场上也有人在打球，儿子偶尔加入一起玩一下，与原来伙伴间的感觉完全不同。

“不让我上网，不让我玩游戏，那你说，课外时间我能干什么？”搬家后，在一次为上网时间的事发生争执时，儿子反问我。“出去找同学玩，打球、下棋、游泳，都可以呀！你们约好以后，我送你过去，或请他们过来。”

“哪有这么容易？原来的朋友现在全部都住散了，我们这里又偏，没多少同学愿意来。”儿子没好气地回我一句。“原来住的地方挺好的，为什么要搬家？房子大了，条件好了，可朋友没有了。你有没有征求过我的意见，想过我的感受！”儿子越说越激动，说到伤心处，竟然哭了。

“可你从来没对我说过这些啊！”我怔住了。“你觉得我说了会有用吗？你会不搬吗？说或不说，结果还不是一样。”儿子闷闷地回到自己的房间，重重地把门关上。

我完全蒙了。我和老公一直在努力给儿子营造一个更舒适的生活环境，却从没以儿子的眼光来看待这种居所改善背后，其实还伴随着内心的巨大失落和孤独。我们的确没有考虑儿子的感受，没给孩子一个缓冲和消化的时间来应对这种变化，而是以爱的名义，绑架了孩子快乐的生存状态，让他的美好记忆戛然而止。

可这也不全是家长的错啊，即使继续留在那里，朋友还是会一个个离开。很多家庭跟我们一样，被社会转型的大潮裹挟着，让你身不由己，主动或被动地顺应这场深刻的变革。 我们和儿子这辈刚巧赶上了， 就必须经历和承受。况且，与父辈所经受的贫穷和磨难相比，我们已经生活在天堂了，还有什么可抱怨的。

这次聚会也算是弥补孩子的一个机会吧。领到任务，就开始张罗和忙碌起来。把房间里里外外打扫干净、收拾整齐，将一些影碟、杂志、课外书、棋盘摆放好，甚至在客厅里支起了乒乓球台。又从超市买了一大堆瓜果蔬菜、熟食、零食和饮料回来，把客厅的餐桌和茶几挤得满满的。老公或对方的家长则负责孩子的车接车送。

一共来了七八个同学，都是半大的小伙子，到了这个年龄已经不好意思请女同学了。每个人进来冲我说一句“阿姨好”，然后就立刻把这里当成自己的家，打开电视，一边看球赛，一边叽叽喳喳地评论，一边敞开肚子大吃大喝，客厅很快变得一片狼藉了。

吃饱喝足之后，有的下起了围棋，有的打起了乒乓球，有的看起了影碟。但电脑开机后，所有孩子异常迅速一致地积聚到书房里。大家把儿子团团围住，看他自豪地展示着新装备，在游戏里任意驰骋。每个人都想上机试一试，儿子却独霸电脑不肯下来。实在忍无可忍了，几个同学一起把他哄了下来，武力“接管”了电脑，还订立了规矩，玩游戏打擂台，谁输谁下线。几颗脑袋挤一起，对着电脑屏幕大呼小叫，热闹非凡。

现在儿子成了旁观者，他感到非常郁闷，一个人独自坐在客厅的沙发上，阴沉着脸，悻悻地对我说：“妈妈，你管管他们，他们不让我玩。”“你本来就是请同学来玩的，哪能只顾自己痛快。”话虽这么讲，我还是走进了书房，“嘿，小伙子们，别只顾了玩电脑，这个小区里风景不错，有很多好玩的，还有一个高尔夫练习场，你们要不要出去转转？”

没人理我，大家好像都没有听见。又加大声音重复了一遍，只有一两个孩子抬眼看了看我，没有任何表情，然后就迅速将视线移回电脑屏幕。唉，家长的权威尽失，完全失去了对局面的掌控。

4. 武功是怎样练就的？

书房里热闹，客厅倒显得清静了，可以打扫打扫战场。拖着一大塑料袋垃圾下楼，屏住呼吸打开垃圾桶，把垃圾扔了进去。“他们怎么样，什么时候能回来？”冷不丁听到有人说话，转身一看原来是邻居老林，正站在楼下吸烟。他儿子和我儿子是发小，从小一块长大，现在正在我家玩呢。

“还能怎么样？都在玩电脑游戏，赶都赶不出来。天都黑了，已经整整一天了。这些孩子怎么那么喜欢电脑游戏啊？”“这很正常啊！大家都喜欢，我也喜欢，经常跟我儿子一起玩。”

“你平常控制他的上网时间吗，给电脑设密码吗？”我问。“那当然，如果由着他，还不把孩子给毁了。”老林允许儿子每周玩一次，每次玩一两个小时。谁知这小子越来越鬼，自己偷偷把密码给改了，老林就安装了一个“电脑管家”，可以监控孩子玩电脑和上网的情况。这软件网上有，他建议我也赶紧下载一个。

这都是什么年头啊，家长得和孩子斗智斗勇了！我也给电脑设了密码，也控制儿子的上机时间。就是一直纳闷，他在家里玩电脑的时间并不多，怎么知道那么多游戏啊，水平还挺高的。不知道他这一身“武艺”怎么练成的。

如果说玩游戏我是幼儿园水平，儿子可以算是高中或大学水平吧。好像不管什么样的游戏他都很在行，不仅眼快、脑快、手快，还有很强的逻辑思维能力、推理能力和想象力。玩《机械迷城》时，有些谜面我绝不可能想到，可儿子会在尝试过程中灵光乍现，忽然悟出其中的奥妙。

老林笑：“没在自己家玩，就在别人家玩呗。你儿子不是经常到我家吗？你以为他们一起在干吗？”“他说是去看书、下围棋啊，偶尔也看你儿子玩游戏。”“哈哈，他们大部分时间是相互看、轮流玩。俩人经常抢，有时还会吵架打架。他们从小就是这样，见面就打，不见面相互之间还有些想。”

真的吗？难怪每逢节假日的时候，儿子总找机会去同学家玩。难怪为什么到后来，好像有些家长并不太欢迎儿子的主动造访。

一直以来，儿子对游戏的喜爱我是知道的。就像他哥哥说的，是人都会喜欢玩游戏，区别只是喜欢的程度不同罢了。为防止儿子迷上游戏、上网成瘾，小学时我只给他买过一两款很简单的掌上游戏机，初一时家里才配了电脑，通了网络。给儿子用的旧手机或学习机，也一律先把内置的游戏给删掉。

儿子放学一般很准时，好像从没去过网吧。我一直对电脑实行密码保护，约定每周一到两次，每次一个半小时。即使今年暑假，也没完全放开，每天限制玩两个小时。儿子很自觉，一直在遵守着这些约定，从没有试图破译密码。或者曾经试图，但没有成功？回想起家里电脑有次被儿子折腾坏了，找人修了半天，现在想来非常可疑，原来儿子早就在同我们斗智斗勇了。

接着又在脑海里搜寻着蛛丝马迹。虽然儿子手机里的内置游戏早被老公给删除了，但在一切机动、零碎的时间里，儿子总会把我们的手机要过去玩一会儿，比如写作业的间歇休息时间，乘车外出的路上，开饭前、开饭后。儿子与他哥哥或同龄人之间一见面，往往没说几句，就开始聊电脑游戏，探讨里面的情节、操作要点和技巧。

他还曾经自制了一张日历贴在墙上，每天划一格，在日历上进行100天倒计时。问他等什么他也不说，但看得出他难以掩饰的激动与期待。那一定是他非常珍爱、渴望的东西。过了很久才弄明白，原来，他是在等待一款新游戏《使命召唤：现代战争 2》的全球发行。

看来，是我大大低估了儿子。练就如此“武功”，不仅要有天分，还要勤学苦练，互帮互学，外加高手指点。我心事重重地回到家，终于等到孩子们离开。儿子立刻钻进书房里，电脑虽然开着，他却没有玩游戏，而是在全神贯注地看书。我心里很高兴，不管读什么书，都比玩电脑游戏强。

看他如此聚精会神的样子，忍不住凑了过去，想看看到底是什么吸引了他。是《大众软件》，半月刊，厚厚的一本，里面有密密麻麻的文字和各式精美的彩色插图。“天哪，这本杂志原来是讲游戏的啊！”我一把将杂志夺过来，前后翻看着，惊呼着。

一向以为这本书就是介绍计算机软硬件的最新技术、新产品及其性能，现在才发现还有大量的篇幅在介绍电脑游戏，包括最新的电脑游戏产品，游戏的设计理念与故事情节，主要关口及通关技巧，玩家的实际体验和经验交流等。儿子就是通过这些信息在网上按图索骥，下载安装他喜欢的游戏软件，学习各种通关技巧。

“看你大惊小怪的，只有一半的内容是在讲游戏啊。当初你同意让我买的，现在后悔了？”儿子看上去挺平静，折腾了一天，也有些累了。我哪儿知道啊！儿子说这是全国优秀刊物，而且是半月刊，这么厚，他每期必买，得花多长时间读啊！

“我就是中午翻翻，并不是每篇都看，你用不着那么紧张。”儿子把书又从我手里抢了过去。“中午休息不了，下午上课哪里还有精神。我说后悔了，让你以后不买了，行吗？”“行啊。那我就像以前一样，借同学的看，结果还不是一样。”儿子轻巧地说，“我们学校很多人都看，学校书报亭每次去晚了就买不到了，必须先预订。我的9588学习机现在还在同学那里，就是当初用来换大软的。”

儿子看我懊悔的样子，劝解道：“其实，没有大软，这些信息在网上也能查到。同一款游戏有很多版本，有不同的下载站点。在哪些站点能下载到最好用的版本，游戏软件需要在什么样的环境下运行，游戏中的任务、情节和人物有哪些背景故事，把这些问题发布到‘百度知道’，立刻就能获得答案。因为这些问题一定有玩家在网上问过，也有高水平玩家在网上答过。”

正说着，电脑“嘟——嘟”地叫了两声，QQ上有人在联络儿子了。打开一看，原来是他哥哥。两人互相在网上寒暄了几句后，儿子写道：“《自由枪骑兵》我已经通关了！”哥哥发来一张笑脸：“呵呵，这个我几年前就已经通了！”

“有个地方我一直不知道该怎么做。”儿子一边写，一边在网上搜索。打开了一张星际图，把他困惑的一个环节进行截图，发了过去。哥哥如此这般稍加指点，儿子马上明白了。“哥哥真是太厉害了！他是真正的电玩高手，在大学的电玩比赛中得过冠军，是校队的成员。”儿子一脸的崇拜。

我在一旁感受着儿子的游戏过程，觉得有些眼花缭乱，难以跟得上他的节奏。看到儿子思维敏捷，对电脑各种工具的使用已练得炉火纯青，心里竟然还有些许自豪和骄傲。

5. 抗拒是如何形成的？

通过儿子的讲解，我慢慢理解了为什么会有这么多人喜欢游戏，喜欢网络。游戏中有故事、有思想、有知识，有现实、有奇幻、有穿越，有轻松、有严肃、有荒诞，有温情、有刺激、有争斗。玩家通过游戏与外部世界互动，获取各种知识，经历各种体验，收获各种情感，并从中得到成长的快乐。在游戏里，玩家能作为主角随心所欲地进入故事和梦幻场景，对周围的人或事施加影响和控制，很容易具备各种能力去克服困难，得到自己想要的东西。这种获得和成功后的满足与喜悦，在现实世界中需要花百倍、千倍的努力。

而后者，正是我对电脑游戏保持敏感和抗拒的原因，身边有太多例子在不断强化这种感受。游戏本身没有错，错就错在它太吸引人，以致玩家被游戏控制，成为它的奴仆。心智尚未成熟的孩子更容易掉入它的陷阱，而一旦陷入，就难以自拔。只要能够上网玩游戏，他们几乎可以放弃现实所有的东西，包括上学、读书、运动、旅游、劳动、交友、娱乐等，甚至亲情。因为这些他们都可以在网上、在游戏里轻而易举地获得和感受。

老公晚上回来时，家里的一切已恢复原状，好像什么都没有发生过。几小时前孩子们的喧闹、打斗已经消失不见，成为缥缈的记忆。我忍不住悄悄向老公讲了自己的新发现和对儿子喜欢游戏的担心，老公也紧张起来："儿子不会背着我们去网吧吧？你还记得大姐讲的故事吗？"

当然记得。外甥在考大学之前的一段时间里，上课经常打盹，成绩也直线下降。老师就联系家长，让家长配合寻找原因。大姐觉得奇怪，为了让孩子安心读书，她专门在学校附近租了间房子，又把父母接过来照顾孩子的日常饮食起居。孩子每天按时上课下课，晚上 11 点准时入睡，怎么会休息不好呢？她开始跟踪观察外甥的行踪。

学校附近有很多网吧，里面常常是昏暗、污浊的，散发着汗味、霉味、馊味、脚臭味和劣质香烟味混杂在一起的难闻的味道，外加一片噼噼啪啪敲击键盘的声音。一个个面色枯槁、目光呆滞的青年或少年，几小时、十几小时，甚至几十小时地呆在那里，痴痴盯着半米开外、一尺见方的小小屏幕，在虚无的空间里驰骋和遨游。他们的精神高度兴奋，身体极度虚弱，宛若一尊尊网络游戏的囚徒。

每台电脑的键盘旁边，散落着吃剩的盒饭、香烟头、饼干盒以及别的什么乱七八糟的东西。如果再仔细查看，鼠标、常用按键、耳机，还有座椅上，都厚厚地覆盖一层黑乎乎、油腻腻的脏东西。

就在这样一间网吧的一个角落里，大姐发现了外甥。他的书包被随意地扔在地上，头上顶着一副耳机，眼睛紧盯着屏幕，神色严肃，双手飞速地在键盘上操作着。在他旁边还有对面那几个吊儿郎当的少年好像是他的同学，他们不断交换着意见，正在网上打游戏比赛。

外甥正在游戏里扮演一个高大英俊的军官，全副武装，不断敏捷地前进、躲闪、隐蔽，机枪上膛、瞄准、射击，更换武器、腾跃、近身肉搏，进行着血淋淋的生死之战，没有看到母亲正在向自己逼近。

外甥被大姐扭着耳朵拖回了家，他低着头跪在地上。父母轮番上阵，狠狠地一通批评，又苦口婆心地给他讲高考的重要性，讲未来的人生道路和理想，讲上网、玩游戏的各种危害，并让他发誓绝不再去网吧。

在接下来的一段时间里，情况似乎得到了纠正和控制，但外甥上课时依然非常倦怠，成绩依然下滑。原因找不到，大姐睡不踏实。一天深夜，在半睡半醒之间，恍惚听到有开门的声音。大姐以为是小偷，赶紧悄悄推醒姐夫，手里抄起一个电子灭蚊器，蹑手蹑脚地从卧室里蹭了出来。

两人将每个房间都仔细查看了一遍，包括厨房和洗手间，没有发现人影，于是放下灭蚊器长长嘘了口气。大姐总觉得有些不对劲，好像少了点什么，赶紧跑进外甥的房间，才发现家里什么都没丢，但儿子丢了。

大姐明白了。她穿好衣服，面无表情地坐在黑暗的客厅里守株待兔，开始她今生最漫长的等待。墙上的石英钟在静谧的夜晚“嘀嗒、嘀嗒”地响着，时间在一分一秒地溜走。窗外的天空已渐渐泛白，快6点了，大姐却没有一点睡意。她忽然竖起耳朵，终于等来了期盼已久的开门声。

外甥先翻过了小区的铁门，悄悄溜进家门时冷不丁发现大姐正端坐在那里，把他自己吓了一跳。他知道这下完了，被抓个现行，没等大姐开口，就“噗通”一声跪在地上。大姐看着疲惫归来的儿子，怜惜、愤怒、痛苦、绝望，各种复杂的情感一起爆发，让她浑身发抖。她不再劝诫，拿起一根木棒狠命地打，一边打，一边哭。

外甥也不反抗。他用手护住脑袋，任凭大姐的木棒雨点般落在背上，咬着牙一声不吭。身体的疼痛甚至让他感到一阵痛快和解脱，因为他知道，无论为父母还是为未来人生，自己都不应该荒废学习，可是，他就是控制不住自己去网吧玩游戏的欲望。“咔嚓”一声，大姐手里的木棒被打断了。她喘息着停了下来，把剩下的半截木棒扔在一边，跪下来抱着蜷缩一团的儿子痛哭起来。

“幸亏我妈发现了，”外甥后来告诉我，“那次我真是吓坏了，从没看到我妈这么伤心，发这么大的火，把一根那么粗的木棒都打断了。但我忍着没哭，再也没敢去网吧。你也要注意些弟弟，他是真的喜欢游戏，别让他像我一样陷进去。交朋友也要小心一些，几个朋友一挤兑，自己就身不由己了，只能跟着他们走。我现在想想就后怕，如果我妈没发现，我肯定考不上大学，现在就只能在家里呆着，除了游戏什么都不会，甚至养活不了自己。”

“到底是什么让你对游戏这么着迷啊？”我很想知道一个真正的游戏高手到底是怎么想的。外甥说，单机游戏还好，只是人机对战，玩家之间的互动性差，当作一般消遣就可以了。千万别让弟弟碰网游，那东西太容易让人上瘾。本来想通过游戏来放松一下，最后反而被网游奴役、控制，让你欲罢不能，弄得人身心疲惫，几天缓不过劲儿来，根本没心思学习。

网游是一种在线游戏，通过互联网实现多人互动，玩家之间有竞争、对抗或合作。你可以随机选择或参与某个团队，团队成员可能来自地球上的任何一个角落。你想，不同国家、不同肤色、不同种族的人，在世界各地大家一起作战，这让游戏的魅力又放大好多倍。

虽然知道游戏的毒害，外甥考上大学后又开始玩了。几乎每个同学家长都给配了电脑，说是为了学习计算机编程，其实大部分时间都在宿舍里玩游戏。大家都觉得好容易从高考中解放出来，又摆脱了父母的控制，怎么着也该好好放松一下，每天都撒开了玩，整个大学校园就是一个大网吧。

“你们傻不傻呀！拼了这么多年终于考上一个好大学，是要学习生存本领和技能的，就被这么糟蹋了。父母每年还要负担这么重的学费和生活费，就是为了送你们在大学校园里玩游戏吗？学校老师不管吗？”“这些道理我们也都明白，就是管不住自己。”外甥说，经常有人一学期没上几节课，临近考试了，再昏天黑地地恶补几天。考试通过了就万事大吉，通不过就花钱找人代为补考。也有的好几门没通过，最后被学校勒令退学。

这都在糊弄谁呀！大学里还把通过考试作为自己的目标，到头来什么也没学会，难怪都在说本科毕业生甚至硕士研究生的质量越来越差，毕业后找不到工作也怨不得别人。工作以后就会明白，除了大学校园，今后再没有这么好的学习场所和学习条件了。现在有很多职场人士想方设法到学校“回炉”或蹭课，希望从老师那里学到更多的知识和本领，这些孩子倒好，身在福中不知福，白白浪费这么好的学习机会。

外甥说，总觉得这网游就像抽鸦片一样，对男孩子特别有杀伤力。几乎每个人都想品尝，品尝了就会上瘾，上瘾了就很难戒掉，总会惦记着。不过也有例外。有些同学很厉害，进大学后学习一直抓得很紧，也有明确的目标，给自己安排了各阶段的计划。除了专业课外，还选修了好些课程。寒暑假就用来学习外语，考雅思、GRE或托福，还申请到了美国大学的全额奖学金，现在已经出去好几个了。

“还记得我送给弟弟的PSP游戏机吗？我经常用它玩游戏到深夜，

想停止可手脑都不听使唤，弄得硕士快毕业了，论文还没完成。干脆就送给弟弟了，想集中精力做毕业前的最后冲刺。”

“什么？你这不是害弟弟吗！”我挥起了拳头。外甥边躲闪边笑：“放心，我把里面的游戏已经全部删掉了，弟弟只能用来听音乐。你也不想想，我自己已经后悔了，怎么还会拿来害我弟呢！”

“儿子要是实在喜欢游戏，就让他在家里玩吧，总比在网吧强。”老公伸出手掌在我眼前晃了晃，把我从回忆中拉了回来。“不管是咱儿子还是大姐的孩子，他们都还是比较温和、比较尊重父母的。如果像老唐的儿子那样，我们就惨了。”

同事老唐特别疼爱孩子，觉得孩子学习辛苦，每天给他一小时玩游戏。孩子每天就一心等着这一个小时，做作业时根本就心不在焉，草草完成了事，结果成绩一落千丈。老唐后来将电脑送人，想断了孩子的念想。谁知孩子更狠，卡住父亲的脖子把他抵在墙角逼他还电脑。电脑游戏竟然会如此厉害，让一个好端端的孩子变成这样！

最后，我和老公两人达成共识：好好看住孩子，这一步如果走错，孩子就算毁了，我们这个家就算毁了。

6. 冲突的累积与爆发

儿子一向知道我们对网络游戏的观点和态度，也知道这些限制是出于对他的爱护和对网络游戏的恐惧。他一边尽心尽力地遵守着与父母的约定，一边不断试图改变我们的看法与观念。“玩电脑游戏是现代人的生活方式和娱乐方式，跟你们这一代完全不一样，不能用你们这代人的生活和娱乐方式去要求我们。”

“哥哥也疯狂玩过游戏，现在不是一样很好，并没有对学习、工作有什么影响。我问过很多同学，他们的父母并没有像你这么敏感，什么事儿都往网络游戏上扯。像我最好的朋友，他家的电脑从不设置密码。有一次，他在网上与两百多个人一起赛车，玩了五个小时。五个小时！你能相信吗？你觉得他现在人不正常，或学习受影响了吗？”

一天，儿子将《大众软件》的两篇文章拿给我和老公看。一篇讲的是网络游戏的发展历程经历了很多个阶段，与计算机技术和计算机语言的发展密切相关。游戏设计与开发的最初形态和技术，就像最初的 IBM 286 一样，与今天的不能同日而语。

“你看技术进步有多快，让人难以想象。”他指着里面的画面给我看。一开始只是一些点、线的组合，很粗糙。然后是一些简单的几何图形，按一定的轨迹运动和叠加。再看现在，画面很精细，完全看不到拼接的痕迹，让人感到很逼真。我粗略看了看，很多词汇都不懂，但能明白画面质感的变化，能理解儿子的喜欢，那是计算机革命性技术进步所带来的魅力。

对另一篇文章，儿子说他看了非常感动，很有共鸣，想哭。他读给我们听，跟他一起分享。文章是以一个当出租车司机的网游爱好者的角度，描述 2030 年他们所面临的处境。二十年后的网游被当成是洪水猛兽，玩网游的禁止年龄被不断推高，从未成年人已经扩展到二十八岁以下的年轻人。

网游爱好者受到社会的广泛歧视，像过街老鼠人人喊打，只能通过网络私营者开的地下网站运作，就像现在的地下赌场一样，同道间只有暗语才能进入。整篇文章的行文有点像鲁迅笔下的《呐喊》，充满了反叛的、无助的、绝望的、黑色幽默的气息。

我们静静地听着，一个坐在床上，一个斜倚在摇椅上，两双眼睛一起凝视着正在朗读的儿子。儿子专注的神情、低沉而厚重的声音、饱含情感的语调让我感觉有些陌生，那里面有种淡淡的压抑、淡淡的忧思。

我感到非常触动。触动的不是文章本身，而是文章对这个不满十五岁的少年引发的共鸣。我一直认为儿子是快乐的、阳光的，如果他能对这样的文章产生共鸣，他的内心该又隐藏着多少压抑与无奈呢？是不是我给了他这些压抑与无奈？是不是今年暑假的全面放松，不仅没有缓解他对网络游戏的饥渴，反而让他陷入更深的迷恋？

这些想法压在我心头沉甸甸的，不禁将儿子近期一连串的表现重新在脑海里放映一遍：他整天窝在家里哪儿也不去；他说他起床时总觉得有点头晕；他的饭量明显减少，没什么胃口；即使偶尔跟我们出去，在车上、在商店里，还是不停地玩手机上的游戏；带他出差去北京，一样窝在旅馆里玩游戏。

第二天是礼拜天，全家睡了个懒觉。儿子醒后，跑过来钻进老公的被窝里，歪在床上通过手机上QQ玩游戏。手机的屏幕很小，字也小且暗，还没有画面，就这么戴着眼镜瞅着，边操作边揉眼睛，一晃就是一个多小时。“儿子，该休息休息了，眼睛受不了了！”我推推他，并笑着说：“你刚才手机上网玩了将近两个小时，今天的游戏时间用完了，今晚就不用开电脑了吧。”

儿子脸色一变，一下子跳了起来：“这算什么玩游戏？怎么能算时间？”说罢，气冲冲地关掉手机，拿了本书，把自己关在房间里生闷气，叫他吃早饭也不肯出来。这已经不是第一次了。最近几天，儿子不断为上网及上网时间的事跟我谈判、交涉，总说上网的时间太少，不应该密码设限，让他很难与同学同步。稍回敬他两句，他就生气，还动不动就哭。

每次都迫不及待地等我回来给他开电脑输密码。每次时间到了，总是要催很长时间，他才会真正下线。

我积攒了很长时间的怨气一起爆发出来："你还有理了你！整个暑假，妈妈天天操持家务，每天中午赶回来给你做饭。你呢，干过一件家务没有？洗过一次碗没有？自己的衣服洗过一次没有？天天宅在家里，哪都不肯去！让你去世博不去，让你游泳打球不去。好容易带你去北京游玩，你倒好，情愿呆在旅馆里打游戏！带你去国家大剧院参观，你也提不起任何兴趣！"

"看看你，长得像豆芽似的，身上的骨头一根一根的。天天呆在空调房里，不好好吃饭，难怪说自己头昏，不昏才怪了！整天在电脑里种菜，为什么连给自家的花园浇浇水都不肯！"屋里没有任何声响，我怒气冲冲的声音消失在空气中，没引起任何回响。老公在不停地敲门，喊他出来。

我气极了，把《大众软件》都找出来，一本本撕了，撕得很彻底。就是它，给儿子的脑袋里灌了那么多乱七八糟的东西！这是第二次为了儿子而毁书。第一次烧了让儿子恐惧的魔幻故事书，第二次撕的是他所钟爱的、让他坠入虚拟世界的杂志。不由得想起秦始皇的"焚书坑儒"，我没有始皇帝的暴虐和气魄，只有一位母亲对孩子的爱和担忧。

儿子依然窝在里面无声无息。我没招了，打开了电脑，威胁到："你如果再不出来，我把你的游戏全给删了！"后面的场景是我没料到的，这场景我会记一辈子。儿子听了这些话，很快打开门，跌跌撞撞地冲到电脑桌前，哭喊道："不要删！不要删！里面的好多游戏我现在都不玩了！"

"既然不玩了，为什么不能删？""那是我的记忆！你懂不懂！是我的记忆！"儿子还光着膀子。黑瘦细长的身子蜷曲着，一下子倒在了我身边。我吓坏了，赶紧去扶他。而他，挣扎着站起来，走到电脑桌的另一端，把电脑的电源线拔掉，紧紧地抱在怀里，再跌跌撞撞地走到洗手间的角落里蹲下，双手抱膝，浑身颤抖。

回一下神才明白他为什么拔电源线，是怕我删了他下载的游戏。看到他这副弱不禁风的样子，我心里很痛，连忙跟老公一起把他架扶到床上，就像架扶着一个没有支撑的软体动物。

儿子还在哭，眼睛迷离，浑身颤抖，嘴巴里不断喃喃自语："每次让妈妈输电脑密码的时候，我都告诉自己，不能笑，不能笑，要不然妈妈又要说我，一想到玩游戏就开心。我干吗要笑，我干吗要笑，我只是在正常地玩游戏。玩游戏没有罪，没有罪。我不能笑，不能笑。"

我哭了，老公也哭了。我把儿子揽在怀里，抱着他的头，不停地抚摸他的脸，安慰他："对不起，妈妈错了。妈妈不该那样对你说话。以为就是开个玩笑，调侃你一下，没想到你这么在乎。"

儿子温顺地躺在我怀里，闭着眼，浑身颤抖地继续自语道："有些事情你们都不知道。有次上完晚自习，在回家的路上，我觉得活着没有意思，想去死。但我又想，我不能死，不能死。如果我死了，身体就没有了，我的灵魂怎么办？如果我死了，就没有人知道，曾经有一个少年，竟然如此痴迷《使命召唤》。同学们都笑话我，都笑话我，但是我就是喜欢，就是喜欢。我不能死，不能死。"

老公看着他，眼圈红红的，慈爱地轻声说道："孩子，爸爸今天有很多感触。你真的长大了，有些事情想得很深。你昨天给我们读的那篇文章我是听懂了。现在大家对网络游戏太过于敏感，把它当成洪水猛兽了。其实没那么严重。但是，儿子，爸爸告诉你，不管你遇上什么难过的事儿，千万不能轻易说死。爸爸妈妈这么爱你，有什么事不要憋在心里，把它说出来，我们跟你一起来解决。”

我紧紧地搂住他：“妈妈也不对。没想到你成长的速度超过了我们的预期。就像上次的手机短信一样，我还不能跟上你心智的成长，不了解你对快乐方式、生存方式的思考。我们就一个孩子，没有养育十岁孩子、十三岁孩子、十五岁孩子的经验。也许方式不对，但我们是爱你的，是为了你好。”

“也请你从父母的角度试着去理解我们。自己好好想想，整个假期你几乎没出过家门，不觉得对现实世界有些疏远了吗？在电脑里，你那么喜欢其中的各种感受，却拒绝在真实世界里经历和互动。以前那个简单快乐、喜欢运动、喜欢郊游的孩子哪里去了？在森林公园放风筝、烧烤，在校园里大汗淋漓地爬山和骑自行车，在东湖里快乐划船，这些事情你还记得吗？”

慢慢地，儿子沉静下来，我心里却充满忧伤。原来，儿子内心还压抑这么多东西，为什么不告诉我们，让我们与他一同分担呢？如果儿子有什么三长两短，或者对生活充满绝望，做父母的会加倍受煎熬。所谓对事业、对成功的追求，没有了儿子的分享，又有什么意义？

看着儿子静静地入睡，我打开纸笔开始给他写信。这是他进入青春期以来，每次有事情发生时所采用的与儿子的交流方式。因为正面交流时容易冲突，往往你说一句，他回两句，两人都难以冷静克制，很难深入交流下去。我尝试着写信，发现效果好很多。我会好好整理思路，把自己的观点完整、有条理地表达出来。而他，也能不受情绪干扰地充分了解我对事情的看法，以及如何理解他的反应与感受。

我写了很久，写了很长。试着去分析事情的始末、双方不同的看法与感受。儿子，刚才那一幕让我想起了《穷妈妈富妈妈》里染上毒瘾的孩子。也许你并没有成瘾，但你透露出的对游戏发自内心的挚爱，以及因这种挚爱无法得到充分尊重和满足所带来的挣扎，让我感到深深地震撼和忧虑。

从今天起，我决定在你开学之前，放开对电脑的控制。这是出于对你自控能力的尊重，但希望你仍能遵守每天两小时游戏时间的约定，并在开学之后，重返每周一个半小时的传统。这不是对你兴趣的扼杀和控制，而是你的心智还未成熟到能完全把握自己，你的人生观和价值观还未成熟到足以以积极的心态，去直面自己的内心和外部世界，应对所遭遇的任何挫折。

其实，我已经发现，儿子对游戏的本质有着深刻的理解，不会满足于虚拟世界的梦幻。因为它毕竟是人创造的，不会比现实世界本身更精彩。一次体验过后，那种机械的、重复的挑战就会丧失它的魅力。而真实的世界，你永远不可能知道未来会发生什么，你将来的生活会是什么样子，你究竟会成为怎样的一个人。

但有一点是明确的，虚幻的世界不能代替真实的生活。总有一天，儿子要独立，去面对所有的顺境和逆境，去品尝所有的幸福或苦难，去实现自己的生命价值。总有一天，我们会越来越老，老得不能再跟上儿子的思想，不能再给他人生的忠告和建议，再没有力气与他因为观念的不同而抗争，再没有能力给他提供物质上和精神上的支持与帮助……

写着写着，忽然泪流满面。不知道当这一天真正到来时，我亲爱的儿子是否已充分做好了各项准备，是否能够开始自立和担当。

睡梦中的儿子面色光洁而安详，就像小时候一样。隐约可见的小胡须、青春痘和细长的身体却在提醒我，孩子长大了。而我，只看到了他身体的成长，没有看到他思想和灵魂的日渐丰满。

把写好的信悄悄放在儿子的枕边，希望他醒来的时候，能在第一时间听到妈妈的心声。出去买完菜回来，看到儿子正在读这封信。当他抬起头与我对视的那个瞬间，我就明白，儿子已经听到了。

新的一天，新的太阳，新的开始。一缕晨光斜射进来，把屋里屋外照得亮堂堂的。儿子在写作业，老公在看书，我在整理衣物。一家人乐融融的，昨日的战争消散在阳光里，已经无影无踪。

儿子的作业是预习高中即将学习的课程， 其内容和难度与初中相比都有一个突跃。看不明白时，他就问老公。我在一旁看着儿子兴致勃勃地与老公探讨课本中的问题，阐述自己的看法，内心充满了温柔的喜悦，忍不住冲他们嚷了句：“我儿子又回来了！”

看来，这场战争可以暂且告一段落。没有输赢，儿子捍卫了他游戏的权利，父母履行了保卫孩子健康成长的责任。因为在意高考，在意自己的未来，在意父母的意见，儿子在不断克服游戏的诱惑，信守自己的承诺。

然而，两代人的观念差异注定今后还不断会有冲突发生，父母或孩子还会再一次失去理智，再一次相互伤害。只希望儿子永远记住，父母是爱你的，把你看作自己身体和灵魂的一部分甚至全部来爱你。

而儿子，也深深地爱着我们。有了这些爱做基础，相信所有的冲突、叛逆、横眉冷对、恶语相加，最终都会融化在温暖的亲情里，就像冬雪终会消融在春风里，滋养着万物复苏和成长，使花蕾绽放，使小树更加茁壮挺拔。

7. 孩子染网瘾了吗？

凭心而论，我们在儿子面前还是相当民主的，从不想利用家长权威强加给儿子什么，也不愿他成为只会读书的书呆子。别的孩子都参加各种各样的奥数班、补习班，我们也希望儿子能补习一些弱项，但只要他不同意，我们就不会勉强。一有时间，就极力将他赶出家门，散步、打球、逛街、购物、吃西餐、看电影，干什么都行，只要能远离电脑。本来眼睛就不好，要省点儿用，让眼睛获得充分的休息。

可上次冲突过后，还是很难把儿子赶到户外，好像唯有游戏才是最好的休息方式，才能带来刺激和快乐。但实际呢？儿子在电脑旁一坐就是几个小时，几乎每次都头昏眼花地离开电脑，还总在生闷气。游戏时间好像总也不够，有些关卡或任务没有完成，下载游戏时老是卡壳或速度太慢，或者玩到紧要关头时忽然掉线，还有些新游戏没来得及尝试。尤其是家长时不时来骚扰一下，或唠唠叨叨，让他总不能尽兴。

儿子是不是染网瘾了？这个问题在我脑海里不断盘旋。我曾经多次告诫儿子不要玩网游，一旦成瘾，就无药可医了。儿子笑我多虑：“怎么可能？我怎么会上瘾呢？”有多少染上毒瘾、网瘾的人，都觉得自己有足够的自控能力，不可能成瘾。后来却欲望越来越强烈，自控力越来越弱，最后形成依赖，不能摆脱。看看电视，大毒枭被抓，明星吸毒，小人物被毒瘾闹得家败人亡，这种消息哪天没有？

我一直把毒瘾和网瘾同等对待，并深恶痛绝，因为他们对人的杀伤力几乎是一样的，尤其对未成年的孩子。但什么是网瘾？它会有什么样的外在表现？我的孩子染网瘾了吗？带着一连串问号我打开电脑，这真是绝妙的讽刺，一面痛恨电脑游戏和网络给儿子带来沉迷和伤害，一面又离不开它。就像我们批判汽车带来能耗和污染，又前仆后继地加入车族行列一样。

查询结果吓我一跳，有关网瘾的新闻、文章、网站不计其数。原来，很多家庭正面临同样的问题。尤其是中考后的暑假，父母与孩子之间由此发生的冲突不断，有位母亲难以阻止女儿上网，竟然服毒自杀。有文章称：洋人在19世纪发现了鸦片，提炼成福寿膏却不在本国使用，而是大量输送到偏远、落后的中国，不仅赚取了大量真金白银，还让无数中国人东倒西歪地在烟枪里吸食着致命的毒品，最终带来国破家亡的命运。

网游是新时代的鸦片，其危害与鸦片相比有过之而无不及。它方便、低廉、易于获得，悄无声息地毒害着中国的下一代。中国网游玩家数量正呈爆发式增长，十八岁以下的青少年是网游用户的最大主体。由于户外运动大大减少，这些孩子身体体能严重下降，变成弱不禁风的新鸦片吸食者。有些内容不健康的游戏还会模糊人们的道德认知，淡化游戏虚拟与现实生活的差异，误认为这种通过伤害他人而达成目的的方式是合理的。

长期沉迷电脑游戏，不仅会遏制孩子的大脑正常发育和智力开发，还会使他们忽视并不再满足于现实生活，人也变得更加自闭、孤僻，生活空间和发展空间降到最小。开始只是精神依赖，然后发展为躯体依赖，表现为情绪低落、头昏眼花、双手颤抖、疲乏无力、食欲不振等。能造成植物神经紊乱，体内激素水平失衡，使免疫功能降低，引发各种疾患，甚至导致死亡。

太可怕了。把网瘾的判定标准仔细研读了一遍，觉得儿子符合不少症状：对电脑游戏有心理依赖感，持续时间总比预计的要多；从游戏中获得愉快和满足，总要拖很久才能真正下线；参与社会活动和户外活动的意愿越来越少……

恰好，单位邀请国内某一知名科学研究院心理研究所的专家来洽谈职业健康与心理咨询方面的合作项目。姜教授学识和经验非常丰富，参加过很多特定人群心理健康状况调查、心理健康管理和心理危机干预，讲了很多心理学应用的鲜活案例，让我们很受启发。在工作上的讨论基本完成以后，忍不住问了近来一直困扰我的问题：“姜教授，孩子特别喜欢玩电脑游戏，家长怎么办？怎么才能知道孩子是不是已经成瘾了？”

教授笑了：“这个问题很多家长都问过。我的回答是，不要随随便便给孩子扣上‘网瘾’的帽子。人天生就是追求快乐、逃避痛苦的，孩子也不例外。每个人总会特别喜欢某一两件事情，像钓鱼、打牌、摄影、登山。玩电脑游戏只不过是一个兴趣爱好而已。”

游戏是人的天性和本能。人在生活中总要受到精神与物质的双重约束，失去了理想和自由，就利用剩余的精神创造一个自由世界，这就是游戏。像其他事物一样，游戏也有好有坏、健康和不健康。好的游戏如果使用不当，不能掌握分寸，也会带来伤害甚至灾难。就像中国麻将，本来是挺好的游戏，很多人却用它来赌博，没日没夜地“血战到底”，弄得自己灰头土脸，闹得家里鸡犬不宁，这还能算是游戏吗？

电脑游戏容易让人上瘾，是因为里面包含了很多符合人性的东西。比如，现实中平庸无奇，游戏里却有着无限可能，能扮演现实中不可能实现的角色，经历不可能经历的人生。游戏充满挑战和惊奇，能满足人的好奇心，获得大起大落的心理极致体验。能不受外界约束任意发泄情绪，得到即时收获和奖赏，满足成功的渴望。

游戏还暗含了很多人类的学习法则，如果能加以利用，就是寓教于乐、高效学习的好帮手。游戏利用声音、图像、颜色、符号、文字、动作等，来捕获多维环境下的信息，提高人的观察力和判断力。利用任务和事件，由浅入深，循序渐进，提高思维能力和反应能力，培养竞争及参与意识，强化协作和配合。可以自主选择，重复再现，反复尝试，在教训中学习。注重互动性、竞赛性和探索性，让过程充满趣味。

有些游戏有暴力、低俗的内容，这才是家长最担心的。一些开发商和营运商唯利是图，迎合一些人的低级趣味，缺乏社会责任感；还有的游戏暗含着精神殖民，让你先从思想上、精神上认同，然后在行动上追随。现在的孩子，对中国传统文化了解得越来越少， 对西方价值观和生活方式却非常热衷，全面接受。这里面就有游戏的不少“功劳”。

我们该怎么办？家长该怎么办？把所有的服务器和网站关掉，把所有的敏感词屏蔽掉，让孩子远离电脑和互联网，这可能吗？一味围堵是没用的，只会让我们在信息时代落伍。网游不过是一项技术发明，本身没有好坏之分。怕被精神殖民、怕被鸦片毒害，我们也可以开发自己的精神产品，来反殖民、反毒害啊！

人生是个单行道，没有后悔药可吃，也不可能像游戏一样有很多条命，失败了可以重来。孩子的自控力比较弱，当电脑游戏已经对孩子的学习和身体带来了损害时，父母当然要管，但不能强管，方法很重要，要像大禹治水一样，重在“疏”而不是“堵”。先设身处地了解他的想法，有限满足他的需求，再慢慢将孩子的兴趣引导到其他方面去。就是给他找其他的事做，像游泳，学外语，学乐器什么的。孩子在这个年龄精神头儿十足，呆在家里没什么事儿，不玩游戏才怪。

孩子不愿意干别的，那也该坚持。孩子都这样，稍微吃点苦就不愿意，这时家长就要树立自己的权威。孩子看大人当真了，又是为他们好，会听你的。最忌讳说教和训斥，那只会激发孩子的反感和抵触情绪。大人还要学会控制自己的坏情绪，坏情绪是会传染的。你焦虑，孩子更焦虑；你痛苦，孩子更痛苦。这只会让孩子离你越来越远，到时候，即使不玩游戏，也可能会出现其他成长问题。

“没有有问题的孩子，只有有问题的家长，有问题的教育。”教授总结道，“我这儿正好有一些图片，你们要不要看？”看大家一致呼应，姜教授打开电脑和投影仪，将一份PPT文件投影在会议室一端的屏幕上。“这是我们走访了很多学校和城市时实地拍摄的。看这张照片，你们读出了什么？”

照片里是一所学校，校园外墙与墙内一排平房之间，覆盖了铁丝网。校方说，上课时经常有学生从这里爬出去，溜到附近的网吧上网，没办法就织了这么张网。觉得挺悲哀的，让人联想到监狱，反而有种冲破牢笼、争取自由的冲动。事实也是如此，那张网被弄破了一个洞，孩子们照样从这里钻出去，而且比以前更刺激，因为难度和挑战都增加了。

姜教授又翻了一页：“这是一个所谓的戒除网瘾的励志夏令营。有些家长觉得孩子染网瘾了，自己管不了，就花大价钱把孩子送到这里，让别人来管。”有点像野外拓展训练基地，只不过用高高的铁丝网围了起来。一群穿迷彩服的孩子正在围着训练场跑步，旁边有几名高大壮实的教官。

“你们看过这则新闻没有？一个初中生被父母送进夏令营没几天就忽然死了。有人说是孩子身体太弱长跑后猝死的，也有人说是孩子顶撞教练被教练踢死的，现在家长还在和夏令营主办方打官司。打官司有用吗？孩子已经没了！夏令营是几名退伍人员搭起的草台班子，搞军事化体能训练，没一点耐心，更不懂孩子的需求与心理，动不动拳脚相加，不出事才怪。”

姜教授不认同有些专家整出的网瘾界定标准，“那算什么标准，根本没考虑孩子个体间的差异。有人甚至建议把网瘾作为一种精神疾病，利用脑部电击来治疗，这根本就是残害嘛”。教授的话，在大家心里引起了一连串的震撼，好久都没有人说话。震撼过后，又暗自庆幸，儿子还算懂事儿，家长还不算糊涂，彼此还能保持沟通。知足吧！

8. 追忆童年游戏时光

听了姜教授的讲解，换一种眼光重新看待儿子对电脑游戏的喜爱，对网瘾也有了更清晰的认识，原有的担忧和敏感瞬间放下不少。儿子其实也挺不容易的，因为在意高考，在意自己的未来，在意父母的意见，能享受的游戏时间本来就少，还怕被扣上网瘾的帽子，心怀忐忑和负疚，怎么可能获得单纯的快乐呢？

回忆自己的少年时代，有很多快乐的游戏时光至今还清晰地留在脑海里，成为一种永恒的美好。那时候，家里孩子多，生活很困难，根本没闲钱买玩具。所玩的游戏几乎都不需要花钱，在父母的帮助下就地取材，简单易行。有些游戏具有明显的性别特征，比如女孩喜欢剪纸、万花筒、跳绳、跳橡皮筋；男孩喜欢弹玻璃球、滚铁环、抽陀螺、斗鸡等。像掷沙包、玩石子儿、丢手绢、跳房子什么的，好像男孩女孩都喜欢。

拿一个圆圆扁扁的空雪花膏或鞋油膏盒子，用沙子填满后盖紧，再用粉笔或石头在地上画一个九宫格，就可以跳房子。一只脚提起，单腿将盒子从第一排中间的方格里，按一定的线路，准确送到九宫格的每一个方格，再从入口处出来，就算胜利。这个游戏，可以一个人玩，也可以几个人一起玩，相互比赛。除了九宫格，还有很多不同的方格排列组合方式，规则和脚法上也有所不同。

几乎每个女孩子都会随身携带一个或几个沙包。母亲把家里做衣服剩下的边角料剪成五六厘米见方的布片，缝成立方体，里面装一些干净沙子，一个好看的沙包就做成了。丢沙包四个人玩最好玩，两人一组。两个人并排站在中间，另一组的两个人分别站在两边，来回朝中间那两人身上丢沙包。沙包被接住就得分，被击中但没接住就要减分，躲开了则不加也不减。玩的过程不仅要身体反应敏捷，还要经常揣摩对方的动向，预先防备，斗智斗勇。

石子儿通常需要在小河边、砂石堆里仔细翻看、挑选。根据孩子手掌的大小，选那些个头适中、大小一致、棱角柔和的石头，七颗就行，多了留作备用。也有用四方体的铁疙瘩做的，把棱角的毛边磨掉，玩的时候感觉很沉，有分量。抓石子的花样有很多，抛接的手法也需要技巧，不需要太大的空间，可以在地上玩，也可以在桌上或床上玩，还能锻炼手指的灵活性和眼睛与手指之间的配合。

丢手帕是一项标准的集体游戏。一帮人围成一圈，选出一个小朋友站在圈外，手里拿着一个手帕，在大家身后绕着圈儿走。其余的小朋友一边拍手一边唱："丢手绢，丢手绢，轻轻地放在小朋友的后面，大家不要告诉他，快点儿、快点儿捉住他，快点儿、快点儿捉住他。"圈外的小朋友就在这歌声中，悄悄把手帕丢在一个人的身后，然后快步绕圈跑。如果能在那个小朋友发现之前跑一圈抓住他，就算胜利。被抓的人要给大家唱首歌，跳个舞，或讲个故事，然后自己再走到圈外丢手绢。

父亲喜欢户外活动，经常带我们去春游、爬山、抓野兔、挖野菜、

逛公园。他还教我们抓麻雀，趁中午大家都午睡的时候，在门前的空地上撒把米，用洗脸盆倒扣着。脸盆用一根细木棒支起来，木棒用一根长麻绳拴着。我们就屏住呼吸躲在门后，等麻雀一走进去吃米，就迅速把绳子一拉——

特别喜欢看母亲扎灯笼。先准备好柔韧的竹条，弯成兔子的大致轮廓，用细铁丝固定。整个身体表面用薄薄的白色透光纸糊上一层，再将事先剪好的纸“绒毛”一层层粘贴固定，一个毛茸茸的小兔子就基本成形了。尖尖的兔耳朵要用铁丝做的弹簧竖起来，在尖嘴巴上用黑墨水画上胡须，再用大红色的蜡光纸剪一对红眼睛，小白兔就活灵活现了。最后，把蜡烛固定住，装上四个木轮子，再牵一条粗粗的麻绳，灯笼才算最终完成。

每到元宵节晚上，外面又冷又黑，孩子们纷纷出动，一人拎着或拉着一个灯笼就出来了。大家都在相互比较，看谁的灯笼亮，谁的更好看，专挑犄角旮旯的地方去，这样才能显得灯笼更亮。有一次，蜡烛歪了，把我的小白兔点着了，我伤心得直哭。不过，那个燃烧的小白兔我至今还有印象，在黑暗中有种悲壮的美丽。

到了儿子这一代，我们曾经的游戏，大部分已经销声匿迹，更多新的游戏方式在不断创造和涌现。这些游戏大多会有一个精美载体，那就是玩具。我们小时候的玩具基本上是DIY作品，简单，自制。但给儿子买过的玩具，已记不得有多少，都可以成系列了。

车辆类的有大大小小的回力车、火车、带遥控或不带遥控的赛车，还有大型的运输车和翻斗卡车。两三岁时，儿子最喜欢玩沙和水，色彩艳丽的玩具水桶、沙铲、沙漏，还有运沙用的玩具翻斗卡车，可以让孩子们在沙堆旁开心地玩一下午。稍大一些，喜欢赛车，经常叫小伙伴到家里玩，趴在地上拼接各种轨道，建成立体交通网，然后比赛看谁的车跑得更远，经常把家里弄得乱七八遭的。

武器类的玩具有手枪、步枪、机关枪，还有坦克、飞机和大炮。男孩子就是不一样，从小就喜欢打打杀杀，跟伙伴们一起满院子追赶，玩打仗游戏。大雪天在外面堆雪人、打雪仗，到了晚上还不肯回家，把家里的帐篷拿出去，支在雪地里在里面下棋，进行“野外生存训练”。到了春天，俯身在鱼塘里钓鱼和抓蝌蚪，一不小心倒栽葱掉进了水里成了落汤鸡。

男孩女孩都喜欢比赛，小小孩时比赛跑步和骑小三轮车，大些时候就比单板滑车、滑板和两轮自行车。最喜欢看儿子他们比赛滑冰，登上旱冰鞋，带上头盔和护膝，全副武装，健步如飞，经常弄得大汗淋漓。就是苦了这帮家长们，每天得把装备搬上搬下。每次出门都要在孩子后背塞条毛巾，每次回家毛巾都能拧出水来。有时怕孩子着凉，孩子在前面跑，家长就跟在屁股后面追，不断换干毛巾。

智力类的玩具有跳棋、五子棋、飞行棋、象棋和围棋，还有魔方、拼图和积木，它们能锻炼孩子的耐性、注意力、观察力和逻辑思维能力。儿子小时候经常拉着我们陪他下棋，跳棋和飞行棋还行，不需要动太多脑筋，偶尔还能赢几盘，其他的棋类开始时会有些优势，但很快就会输掉。儿子好胜，又喜欢琢磨。像围棋，他上幼儿园的时候学的，非常喜欢，不知哪里弄来一个手掌心大的棋谱，有空就拿出来研究，对着棋盘演练，还要教我几招。

买过的拼图有很多，大小不等，最多的拼图有几千片，儿子每次都有足够的耐心，专注地把它完成。拼图的要点是把握大局和整体，同时在细节上建立关联。这是儿子教给我的。看到一个个小纸片在地板上一点点成形，最后变成一幅精美的图画，这就是儿子的乐趣所在。

魔方我以前玩过，但从来只能拼出一个单色面。儿子不同，他认真研究魔方的规则和操作说明，掌握了所有的操作技巧，成功复原了魔方。在此基础上，不断进行强化训练，缩短时间，提高速度。他练坏了七八个魔方，还有两个曾被老师在自习时抓了个正着，被收了去。他也试图教会我，可是要记的要点和步骤太多，太复杂，我根本记不住，所以始终还是停留在原来的水平。

积木也有很多种。用木头或塑料做的彩色积木最简单，那是儿子两三岁之前玩的。大一些时，开始玩平板积木、电子积木和乐高积木。这些积木通常会附带一本说明书，告诉你不同的拼装方法和技巧。平板积木是将一片片三夹板事先压模成型，沿着压模痕迹拆分成形状、大小不一的木片。儿子拼装过一条恐龙，一艘轮船，一架飞机，一个荷兰风车小屋，还有一个北京四合院。这些立体雕塑在家里都摆放了好些日子，非常好看。

电子积木很有意思，蕴含了很多实用的物理原理。有不同规格、不同数量的各种配件，内嵌导电线路，通过导电钮随意拼接。依照说明书中给出的连接方法，进行组件的串联、并联，形成一个闭合回路。回路上有电源，也有开关。装上两个 5 号电池，合上开关，就能使回路上的电灯发亮，或让一个电扇开始旋转。

乐高积木很贵，只在初中时给儿子买过几款。乐高积木的确设计非常巧妙，每个零件制作得也十分精细。仅靠卯榫连接，将几百个零件组装起来，拼装成型后的轿车竟然还能够非常仿真，四轮能运动，车门能开启，甚至连刮雨器也能动作。儿子花了两三天时间才完成该作品，自然钟爱有加，陈列在他卧室里最显眼的地方。

我们也经常带着儿子到户外活动。随着交通工具的改良，活动半径越来越大。最喜欢去的地方是儿童公园和森林公园，有很多游乐设施，还能爬山、划船、打球、烧烤、喂鸽子。将帐篷支在绿树环绕的草坪上，在大自然的怀抱里睡上一觉，看看书，打打牌，边吃边喝，别提有多惬意了。

不过，这些都比不过专业的游乐场和嘉年华。我们去过很多城市的欢乐谷，几乎尝试或观赏了所有的游戏项目。说真的，因为有些项目实在太恐怖了，只是站在下面听听那些声嘶力竭的叫喊，就足以让你却步。我们曾尝试过一个庞大无比的云霄飞车，两分钟以内，以不可思议的速度经历了加速、坠落、倒立、内推、外甩、翻滚，已经超出了娱乐的范围，全程只体验了惊悚恐惧、头晕目眩和五脏六腑翻江倒海。

在“死亡之谷”历险时，走在黢黑幽深的洞穴里，听着瘆人的声音，看着若隐若现的鬼火，即使大人也会心里害怕。正在屏声静气、提心吊胆地悄然前行，一个披挂黑色长袍、顶着一颗骷髅头的鬼怪，从隐身处突然伸出胳膊来抓我们。儿子与伙伴一起扑上去左右开弓，把那鬼怪扭了起来，反而把扮鬼怪的工作人员吓了一大跳。后来每次想起这个场景，都不禁莞尔，恐怖之旅就在少年的勇敢中，变得极富喜剧色彩。

有次，儿子有些苦恼地问：“为什么小时候好多事儿我都不记得了？有次同学都在讲小时候好玩的事儿，学过什么，做过什么，去哪里玩过。我想了半天，竟然什么也想不起来。”他随手拿起一个魔方，稍作研究后，灵巧地将魔方转动起来，很快将六个面全部复原。“一分四十秒。”儿子看了看手表，“没达到我的最快纪录，比世界高手更是差远了”。

“不会吧！要知道会这样，真该等你记事的时候再带你出去，这不是白花钱吗？”我略作夸张状。“你把书房那几大本相册拿过来，我给你好好讲讲。幸亏留下了证据，要不然你真的以为什么都没有发生过。”

“玩的时候，儿子高兴吗？你高兴吗？”看我点头，老公说：“那不得了！快乐成长比什么都重要！这些经历对孩子身体和智力发育绝对有好处，即使现在不记得了，可得到的技能还在，能随时把它们调遣出来”。老公从儿子手里拿过魔方递给我：“你试试，给你一天，不，十天，能拼出六个面吗？”我连连摆手：“饶了我吧，儿子教过我，可一直没学会。”

我从书房搬来几大本相册，都是儿子小时候的照片，已经按照时间顺序排好。幸好有这些照片把记忆储存起来。最早的照片已经有些泛黄，是儿子刚出生时在医院拍的，光着身子躺在台秤的托盘里，还没有那辆乐高玩具汽车大。然后是在床上爬，在地上跑，在幼儿园跳舞，在校园里玩耍。还有很多带他去各地游玩的照片，有在北京天安门和长城的留影照，有上海科技馆和磁悬浮列车，有青岛海洋馆和海滨浴场照，有深圳的欢乐谷和世界公园，还有黄山、庐山、三峡大坝等。

真怀念那时候啊，整天高高兴兴的，一有空就带孩子出去玩。我们在上大学之前，可是从没出过远门儿的。心里暖暖的，有孩子真好，让我们能与孩子一起，再经历一次童年和少年，体验游戏的快乐时光，重温那种永恒的美好。快乐其实是件很简单的事，无论身处何时何地，也无论贫富贵贱，只要有简单、平实的心境，快乐一定会如约而至。

第三章

纪律保卫战

自由和约束总是相伴而行。挑战制度和纪律，就要承担相应的后果和责任。敬畏规则，恪守诚信，对孩子进行正面引导和行为示范，在生活细节中建立起思想防线和行为习惯。不伤害自己，不伤害他人，不被他人所伤害。

导读：

每个组织都有自己的制度和纪律，小到一个班级、一个单位，大到一个国家甚至整个国际社会。这些制度和纪律对组织中的每位成员进行约束，但最终目的是为了保证组织内大多数成员的整体利益。如果想挑战这些制度和纪律，就会损害其他成员的利益，事先就应当做好接受处罚的准备。

就像阳光下总有阴影一样，任何事物都有正反两面。每个人看待事物的角度和思维习惯是不一样的。乐观的人偏向于看光明的一面，悲观的人专门关注和挖掘阴暗面。而真正的智者会站在中间，两边都看，既不盲目乐观，也不会丧失信心和勇气。

对规则的敬与畏，使遵纪守法成为一种根深蒂固的思维习惯和行为习惯，由此带来了规范有序、和谐互敬的社会生活，生存的权利也相应得到保障。相反，无视规则，不仅侵犯了他人的权益，自己的权益也得不到保障，甚至会带来生命的代价。

许多违纪违法行为代价不大，执法较为柔弱，使得违法乱纪越发猖獗，甚至成为心照不宣的行业潜规则。也许，这也是我们教育缺失的深重代价，造成了一些基本道德水准的迷失和是非判定标准的混乱。而最终承担后果的，是整个国家的几代人。

1. 被束缚的自由

人这一辈子，不可能孤立地活在世上，必然要和周围的人打交道，参与社会生活，也必然受到社会规范的制约与限制。而社会规范本身也是人类为了共同生活的需要，在互动过程中衍生出来的社会行为规矩和社会活动准则，相习成风，约定俗成，或由人们共同制定并明确执行。

一个国家就像一部大机器，各个系统、设备、部件必须通过上述各种社会规范的相互制约、彼此配合、持续维护，才能保证机器的正常运转。整个国际社会是一部更大的机器，需要通过国际法、国际公约、协议、标准规范等来约束每个国家的行为，从而保证整个人类生活的各种秩序。

对一个特定的集体或单位来说，为维护集体利益，保证各项工作顺利进行，会通过制定和实施一套规章制度和行为准则，来要求成员在集体生活中团队合作、协调一致、遵守秩序、执行命令和履行职责，这就是纪律。纪律是以行为的限制和服从为前提的，具有强制性。如果违反了纪律，就要受到批判或惩罚。

而人的天性是向往自由、不愿受到束缚和限制。“生命诚可贵，爱情价更高。若为自由故，二者皆可抛。”但是，从一出生甚至还没出生时，我们就开始遭遇各种约束和限制，比如计划生育、户籍制度、家长限制、学校纪律、单位规章、合同约束、政策法规、国际规约等。

这些约束和限制是我们作为社会人的必然代价。正如黑格尔所说:“秩序是自由的第一条件。”人类的自由，一定是在纪律约束下的相对自由。就像风筝，有了线的约束，才能飞得更高更远。断了线的风筝，不仅很快失去方向，最终还会陷入四处飘零、孤立无援的境地。

许多人向往的自由，往往是从自身利益出发，不顾及对他人的影响和感受。如果大家都无限自由，我行我素，社会一定会乱了套，结果是大家都失去自由。就像我们无视交通规则，随意变道、超车一样，最后塞作一团，谁也动弹不得。

我从小接受的纪律教育是，永远要听党的话，听毛主席的话，国家的法律法规、学校的规章制度很少被提及。几乎所有的现行社会秩序和规则都被打破，“造反有理”、“知识越多越反动”成为造反派对抗规则、打击当权派和知识分子最强有力的武器。革命或被革命，批判或被批判，打倒或被打倒，几乎无人能够幸免。学校停课，工厂停工，政府机构瘫痪，社会秩序完全丧失，经济发展陷入停顿。

“文革”结束以后，由于惯性，依然延续了一段时间的混乱期。是坚持无产阶级专政下的继续革命，坚持“两个凡是”（凡是毛主席作出的决策，我们都坚决拥护；凡是毛主席的指示，我们都矢志不渝地遵循），还是对文化大革命进行深刻反省，拨乱反正，让国家机器恢复正常运转，让社会恢复秩序，让老百姓的生活重新步入正轨。两种观点，两个阵营，针锋相对。

后来，全国上下开展了“实践是检验真理的唯一标准”大讨论。当时年纪小，只知道报纸上、广播里，每天都有不同的观点在进行激烈交锋，若干年后，才真正理解了这场大辩论给中国社会在思想、政治、经济、文化等各领域所带来的深刻巨变。社会秩序和规则被重新确立和尊重，在人治还是法治的辩论与反省中，国家法律法规体系被逐步建立和完善，并得到越来越多人的认同、接受和遵守。

工作以后，随着经济上的独立，生活上的自主性和自由度得到很大提升，但同时，也受到来自单位的更多约束和限制。制度之下，人人平等，挑战制度，就需要承担相应的后果。小的违反会受到批评、处罚、调离原岗位或被单位辞退；严重的违法乱纪，会被追究刑事责任甚至遭受牢狱之灾。

但是，纪律和制度是人来制定、人来执行的，就免不了会有一些漏洞、模棱两可或不合理，执行的宽严尺度也会有差异。制度面前的不同表现也能看出人与人之间的秉性差异和人品高下，通常可分为四类：只要有规定就不折不扣地严格执行；遵守制度同时也懂得灵活与通融；善于查找漏洞，在制度许可的范围内打擦边球以获取最大利益；敢于对制度进行质疑并着力推动其不断改进和完善。

现代纪律和法制教育，是希望公民更多地成为第一类和第四类人，但中国沿袭数千年的中庸之道和变通理论，以及热爱自由的天性或基于自身利益的考虑，让大多数人都成为了中间两类。有意无意之中，我们总在与纪律和约束相抗争。有谁敢说自己从来没有违反过纪律？区别只在于次数多少、有心或无意、严重程度不同而已。

工作中发现，真正优秀的人能自我引导和约束，对所做的工作有种内在热情和责任感，脚踏实地，勤于思考，不断寻求突破和改进，不断追求超越和成长。以此为生，就要精于此道。接受制度和纪律的约束，珍惜每次工作机会，充分发挥自己的潜能和才干，才能获得更多的信任，承担更多的责任，积累更多的经验，感悟更多的人生智慧，拓展更广阔的自主发展空间。

以往的生活、工作经历，注定我们这一代人在面对孩子的纪律教育时，会感到纠结、矛盾重重。既希望孩子能听父母的话，听老师的话，遵纪守法，辨是非，知荣辱，能适应社会生活；又不希望他太听话，变得过于顺从和没有主见，今后容易被人欺负，成为庸碌无为之辈。可如果不听话，太有主见，不懂得遵守和服从，走出校园后又如何能适应这个社会？一旦形成激进的观念，养成反社会的性格，再想矫正就难上加难了。

就在这种矛盾中，儿子渐渐长大了。童年时的儿子是快乐的、顽皮的、听话的，对父母比较依恋，对成人权威心存敬畏。家长的指令，偶尔还会有一些小违背，而老师说的话，基本上就是圣旨了。直到十四岁前后进入青春期，一种反叛精神开始迅速生长。这种反叛，首先源于孩子思想的日渐丰满、眼界的日渐开阔、个人意志的日渐觉醒和个体独立性的日渐增强。

孩子开始意识到，原来父母和老师并不是万能的，也不会永远正确，他们的思想和能力有很多局限。于是，开始慢慢学会质疑成人的观点和行为，与家长和老师进行抗争，并在质疑和斗争中，日益强壮自己的身体和内心。

2. 关于课堂纪律的思辨

儿子上初三时，有一天刚下班回家，意外接到班主任的电话。班主任老师先表扬了儿子，说他聪明好学，思维活跃，是个好孩子。然后话锋一转："就是上课时经常跟邻近的同学讲话，影响其他人听讲。还有，太计较日常考评的结果，为了得A还是B找了我好几次。请家长配合一下，一起做做孩子的思想工作。"

感到有点意外。儿子在学校一直是个守纪律的好学生，从不旷课，迟到早退几乎没有。即使生病了，也尽量坚持不请假。从上幼儿园到现在，每次家长会几乎都是被点名表扬的。班主任今天为这点事儿专门打电话找家长，感觉没有看上去那么简单。

儿子回来后，问他是怎么回事儿。“大部分时候我们都在讨论老师刚刚讲过的问题”，儿子感到很委屈，“有时是班长无聊，我只是扭头向后面看了一下，她就马上给我记上说话一次。”

“讨论问题是件好事，这说明你确实在听老师讲课，而且主动思考。”老公肯定道，“但你可以把问题先记下来，下课后再跟同学讨论。”儿子反驳道：“你看国外的学生在课堂上，可以随时打断老师提问，为什么我们不能，一定要死气沉沉地听老师一个人讲？”

“在国外，每个班的学生最多不过二三十人。你们班有多少？六十多吧？如果每个人都在课堂上私下讨论问题，教室里还不闹哄哄的，让老师怎么讲课？况且，你是在中国，老师最忌讳的就是说小话，不仅会影响其他同学听课，还要额外提高嗓音，一堂课下来，老师声音都嘶哑了。”

老公接着说：“每周考核A还是B有那么重要吗？好男不和女斗，让给她们好了，别太较真。找老师评理时，也不要把朋友拉出来比较，不然把大伙儿都给得罪了。”

儿子警觉起来：“是不是老师说什么了？她最近总在批评我们，真是更年期了！你们又不了解整个情况，总说我的不是，帮别人说话！”他气呼呼地拿起书包走进自己的房间，重重地把门甩上，叫他吃饭也不出来。

看到儿子发怒时的言辞和样子，仿佛看到了少年的自己，也能够理解儿子的愤怒和反应。人的成长需要很长的过程，我好像直到四十多岁以后，才能比较清澈地看明白、想明白很多事情。以儿子现在的年龄，在遭遇批评和挫折时，更倾向于看到他人对待自己的不公，很难客观冷静地剖析自己的错误和问题。

老公说，他其实挺理解儿子的。课堂气氛本来就应当是活跃的。小孩子生性就爱玩爱动，却非让他们端坐在那里一声不吭。现在都什么年代了，学校还是这种老套的填鸭式教育，一味灌输知识，只讲什么是对的，什么是错的，不鼓励课堂质疑和讨论，把孩子都一个个训练成考试机器了！

这道理老师能不知道吗？重视学生的创造力，根据孩子的不同特性和偏好因材施教，把孩子培养成有现代思想和科学精神的人。但是，老师这样教书都几百年、上千年了，怕一时半会儿改不了。高考只按成绩论成败，要改传统不仅需要胆量，还要有水平呢！现在的孩子思维活跃得很，撒开了让孩子闹腾，老师能应付吗？

儿子愤怒的脸在脑海里一闪而过，好像突然有点明白班主任的用心了。班主任真正担心的是孩子的情绪，还有思考和处理问题的方式。情绪如果没有调整好，钻进牛角尖里走不出来，会影响孩子的身心健康和人格成长。孩子还需要有正确的心态来面对挫折和委屈，适当控制自己发怒时的破坏力，直面问题，反省和改进自己。

不管说什么，儿子现在一定听不进去，就写信给他，描述我们对问题的看法：儿子，你不要指望爸妈会一味附和你，同情你的委屈和感受。我们会帮你用另外一种视角去看待你所经历的事，就像妈妈委屈和愤怒时，爸爸一贯对妈妈所做的那样。你已经长大了，应该懂得这是怎样一种毫无保留的爱的表达。

曾经在我不开心的时候，儿子给我看过一个小故事《花儿努力开》："你开心，你快乐，花儿努力开；你伤心，你难过，花儿努力开。"通常，我们难过愤怒的时候，伤害的是自己，身外的世界没有任何变化。我们应当把自己看作是一朵生命之花，把感到受挫的事当成是对自己的锻炼，不管外界如何评价我们、对待我们，都要转化为自己的内在生命动力。

我将这句话进行了演绎，与儿子分享：每一次磨砺，都会带来一种成长；每一种成长，都会带来一种绽放；每一种绽放，都会增添生命的美丽与活力。生命的绽放在每个人心中，与年龄无关，与外界无关。如果每个人都不断地绽放，这世界一定会奇丽无比了。

我还跟儿子谈起他的班主任。她每天都很早到校，很晚回家，周六从不休息，没有时间照顾家里的老人和年幼的孩子，每天总是不厌其烦地传达着她对学生的要求和希望。她所有的努力其实很高尚，很伟大，是想让所有的孩子更灿烂、更美丽地绽放。"明白了这一点，"我继续写道，"你就会以一颗感恩的心看待她今天为你们所做的一切。"

老公建议我去学校一趟，跟老师当面好好聊聊。这个阶段对孩子的成长发育挺关键的，不能大意。但不管什么情况，都不能鼓励孩子违反课堂纪律，跟老师对着干。那样会助长孩子的反叛情绪，久而久之，会反叛社会。

就像阳光下总有阴影一样，任何事物都有正反两面。而每个人看待事物的角度和思维习惯是不一样的。乐观的人偏向于看光明的一面，悲观的人专门关注和挖掘阴暗面。而真正的智者会站在中间，两边都看，既不盲目乐观，也不会丧失信心和勇气。

不管在哪儿，好像总有那么一些人，他们把现实看得漆黑一团，抗拒任何纪律或约束。我就认识这么一位，看什么都不顺眼：自己的单位不好，自己的领导不好，自己的国家不好。总跟领导对着干，上班时间经常看不到人，自由散漫，还老虎的屁股谁也摸不得。

他的观念和行为也影响到他九岁大的儿子。他儿子有次同我们聊天，谈起美国的制度如何好，我们的制度如何差。有些观点非常偏激，跟他爸爸的语气和神态如出一辙。大家都很惊讶：这么小的孩子，怎么会关注这些问题，怎么会这样看待问题呢？话里话外充满了悲观厌世的情绪。之后没过两年，这孩子就辍学了，不爱学习，不喜欢学校，天天逃学泡在网吧里，谁也管不了。父母的潜移默化，已经让他对社会、对现实丧失了信心。

事先跟班主任老师约好时间，见面寒暄后，很快切入正题。班主任说，她平常不怎么过问班上的日常管理，规则由同学们来共同制定，然后放手让学生自己管理。遇到困惑时，每个孩子都能随时找她谈话，表达自己的观点。班里的学生干部都是优中选优选出来的，挺可爱的，不仅个个聪明，思想也活跃。我儿子是一个好孩子，即使在这群优秀的孩子当中也算是比较突出的。就是上课说小话的毛病改不了，每次扣分还不服气，总找她理论。她找同学确认过，确实是他在课堂上经常说小话。孩子们年龄小，喜欢玩，喜欢动，这些老师都知道。所以，尽管课业负担比较重，他们班还一直坚持上素质教育课，坚持每周由班委会组织班会、演讲等各类活动。校外有什么机器人大赛、无线电大赛之类的活动，也尽量鼓励班上的同学参加。这些活动孩子们都非常喜欢，也能开发他们的潜能，锻炼团队合作能力。

班主任知道儿子特别喜欢玩魔方和魔术，还经常教其他同学玩，她从来不干涉，但不允许在上课时玩。孩子有时候管不住自己，魔方被她没收了好几次，后来都退还给儿子了。她其实蛮喜欢并尊重儿子的这些才艺的，有次专门请他去办公室给老师们表演，很有趣。

最近，班上的门锁弄坏了，班主任让他去修，他也答应了，但反复说明，门锁本来就要坏了，不能因为最后坏在他手里，就认定全部是他的责任。班主任并没有说责任全在他，就是希望有人能负责很快将门锁修好，费用可以从班费支出。这孩子无论事情大小，总想辩出是非曲直。希望我们能一起帮孩子把注意力放在学习上，对小事儿不要计较。几位主科老师对他寄予的期望挺大的，希望他中考能名列前茅。

很认同班主任对儿子的评价，也能体会她的良苦用心。“老师，谢谢您一直非常照顾他，这些我心里都很明白，孩子心里也清楚。他是非常敬重您的，所以特别在意您对他的看法。本来男孩发育就比女孩晚，他在班上又算是年龄偏小的，所以很多时候，跟班上其他的孩子相比，显得不那么成熟，还请老师多加指教。”

我向班主任介绍说，儿子最大的优点是喜欢读书，喜欢动脑子，而且特别专注。自尊心也特别强，什么事都不愿落后，对日常考评和其他小事儿的计较，也说明他很介意自己的表现，介意老师和同学对自己的评价。这本来不是件坏事，但如果过了，就显得过于敏感了。等再长大一些，相信他能够把握好这个度。

对上课说小话，除了孩子年龄小、自制力差这个原因外，说明他在课堂上还有剩余精力。我上中学时，也有爱说小话、爱做小动作的毛病，总被老师批评。但有些课，老师点一下就明白了，剩下的时间挺无聊的，又不敢讲话。后来，就干脆做作业，或看与这门课有关的课外书。对儿子擅长的课程，如果他确实听懂了，能不能允许他做作业，免得影响周围的同学。班主任觉得这个建议不错，只要对孩子好，怎么都行。

3. 教室里的守护

上次谈话过后，儿子的状况似乎好了一点，但没能从根本上解决课堂纪律问题，因为上课爱说小话的学生远不止儿子一个。班主任就想出一个不得已的方法，让同学自己选出上课容易影响其他人的十四名学生，一左一右靠墙单独坐成两列，跟谁都不挨着，想说话也找不着人。

儿子不幸中彩了，在 TOP14 中名列倒数第二，被单独放在最前排，紧挨着讲台，始终处在老师的眼皮底下。“老师怎么能这样做呢？这不是对我们的歧视吗？而且让同学自己来选！”儿子很郁闷，回到家里向我们愤愤不平地抱怨道，还觉得很丢脸，好像被贴上了一个“上课不守纪律”的标签。

我笑了，觉得老师很有智慧，用这种方式来捍卫课堂纪律，唤起孩子的自尊。“谁让你说话，影响其他的同学？好好反省反省，早点摘掉标签。况且，老师还是很照顾你的，坐在最前面，看黑板清楚，又不受干扰。知道吗？你哥哥高考前，大姨专门要求老师让他坐在这个位置。”

私下里，我还是打电话找班主任沟通了一下，理解并赞同她的做法，也让她了解孩子的感受，教训一下就行了，别让孩子背上不必要的思想包袱。老师其实也是这么想的，只想给个小小警告，并不想伤害孩子们。一段时间以后，班级排位又恢复了原样，儿子重新活跃起来，中考也越来越近了。

离中考越近，老师、家长和孩子的压力就越大。对老师来讲，中考成绩是三年教学成果的集中体现，校方会以班级和学校的排名及重点高中升学率，作为考核老师绩效的重要指标。这些也意味着学校和老师的声望、第二年能否有优秀生源、职称评定及年终奖金的多少。对家长而言，中考成绩决定孩子能否上中意的高中，需要花费多大的代价，进而决定未来考入重点高校的可能性大小。孩子的压力不言而喻，老师和家长的压力他们都得担着，同时，还得应付那让人有些畏惧又有些期待的中考。快点考完吧，别没完没了地折磨我们！

开家长会时，班主任特地提醒家长，要像平时一样对待孩子，不要问东问西，那会给他们压力。如果孩子发脾气，也是因为考试压力，不要理他，否则，他会像一只饱涨的气球，稍不留神就会爆炸。我们谨遵老师的教诲，不管自己心情如何，对孩子都和颜悦色，告诉儿子现在读书的机会和渠道有很多，不是一锤子买卖，没什么大不了的，不用太紧张。遇到儿子发火，就躲得远远的，不搭理他，免得火上浇油，有时恨得牙痒痒，只能在心里暗自较劲儿：臭小子，等考完试再收拾你！

话虽这么讲，老师有时也难以控制自己。一天，教室的电脑不知被谁搞坏了，有学生在课堂上偷偷发短信，一些与考试无关的书在同学间传递，模拟考试的成绩不如预想的那么理想。几件事积攒下来，班主任终于爆发了，把近些日子同学们的不良表现一一尽数，最后，非常生气地说道："你们都把老师的狼心当成狗肺了！"

这是一个严重的口误，儿子放学后绘声绘色地讲："每个人都听见了。但大家看老师这么生气，都憋住不敢笑。等她走后，不约而同一起大笑起来。"是很好笑。每个人在情急之下都会出错，但这个错误出得很幽默，很有水平。

儿子还觉得意犹未尽，边笑边打开电脑："我看看有没有同学在网上发帖。"他在"百度搜索"里键入了"把老师的狼心当狗肺"，一回车，出了一大串的搜索结果。儿子更是笑喷了，原来，不止是自己的班主任发生了如此口误，几年前，在不同的城市，早有老师这么说过了。

不管老师如何生气，少年顽皮的天性终归是难以抑制的，导致类似事件再一次在午间休息时爆发了。午休时间大约有四十分钟，老师要求一律趴在课桌上睡觉，为下午、晚上的学习积蓄精力。我有次在中午时去给儿子送衣服，见过午休的情景。教室里安静极了，一点声响也没有。

我蹑手蹑脚地从窗外向里望去，里面满满地坐了五六十人，脑袋斜枕在手臂上，手臂交叉伏在狭窄的课桌上。那课桌比幼儿园的课桌大不了多少，真难为了这些一米七八的孩子。

而这天中午，教室里依然是静悄悄的。坐在儿子后面的一位同学实在睡不着，两只手就想找些事儿做。用橡皮筋拴住一块橡皮，像射弹弓似的向儿子的后背弹。儿子感觉到了，随手捏了个纸球，返身掷过去，一来二往，又有几名同学悄悄加入了这场无声的游戏。

有人觉得不过瘾，就干脆折了纸飞机在教室里飞。小小的、白色的飞机在教室里划过一道弧线，落在不远处的书桌上或同学身上，很是好玩。于是，更多的人开始折纸飞机，更多的纸飞机在教室里飞，场面开始失控，安静的午休变成了嬉闹的纸飞机大战。

班长控制不了场面，就告诉了班主任。班主任把几个主要参与者当着全班的面狠狠批了一通，还作出了处罚决定：当事人每人写一篇五百字以上的认错书，第二天中午必须让家长接回家反省，不能留在教室里影响其他人休息。如果认错书不诚恳、不深刻，今后所有的午休时间都不能呆在教室里。

儿子是纸飞机风波的导火索之一，自然在受罚之列。晚上回来，见面就问我有没有接到班主任的电话，然后把事情的经过从头到尾给我讲了一遍。“其实，是同学先惹我的，飞纸飞机时我已经趴在桌上睡觉了，根本没有参与。”儿子觉得有点委屈。“可是你前面确实参与了，自然有错，当然应当接受处罚。”我客观评价道。

“即使错了，老师也不应当那样说话，说我们有人已经被学校预录，不用参加考试，或者通过网招，学校已许诺可以录取减分，自己的考试压力减小了，就故意来影响其他同学。我们哪有这么龌龊啊！”虽然有些心不甘情不愿，他还是拿出了纸笔："我的认错书该怎么写啊？"

看来儿子是知道自己错了，也怕得到更严厉的惩罚。"首先要承认自己的错误，接受老师的处罚，保证今后不犯类似的错误。再把事情的经过简要说明一下，不要推诿责任。"

第二天中午，儿子打电话给我，说认错书交了，但老师还是不容许他们呆在教室里。我问要不要去接他，他说已经和同学约好了，去学校附近的同学家吃饭、休息。其实，老师心里挺喜欢儿子的，上午放学时专门叫住他，想留他中午呆在老师的办公室里休息，儿子支吾了几句，一溜烟儿地跑掉了。

对这件事，我并没有责怪儿子，这是每个少年都可能犯的错误。事后跟儿子进行了沟通：每个组织都有自己的制度和纪律，小到一个班级、一个单位，大到一个国家甚至整个国际社会。这些制度和纪律对组织中的每位成员进行约束，但最终目的是为了保证组织内大多数成员的整体利益。如果想挑战这些制度和纪律，就会损害其他成员的利益，事先就应当做好接受处罚的准备。

还记得你告诉我的蝴蝶效应吗？一只蝴蝶在南美洲亚马逊热带雨林偶尔扇动几下翅膀，可以在两周后引起美国得克萨斯州的一场龙卷风。你和同学的一个小小举动，引发了一连串的反应。全班同学的午休泡汤了，会影响下午和晚上的学习效率，增加他们的焦虑；班长觉得自己没能尽到职责，愧对老师和同学的嘱托与信任；班主任感到老师的权威和班级纪律受到挑战，如果放任不管，会有更多的人效仿。

如果这样换位思考，你就能理解老师的反应与决定，也能从小错误中学到大道理，避免以后犯大的、难以弥补的错误。你这次表现不错，能勇于承认和纠正自己的错误，坦然接受处罚，并能很好地安排自己的学习和生活。

4. 考场外的较量

其实，每个家长对孩子的学习压力都是心存怜惜的。背在孩子身上的十几斤重的书包，就像一块石头沉甸甸地压在父母的心口上。但怜惜归怜惜，在孩子面前还不能表现出来。如果现在就松懈了、轻松了，以后如何面对更惨烈的生存竞争呢？

自从走进校门以后，孩子和家长好像就没真正喘息过，一直被升学压力和竞争压力笼罩着。“小考”、“中考”、“高考”像一根无形的指挥棒，它指向哪里，老师、孩子、家长就跟向哪里。我感到很困惑，明明学校越来越多，孩子越来越少，为什么竞争压力反而越来越大？

与二十年前相比， 有些变化是显而易见的：国家开始实行九年义务教育，保证了小学、初中的学龄孩子都有接受教育的机会；现在的初中、高中、大专院校，无论数量、规模，还是教学条件和师资，都有较大幅度的提升；国家的生育高峰期已过，加上多年的计划生育政策，如今的初、高中毕业生已经在逐年减少。我们考大学那会儿，5% 左右的招生率就很不错了，现在 70% 以上的高中毕业生都能上大学。

上学容易，上好学校难。老公说，主要是因为教育资源分配不均衡，人人都想往好学校挤，竞争压力当然就大了。地方政府为了树立教育品牌，对教学水平和教育资源相对优势的学校， 有一些特别的照顾和政策优惠。 比如，允许提前招生，优先选拔优秀学生；可以收借读费，用于学校的建设和发展；给学校提供更多的对外学习和交流的机会。

好学校仍然是稀缺资源，招生录取率只有百分之七八，初中、高中、大学大都如此。只要有条件，家长和老师一定会帮助孩子参与这场角逐。相反，很多一般化的学校，难招到好学生，难留住好老师，难得到社会和政府更多的支持。久而久之，强者愈强，弱者愈弱，学生、学校之间的差距越来越大。有的学校学生招不满，甚至办不下去了。

仔细想想，这也是合理的。孩子的天分不同，智商、情商及外在成长条件存在差异，在不断的竞争和角逐中，有人胜出，有人出局。出局的人并不是失败者，可以寻求更适合自己的机会，不必一条道走到黑，最终使每个人各得其所，进而为各行各业源源不断地输送各自所需的人才，支撑并不断促进着人类社会的进步和发展。

大部分家长都希望自己的孩子在竞争中能不断胜出。同学之间、班级之间和学校之间，考试与升学的竞争始终存在。为了获得好的升学成绩，很多家长、老师和学校被裹挟着，除了正常的教学以外，也在暗中进行着校园外的灰色较量。

这不，中考临近，不少学校已经开始四处散发他们的招生简章，在网上公布了自主招生计划， 开始接受网上报名申请。 有的学校甚至校长亲自出马，利用备战中考前的家长动员会，向家长们宣传自己的学校，提出对优秀学生的优惠条件。

家长们也没闲着，一边认真研究心仪学校的招生简章，一边参加各学校组织的招生咨询活动。通常，学校招生的基本条件是看学生的会考成绩和日常成绩排名，还有一些附加的优先项和加分项，像竞赛获奖情况、特长生、军烈属、少数民族、老少边穷地区的学生等，条件非常具体，待遇十分明确。

基本条件是硬性指标，来不得半点虚假。但那些优先项和附加项相对就灵活很多，也是家长们能够努力的方向。虽然优惠额度有限，但对在录取分数线附近的考生来说，少许的一点加分，就能将排名提升不少，成为决定成败的关键。家长们把这些基本条件和附加条件研究得十分透彻，在考场之外开辟了新战场。培优班、竞赛班、特长班是最常见的形式，很多孩子都有上这些课外班的经历。

儿子在小学五年级时，报名参加过老师组织的数学和语文培优班，这也是他唯一参加过的补习班。他本来就喜欢数学，接受了专门培训后，数学竞赛得了好几次奖，包括全国数学竞赛金奖。特长班所在的培训学校还专门召开了一次颁奖会，儿子披上锦缎，戴上红花，在全体家长们面前，略显羞涩地光荣了一回。

参加了特长班，才发现在校园之外存在一个很大的课外培训市场，课程主要针对各类竞赛，比如奥数竞赛、科技竞赛、文体竞赛等。培训学校的规模大小不等，有的在个人租住的房子里，有的利用假期和公休日在学校开班，大一些的会长期租用十几间教室。讲课的老师很多是各大名校来的兼职教师，有的培训学校就是老师自己或跟别人合伙办的。

由于课外教学分散了老师的精力，干扰了正常的教学秩序，教育局和学校明令禁止，不允许在校教师在外兼职。但这些明令禁止，很难杜绝暗箱操作。由于市场需求大，税收监管困难，利润和收入高，总会有老师前赴后继。一名因此被学校记过处分的老师抱怨说："当老师的收入太低了，为什么不能课外兼职补贴家用，让生活过得好一些？既没利用工作时间，也没有影响正常教学啊！"

课外培训的费用都是以小时计，一个学生每小时几十元、数百元不等，如果学生家庭比较困难，是难以负担这些额外费用的。虽然竞赛名目繁多，毕竟获奖名额有限，大多数上了课外班的孩子并不能如愿获奖。即便这样，家长们还是前赴后继、不计成本、持之以恒地送孩子接受各类课外培训，参加各类市级、省级或全国的竞赛。

怎样才能拿到中考附加分呢？我问同事小童，她女儿高二，对中考是过来人，有不少经验。“这名堂就多了，要及早准备。”小童笑着说，“有门道的，直接把孩子的户口给改了，把汉族改成少数民族，就能得到加分。不过，全国户籍管理联网后，修改户口动静太大，风险太大，这一招现在不灵了。”幸好不灵了。户口是有法律效力的文件，我可不愿冒这种违法的风险，还把老祖宗的种族都改了。

“你家孩子有竞赛获奖吧？不管是什么竞赛科目，只要是全国竞赛获奖，尤其是一等奖，每个学校都争着要。”得知儿子的全国数学竞赛金奖是小学时得的，她觉得有些遗憾，“好像只有初三以后的主科全国竞赛才能加分，你儿子如果坚持上奥数班就好了。”

儿子上初中以后，跟他讨论过继续上培优班的事，儿子不干，说好不容易盼到周末能休息一下，又要加上一天课，还有很多作业要写，根本没时间玩，反而比平常还要累多了。我们也试着劝他，别人都上你不上，拿不到竞赛获奖不就落后了？但看儿子态度坚决，我们也没有坚持。

同事建议，儿子的理科成绩好，高中可以进理科实验班，专门针对各种理科竞赛进行训练。如果拿到全国奥林匹克竞赛金奖或银奖，一般都可以保送或优先被顶尖高校录取，不用参加高考。不知怎的，我脑海里闪过数学家陈景润的身影。他曾是我们青少年时代仰慕的英雄和学习榜样，数学造诣深厚，日常生活技能低下得可以。

不太想让儿子进理科实验班，儿子自己也不愿意，进平行班接受均衡教育就可以了。理科竞赛的理论性太强，难度太大，所学的很多知识早已超越了高考考试大纲。如果在备战竞赛上投入精力太多，势必会影响其他科目的均衡发展。况且也有风险，万一拿不到奖项，不能被免试预录，还会影响高考总成绩。

“你们上什么文艺特长班没有？”小童是个热心肠，一心想帮我找到加分项。她女儿一直在学扬琴，现在已经考到十级了，在市扬琴比赛中拿了个二等奖，勉强可以算是文艺特长生了。各种乐器、舞蹈、主持人大赛等，如果获奖，能拿到5分到20分不等的加分。体育特长生也一样，比如各种球类、武术、田径类项目，只要有获奖记录，就可以算是体育特长生。

儿子像我们一样，哪有什么文艺细胞或体育天分啊？只练过几个月的乒乓球，打得还行，但从没参加过乒乓球比赛。本来就是打着好玩的，权当是运动健身，去比赛，还获奖，哪有这么容易啊！除非孩子的身体条件特别好，而且以后就学体育相关的专业才行。

小童笑着说：“其实也没有我们想象的那么难，并不需要天分。好多比赛，就是为了拿特长生资格而设的。只要肯花三五万元甚至更多，跟着培训班学上半年三个月的，老师就会安排参加比赛，而且获奖的比例极高。比如武术比赛，参赛选手不到十个人，几名评委，几名观众。那些孩子在空荡荡的体育馆里打一趟花拳绣腿，连脚跟都站不稳，一样人人拿奖。很多学科比赛，办培训班的和竞赛出题的常常是一拨人，这边培训，那边出题，两边赚钱，这叫一条龙服务。”

我觉得有些愤愤不平。那些加分项，本意是为了照顾特殊群体、推广素质教育、鼓励孩子全面发展的，现在怎么就变成一些人的赚钱工具了呢？都说中国人聪明，总能将一个好政策活学活用到极致，最终使这个政策异化，与其初衷背道而驰。罢了，这种加分不要也罢，别瞎折腾了，老老实实地参加考试吧。

后来，有国内著名高校在高考招生录取时，公开不承认一些省份的特长生加分，还有很多学校只按裸分排名录取专业。国家教委明确要求，各省市的教育部门要对现行的学科竞赛、考试加分政策进行全面清理，未来将弱化学科竞赛的重要度，与高考脱钩，并大幅度削减加分项及加分分值。当然，这是后话。

5. 拷问诚信

每当与同事或朋友聊起孩子的升学考试时，总会感慨课堂外的灰色较量：社会进步发展了，人也变得越来越“聪明”了，以往这些乱七八糟的事哪儿有啊！为了达到目的，可以不择手段。如果是为了下一代，听起来目的还比较正当、高尚，更觉得理所当然了。

但我们需要怎样的下一代，国家需要怎样的未来？考场内外的灰色较量，也许是在严进宽出的应试教育体制下，老师和家长所采取的变通策略，却可能对孩子的诚信教育和守法教育带来潜移默化的不良影响。而这个不良影响也是深远的，包括价值判断的偏差和是非曲直的混淆。

工作之后，有机会接触一些移居海外的朋友，发现这些人无论之前在国内的背景如何，问他们初到异国时的感受，很多人都会说，遵守当地的制度和纪律，千万别触犯法律，惹上官司，在工作和生活的方方面面都要保持自己的信誉，否则你在哪里都呆不下去，要付出很大的代价。

觉得很奇怪，在国内，无论是学校还是单位，很少有人会用“诚信”、“遵纪守法”来提醒一个新来者，为什么到了国外以后，会有如此深切的认识和感受呢？况且，在出国移民群体中，有相当一部分人不满于国内的各种约束，出国后反而成了遵纪守法的诚信公民。

原来，在欧美等很多国家，建立了全国联网的信誉制度。不管何时何地发生了危及信誉的事件，都会记录在案，影响到你的求学、就业、贷款、居留等。违纪违法的成本很高，不仅要交高额罚金，有时还会将罚单寄到孩子所在的学校，或直接诉诸法律，甚至遭到政府驱逐。

而国内规范的守法及诚信教育似乎还处于初始阶段，很多家长和老师的变通行为本身也给孩子一种很强的不良示范：所有规则和纪律都是可以变通的。有些变通已经构成了违法，却并不被认为是一种违法，也不清楚会造成什么后果，因为很多人都这么做，法不责众，一向如此。

其实，在违纪与违法之间，有时只有一张纸的距离。一纸伪造或篡改过的身份证明，会损害你的信誉，甚至需要承担法律后果。身边发生过好几起证件造假事件，当事者缺乏法律意识，都以为只是些无关紧要的小事，差点儿就惹上了官司。

有位刚工作的小伙子，身份证丢了，因为出差来不及去公安局补办，就通过街边小广告找人做了假身份证，坐飞机过安检时则被机场安全人员扣下了。有人想移民海外，私刻单位公章办理因私护照，被公安机关识破，差点被拘留。还有一位在办理因私护照和签证时，提供的信息不真实，过海关时被对方安全部门截留审讯，移民不成，反而影响到他在国内的事业发展。

发生几起类似事件后，单位保卫处决定拿出几个典型案例，给我们进行一次普法教育，尤其要好好敲打敲打新毕业的年轻人。小刘因为使用假身份证，被要求作为反面典型，给大伙儿讲讲自己的教训和体会。小伙子原本年轻、阳光的脸，现在满是忐忑，显然受到了惊吓，还心有余悸。

小刘一五一十把整件事情说了一遍，最后挠挠头，有些不好意思地说："是我错了，没有法律意识。以前上学时，周围也经常有同学做假身份证给同学代考，买各种伪造培训资格证书去应聘工作岗位，也有家长找关系办理各种获奖证书。总觉得这些事没什么大不了的，又不会伤害别人，危害社会。”

“你们真糊涂。”保卫处老王用手指了指小刘，点评道：“这些都是具有法律效力的证件，怎么能说伪造证件不会伤害别人、危害社会呢？证件造假，表明你在挑战法律，没有诚信，弄虚作假。不管哪一条，都会扰乱社会秩序，带来不公平竞争，这是件非常严重的事。”

“看你年轻，刚工作没什么社会经验，做事情不知轻重，单位才出面保你出来。上了这么多年学，一点法律观念都没有，自己想怎么干就怎么干，还一脸无辜，不知道自己的行为已经触犯了法律。不要以为法不责众，一旦被查处，跟你细究，就吃不了兜着走。”

小刘认真听着，不停地点头：“现在知道了，我一定改。一直觉得自己是名好学生、好员工，从没想到会同犯法、拘役联系在一起，觉得最多不过是有点违纪。没想到，违纪和违法一字之差，性质就完全不一样了。也希望大家能吸取我的教训，不干违法乱纪的事儿，才能过得安稳踏实。”

回到家里，跟儿子和老公聊起单位发生的事儿。儿子问：“这些证件真有那么重要吗？”老公说：“当然重要，它们在关键时刻能用来证明自己，维护权益。比如户口本、身份证、学生证、工作证等，这是我们的身份证明；毕业证、学位证、专业技能证书与授权证书等，是我们的能力和资格证明；结婚证、出生证、独生子女证，是婚姻家庭状况的证明；房产证、土地使用证等，是我们财产的证明。”

“很多人不太把这些证件当回事儿，等有事情发生时，才认识到它们的重要性。像你哥哥刚毕业时，把学校的派遣证和户口转移证明随手一塞，等工作一两年后，才发现自己的户口没了，连买房的资格都没有。到处找文件找不到，只能补办，在办证机构之间来来回回折腾了很长时间。有些朋友之间或家庭成员之间因为没有书面的法律文件，为房子、遗产、借贷等争得不可开交，把友情、亲情和爱情也打得七零八落、片甲不留。”

“有人没有相关证件、不具备办证条件或嫌办证麻烦，就开始动起了歪脑筋，伪造证件，私刻印章，篡改遗嘱等，却不知道自己的行为已构成犯罪。根据相关法律规定，如果对国家机关颁发的证件进行伪造、变造或买卖，就可能构成伪造证件、印章罪和欺诈罪，可依法处以三年以下有期徒刑、拘役、管制或剥夺政治权利，情节严重的，处三年以上、十年以下有期徒刑。”

儿子认真听着，点了点头：“好像去年高考后发生过这么一件事。有名高考状元已经被一家美国名校录取，却因为用假身份证去香港给人代考，被香港警察局拘留，美国大学的入学资格也被取消了。”成熟的法治社会尤其看重诚信，这件非常恶劣的串谋欺诈案件被媒体炒得沸沸扬扬，还作为一个刑事案件提起公诉。这名同学最终获刑六个月，为了区区 2 500 元钱把自己的前途给毁了，实在太不值得了。

也许，这是我们诚信教育缺失所带来的深重代价，造成了一些基本道德水准的迷失和是非标准的混乱。像某位名噪一时的打工皇帝，花钱买来博士学位，没有像《围城》里的方鸿渐一样将学位证藏起来，反而著书立说，到处演讲。即便在假学历被识破后，还能坦然地说：英雄不问出处，如果所有的人都被你骗到了，就是一种能力，一种成功。这叫什么鬼话。

大家感慨，祖宗们最看中的仁、义、礼、智、信，如今都快变成古董了。为了达到目的，管你是白猫还是黑猫，抓住老鼠就是好猫。“变通”一向是中国传统文化的精髓，适应环境，顺应变化，才让祖先们无论在什么样的环境下都能生存下去。只是现在这种品质被无限“发扬光大”了，长此以往，社会道德水准没了，是非标准乱了，诚实守信丢了。

有不少中国留学生出国读书时，把国内的坏习惯也带了过去，有很多不那么光彩的故事。比如申请留学时，修改学习成绩，提交的个人背景资料过度包装，不是描述自己的真实经历，而是在编故事。到国外以后，拿着学生签证打黑工，考试作弊，乘车逃票，或学术论文数据作假。这些事儿在国内都不认为是事儿，在那里却被看成是很严重的道德问题。

虽然这样的人只是少数，造成的影响却很坏。一些国际名校刚开始还特别欢迎中国留学生，觉得他们勤奋、素质高、成绩好，现在渐渐有些不待见了。前不久，一所英国名校清退了五十名不诚信的留学生，四十九名是大陆人，一名是台湾人。学校还规定，今后只要发现一例毕业高校提供虚假成绩，以后就拒收所有该校的申请者。国内稍有名气的学校也吸取教训，把学生的真实成绩在网上公示。

最后，老公郑重地叮嘱儿子：无论大事小事，都一定要保持诚信，它是我们做人的根本，千万别耍小聪明。更不要试图挑战国家法律，如果遵守国家法律，它就能保护你。如果想挑战这些法律规定，就会受到惩罚。不单是我们国家，不论在哪个国家都是如此。

6. 生死时速

作为成年人，我们时不时教育孩子要遵纪守法，但在现实生活中，却经常是我们在慢待制度、挑战约束，总在有意无意地试图挣脱某些束缚，来满足对自由和冒险的渴望。反而是孩子在不断提醒我们、教育我们，是不是觉得很讽刺，感到汗颜？

在中国，交通违纪是再普通不过的事了。开车超速、违停、闯红灯、违规超车、酒驾，行人闯红灯、不走斑马线、翻越隔离栏等，让本已拥挤的街道更加拥堵，让本已浮躁的心态更加焦灼，让本已脆弱的交通更加危险和不堪一击。

有英国专家来我们这里讲学，最害怕的就是过马路和坐出租车。遇到没有红绿灯的斑马线，车辆穿越时不减速、不避让，人群和车流混在一起，让他没有任何安全感。坐在出租车上，看到司机在马路上左冲右突、争先恐后、毫无顾忌地穿行，吓得不敢睁眼。

起初觉得他太夸张，去过欧洲后，开始理解这种感受。在欧洲，经常会看到这样的场景：即使街道上空无一人，车行到十字路口，司机也会停下来，左看看，右看看，然后再走；只要有行人要过马路，两边的车一定会停下，让行人先走；遇到堵车，大家都安静等待、有序前移。行人、自行车和机动车各走各的道，互不干扰，绝少看到绵延不断的隔离墩或栅栏，也几乎没有人车混在一起，或各式车辆挤做一团的混乱场面。

我问常驻国外的朋友，他们是怎么做到的？“在这里，大家都这么做，已经成为了一种行为习惯。我们在国内开车也很猛，来这儿以后，很快就适应了。别人都谦让有礼，只有你无视规则，自己都会感到不好意思。还有，别看街上见不着几个警察，也没有像国内安装这么多摄像头，但一旦被抓到交通违纪，处罚很严厉。除大笔的罚单外，还记入你的信用档案。”

难怪，对规则的敬与畏，使遵纪守法成为一种根深蒂固的思维习惯和行为习惯，由此带来了规范有序、和谐互敬的社会生活，生存的权利也相应得到保障。相反，无视规则，不仅侵犯了他人的权益，自己的权益也得不到保障，甚至会带来生命的代价。如今在中国，交通事故伤亡率居高不下，大多都与交通违纪违法相关。

曾多次听过或目睹过交通事故，车毁人亡，惨不忍睹。认识的人当中，也不断有事情发生，成为交通事故的肇事者和/或受害者。刚在校庆时见过面的老同学，事业蒸蒸日上，最近却传来他车祸殉职的噩耗。儿子上小学时，曾有同校的两名孩子在放学时，在校门口被疾驰的过往车辆撞飞。单位同事的一个孩子，在乘公交车上学时，被急速掉头的两厢公交车撞倒，身体被后厢的车轮碾过。

唏嘘之余，赶紧打电话给家里，让家人注意交通安全，但内心深处总会心存侥幸，觉得这种倒霉的事儿不会落在自己身上。但是，这种事儿的确会落到很多人身上，包括自己。曾两次与死神擦肩而过，这些刻骨铭心的体验让我认识到，在生与死之间，真的只是一瞬间。生命如此脆弱，如果不认真对待，悉心呵护，灰飞烟灭只在一瞬间。

几年前，我要考驾照了。咨询了有过学车经历的同事，在附近找了一所驾校，报名学车。这个所谓的驾校，就是两个师傅两辆车，一个在练车场教，一个带学员到马路上练。师傅先给了一本“交规”考试复习题集，看了两天后，就直接去参加交通规则的理论考试。

接着是上车训练。师傅教的练习项目和方法基本上是为了应付考试，都是速成型的。即便我这么木讷，练了大约五次之后，师傅就催我参加桩考了。然后跟师傅出了三趟车，总共开了不到一小时，就去参加路考。路考比桩考简单多了，每人三五分钟的工夫就顺利过关。

在车管所拿到驾照后，满心欢喜地打的回家。的士师傅看我喜滋滋的，忍不住给我泼了盆凉水，说他二十多年前学开车时，用了将近一年的时间。吃住在驾校，学习交通法规、汽车原理与结构、驾车技能训练、维修技能训练等，再经过一系列严格的考试，才获得了汽车驾驶执照。

现在简单了，花两千多元钱，随便在马路边儿找一个驾校，练上几次次启停、穿杆和倒桩，跟师傅上路开几个来回，基本就能通过桩考和路考了。甚至有人说，如果想更省事儿，直接花钱就能买来驾驶证。所以说，现在的马路杀手很多，以后开车要小心一点。如果有人告诉你开车要胆大心细，你千万别信，出事儿的都是胆大的。

的士司机的这些话，在经历了一系列教训之后，我才真正理解。稀里糊涂拿到的驾照，自己当然没有信心。所以在买车时，选了一款自动挡，虽然有点耗油，但厚实、安全。没有离合器，一只脚就能搞定油门和刹车，也不必想手脚间的配合。还有自动倒锁装置，不容易熄火，也不会溜坡，比练习用的那款老爷车，不知要好开多少倍。

新手上路，上帝保佑。第一次持照开车，心惊胆战，手心冒汗，不断暗自祈祷。前后左右的行人和车辆都会让我紧张，唯恐与他们相撞。老公在一旁指指点点，一惊一乍，更是让我紧绷的神经雪上加霜。心里怕，就慢慢开呗。见了红灯，老早就松油门；有车插队，就让开或减速；实在让不开，一样慢慢走，反正你急我不急。为此，被后面的车主骂过很多次。

开车不到半年，就吃了好几张罚单。有些是明知故犯、心存侥幸，有些只是因为技术不熟练，眼手的反应不一致。半年以后，情况大大好转，周围事物的很多干扰和影响在潜意识里已经处理了，不会再带给我紧张。开车时渐渐轻松自在起来，偶尔还会与后面想超车的人比试一下，谁怕谁呀！

当你自信满满，认为一切尽在掌控时，问题就来了。那是大年三十，我和儿子独自在家，等老公第二天出差回来后，再一起开车回老家过年。三十那天，天气很好，家家很热闹，我们很孤单。落寞中，忽然有一种冒险的冲动，于是问儿子：“我们现在就回姥姥家，我开车，你带路，敢吗？”

儿子当时只有十岁。十岁的儿子已经知道了风险和担心，也知道一些交通规则：“你可以吗？拿驾照还不满一年，不能上高速。”儿子的眼神里，有担心，也有些期待和激动。他非常喜欢向导这个角色，早就学会了看地图和各种道路、交通标识。“我们慢慢开，不会有问题的。”

在市区经过一番周折后，终于来到了高速路上。一路阳光灿烂，视野能看很远，我不知不觉加快了速度，80，90，100，110，120，车外的景物被快速地甩在身后。“你超速了！”儿子叫道，一脸严肃：“高速路限速每小时 110 公里”。“没关系，路上又没别的车。”我被速度带来的自由感受和马上就能到家的快乐冲晕了。

一段笔直、平坦、洁净、毫无障碍的路段出现在前方。心里一动：买车时，4S 店的人建议把每个速度挡都磨合一下，何不现在就试一试？

脚下暗暗加力，130，140，车在快速道上飞奔着。儿子惊恐地大叫起来：“你开得太快了！没看到前面的警示牌吗？超速是违法的！”

的确是太快了，我开始感到有些不安，已松开了油门。就在这时，忽然发现前方有一团黑乎乎的东西，眨眼工夫就逼近了。下意识将方向盘微微动了动，立刻感到车子强劲地晃动了一下，又听见一声闷响，我们就从那团黑乎乎的东西上面冲了过去。

至今感到十分后怕，如果手没有抓紧方向盘，多偏那么一点点，肯定会冲上中间的隔离带，以当时的速度，注定会是一场悲剧。感谢儿子在关键时刻的提醒，他救了我们两个。暗自自责，真是无知者无畏啊！

速度在带来快感的同时，也带来了巨大的能量，并大大缩短了对前方路况的可视距离，从而也极大地增加了行车风险。

“你胆子真大，不要命了，儿子还在车上呢！以后我不在家时，你尽量少开车！”事后，老公一脸严肃地批评我。“本来这路上都快变成战场了，总是血淋淋的，你还主动去找死。”老公从网上下载了若干起车祸的视频播放给我们看，在车祸现场，人被挤压在严重变形的车里，血肉模糊，面目全非。没想到，自己和儿子差点儿成为这惨烈场景的一员，单是想象一下，已足以让人于心不忍、胆战心惊。

儿子给我上了一堂遵纪守法教育课，到现在还时不时拿这件事来敲打我一下：“某位同志拿驾照不到半年就上高速，开车开到140迈，撞坏了三个挡泥板，我是不是该报警啊？”别哪壶不开提哪壶，我现在不是改了吗，很少再有超速了。开车时间越久，胆子就变得越小，能不开车就不开。

“那有没有闯红灯，随意变道和违停？爸爸收到的罚单都是谁在开的车？”儿子阴阳怪气地调侃道。那是缺乏经验，没有养成好习惯，目前正在努力纠正中。“又是谁乱穿马路，不走斑马线，没耐心等红灯，还差一点被汽车撞飞？”儿子继续抽丝剥茧。我觉得有些无地自容了，自己一边看不惯“中国式过马路”，一边又常常成为其中的一员。在车多时还有所顾忌，等车少人稀的时候，就会无视斑马线或红绿灯的存在了。而恰恰在车少人稀时，飞来横祸最容易出现。我曾在一次穿行斑马线时，被疾驰而来的车撞到，差点没命。现在，无论开车或步行都会心存恐惧，小心翼翼，生怕撞到别人，或被别人撞到。尤其是步行过马路，很多车根本不会避让行人。即使在斑马线上，行人的绿灯亮了，也经常有摩托车、小汽车甚至装满货物的大卡车紧贴着行人呼啸而过，如入无人之境。

儿子不同，不管任何时候，他都坚持走斑马线，等待绿灯放行。每次同他一起上街，如果我不由自主地想随着人群闯红灯过马路，儿子总会紧紧拉住我：“不能这样。信号灯和交通规则只是摆设吗？家长都不遵守规则，还怎么教育孩子呢？”

有了切身体会之后才明白，交通规则的制定自有它的道理，是在无数血的经验教训基础上总结出来的。这些规则本质上不是一种限制，而是对大家的一种保护，只有心存敬畏，才能保护自己，保护他人。如果在开车时，大家都保持良好的心态，遵守交规，相互礼让；如果对自己和他人的生命有足够的呵护与尊重，也许，很多惨烈的交通事故就不会发生。

幸好，不管是政府、媒体还是公众，大家都广泛认识到交通违法违纪的种种社会现实和严重危害，正在从不同层面采取各种措施来改善各地的交通安全状况。对驾校从严管理和监督，驾照考试的科目和难度大幅度增加，对交通安全公众宣传的内容和形式也在不断创新。交通违法违纪遭到全民声讨，有人因醉酒驾车锒铛入狱，在社会上引发强烈震动和反响。

7. 冲动是魔鬼

进入高中以后，学校老师建议家长，只要没有特殊原因，最好让孩子住校，锻炼他们的独立生活能力、与人交往能力和团队合作能力。有家长担心，孩子自理能力差，怕不能适应集体生活。可你准备把孩子抱养到什么时候才会撒手？孩子早晚会离开家，何不趁机锻炼一下他们呢？如果怕孩子会放松学习，也敬请放心，老师和家长相比，学生更愿听谁的？在学校，老师一定比家长管理得更严格、更有效。

“儿子，想住校吗？”我们征求儿子的意见。“大家都住校，我就住呗。”儿子还从未住过校，很有些期待，也有些忐忑。期待离开父母管控后的自由，又有点担心能否跟新同学相处融洽，能否照顾好自己的日常起居。“放心吧，反正离家不远，有什么事儿爸妈随叫随到。我们大学才开始住校，而且一走就离家一千多公里，你比我们幸福啊。”

当初我上大学离开家时，父母非常担心。他们一贯叫我书呆子，整天只会看书、学习，什么家务都不会。但是，当你真的被独自放在一个陌生、全新的环境时，内在的潜能就会立刻被激发出来。日常起居面临的困难被一一化解：洗衣服、缝被子，安排好生活，管理好钱财，虽然不够精致，但还可以算作是井井有条。

其实，最大的挑战不是这些，而是原本互不相识的同学，突然要吃住在一起，上铺下铺，头尾相连。早上起床洗漱时，经常转不开身，相互牵制；晚上睡觉时，甚至听得到彼此的呼吸。

大家的个性、成长背景、生活习惯、兴趣爱好各不相同。有的老成持重，懂得照顾和体谅他人；有的娇生惯养，事事都得让别人来迁就自己。有的干净整洁，不喜欢别人乱翻自己的物品；有的大大咧咧，什么东西都随手乱放乱扔。有的好静，不习惯听人咋咋呼呼，稍有动静就难以入睡；有的好动，总是风风火火，还容易睡前兴奋，聊起天来就刹不住闸。

不过很快，大家开始调整自己，相互适应。修正自己的行为习惯，让其他人能够认同和接受；调整自己的心态，能够接纳和容忍他人的不同。然后，性格、志趣相似的，开始成为好朋友，变得形影不离。即便宿舍里没有这样的朋友，也不会孤单，因为会很快在其他宿舍或班级里找到好友。

儿子的高中宿舍比我们那会儿的大学宿舍条件要好很多， 宿舍楼的管理也严格、规范多了。毕竟这些孩子都是未成年人，都是家里的宝贝疙瘩，不能有半点闪失。每栋楼都配备有三位生活老师，孩子们都称她们为大妈。大妈们非常认真负责，严格控制人员的出入，严格执行学校的作息时间，早上 6 点一刻起床，晚上 10 点半熄灯，中午一个半小时的午休。

大妈们每天巡视，检查各宿舍的卫生状况和对作息制度的遵守情况，尤其是熄灯后能否安静及时入睡。对检查结果每天进行量化打分，然后每月评选出最优宿舍、良好宿舍和表现较差的宿舍，在宿舍一楼的大厅里公示。获一次最优宿舍奖励 100 元，较差宿舍罚款 100 元。所以，孩子们都挺在意自己宿舍的得分情况。

大妈们的集体宿舍管理，貌似军事化，实际上很有人情味。比如，一到时间，就通过广播提醒孩子们该起床了，该去吃饭了，该去上课了，该收外面晾晒的衣服了，该去打水了，该熄灯了，探视的家长该离开了等，还提醒孩子一些注意事项。遇有孩子生病请假，或节假日留宿学校，事先要在门房登记，以便给予特别的照顾。

对儿子来说，住校最大的好处是能与同龄人一起生活，大家有共同的乐趣和爱好。课外时间能经常一起聊天，说些自己的喜怒哀乐和对一些事物的认识和看法，这在家里是不能得到的。所以，每次返校时，绝大多数孩子都是兴高采烈的，觉得还是学校好。

这些各个中学学校的尖子生，如今走到了一起，除了建立新的友谊外，还给了彼此更大的学习动力和竞争压力。一开学，老师就明确地告诉家长，高中教育是未来职业的选拔教育。所以，不要指望学校仍然采取中学时的教学方法，让老师去适应学生，而应当让学生学会自主学习，跟上教学进度，适应老师的教学方法。只有这样，才能适应未来的工作和生活。

儿子抱怨说，老师的授课进度很快，把我们一个个都当成神童了。很多内容课堂上根本没听懂，课下得花很长时间才能弄明白。有了老师事先打的预防针，我对儿子的抱怨一点儿也不奇怪："那你就多买些课外书，多与同学讨论呗。实在弄不懂，再去问老师"。

"我已经买了。你们最好再帮我买个应急灯，可以早一点起来背外语。要不然，被老师抽到背不出来，又得罚站。"我有些担心，孩子正在发育期，得保证充分的睡眠。否则，健康受到影响，白天学习也没精神，就得不偿失了。但儿子说，很多同学都买了，早起一个小时，应该没问题。听说还有人躲在厕所里背书，那里有灯。

不愧是久经考场的"老将"，这些压力并没有压垮这些孩子们，反而已经激发起他们的斗志了。事实上，买应急灯，早起背课文和单词，已成为高一学生的普遍实践。一天清晨，窗外还是朦朦胧胧的，与儿子相邻的宿舍就有人起床背书了。细细的背书声，在寂静的黎明显得分外清晰，再加上应急灯的光线刺激，整个宿舍都苏醒了。

大家躺在床上相互调侃，大脑慢慢变得清晰、兴奋。一名同学小声哼起了《青藏高原》，非常悦耳好听，于是大家就慢慢加入，一起合唱起来。而且越唱越起劲儿，早已忘了这是宿舍，恍惚以为他们已经来到了青藏高原，在空旷无边的高原上，放声尽情地歌唱。

嘹亮的歌声穿过房门、穿过楼道，在整个宿舍楼回响。整个楼道都被吵醒了，尤其是对面的宿舍，正在最酣畅的睡梦中，被硬生生地拽回到现实，于是格外恼怒。大家先忍耐了一会儿，看对方完全没有停止的意思，就翻身下床，去敲他们的房门。

屋里的人正唱在兴头上，没有理会。外面的人更加愤怒，用手捶，拿板凳砸。门被砸开了，几个赤膊的小伙子闯了进来。屋里的人连忙跳下床，随手操起板凳或其他能战斗的物件仓促应战。双方言语激烈，你推我攘，混战成一团，分不清彼此。围观的人也越来越多，场面越来越大。眼看就要变成群殴了，幸亏大妈及时报告，保卫科和值班老师及时赶来制止，才避免了一场可能的流血事件。

早上一上课，教务处就把班主任叫过去，告诉他事情发生的始末，希望班主任进行及时有效的处理，严肃校纪，避免今后再发生类似的事情。大家共同讨论了具体的处置方案，计划将肇事者逐出集体宿舍。

班主任神情严肃地回到教室，他知道问题的严重性。这帮青春期的孩子，一米七八的大个儿，浑身上下充满了能量，如果不加以管束和疏导，就会变成很大的破坏力。早上的事儿，幸亏制止及时，否则后果不堪设想，万一有孩子伤到了，老师和学校的责任就太大了，对家长根本没办法交代。

肇事的四名学生，在老师的办公室里被整整训了两节课。等他们回来时，大小伙子们一个个眼睛哭得红肿，耷拉着脑袋。他们被记过处分一次，要求写深刻的书面检讨，承诺今后不会再发生类似的事情，还被要求走读两周，在自己的家里好好思过。

有孩子家长给班主任打电话求情，说不过是孩子在黎明时分唱了几句歌而已，批评一下就行了，就不要记过了，将来孩子个人档案里有了这一笔，可能会影响他未来的人生。见班主任没搭理，又辗转通过局长、校长来求情。

班主任是位中年男士，个头儿不高，平日沉默寡言，表情严肃，很少看他笑。他很有个性，说话直来直去：“有家长想拿什么局长或校长来压我。我在这里郑重告诉大家，对班级发生的事儿，我自有分寸和把握，不要动不动拿当官的来要挟”。班主任召集了一次家长会，把自己对这件事的想法、做法和担心告诉诸位家长。

“你们把孩子放在这个班上，我就要对所有的孩子负起责任，让每个孩子学会遵守校纪，懂得尊重和顾及其他同学的感受。不能再像家里一样，一切以自我为中心。你们不知道当时现场的状况，以及可能产生的严重后果。在我二十多年的执教生涯中，遇到过类似的事情，后果很严重。不但有孩子受到伤害，学校、老师、家长都花了很长时间才从阴影中走出来。”

在班主任说这些话的时候，五十多位家长都老老实实地呆在教室里，坐在自己孩子的座位上，神情凝重地看着班主任。这些家长都正值壮年，中间有些人是政府部门的领导干部、大企业里的高管、高校里的教授，还有商界的精英。此刻，他们都收敛起自己的锋芒，仿佛回到了青少年时代，专心聆听老师的教诲。在工作中他们能号令各式各样的人物，对自己的孩子却经常束手无策，远没有班主任的魄力。

班主任扫视一遍家长：“有些孩子被惯坏了，想干什么就干什么，一点规矩都没有。刚开学我就有言在先，如果我看到谁抽烟，我就送他一条，但一定要当着我的面，连续把整条烟都抽完；如果谁不叠被子，我去帮他叠，然后把被子丢在厕所里；如果谁上课说话，我就把他拎到讲台上，让他对着全班同学说。”聪明，这方法不错。如果孩子有坏习惯，就最大限度地满足他，直到他厌倦为止。男孩子就得跟着这样的男老师，要不然，都太文气了，会丧失个性，没点男孩样。

班主任还表达了他的压力和担心："本来，平行班是按入学成绩均衡分班，应该差不多。但我们班最近一次摸底考试全年级倒数第二。为什么？纪律性太差，上课不好好听讲，下课也没有完成老师布置的作业。有孩子作业没做，还讲了一大通理由。有什么好解释的？没做就是没做，不要找什么借口！"

班主任说，他强调过好多次，不允许把手机带到课堂上，可还是发现不少人一边上课，一边用手机上网、发短信、玩游戏，他就看见一个没收一个。班主任把没收来的十几部手机放在讲台上一字排开，请家长来认领，并拿出其中一个把玩着："这是最新款的手机，值几千块钱吧？看来家长很有钱啊，给孩子买这么高档的手机，我可买不起。"

班主任戏谑地笑了笑，然后正色道："希望家长把这些手机都换成最低档的，或者把游戏和上网功能都去掉。不能孩子要什么你们就给什么，这不是心疼孩子，是在害他。我们班今后如果想有进步和突破，必须从班级纪律入手，不管在课堂上还是在宿舍里都要严格管理。"

"希望家长能够配合，不要心疼孩子。老师再怎么严厉，都是为了孩子好。现在如果放任一些坏习惯，以后就有可能铸成大错，毁了孩子一生。我们本身也是父母，也有孩子，知道什么才是真正对孩子好，请各位家长放心。"

8. 高墙内外

开完家长会，大家陆续走出教学楼，一边走，一边交流着自己的感受。有位家长说，她认识一位高中男生，因为一件小事跟同学发生争执。一方觉得有些吃亏，就召集了一帮社会上的混混帮他出气，结果把另一个男孩子打残疾了。家长当然不愿意了，天天找学校，找老师，还把打架的孩子连同学校都告到法庭。打人的最后似乎被判了少年管教两年，几个孩子就因为丁点儿破事儿给毁了。

那男孩长得眉清目秀的，感觉还有些羞怯，经常微微低着头，一双眼睛从浓浓的眉毛下笑着看你。他怎么可能拿刀子去伤人呢？真是年少轻狂，不知轻重啊！男孩劳教出来后，样子没怎么变，眼神却透着成熟和沧桑。他说当初拿刀子只是想吓唬吓唬对方，也给自己壮壮胆，谁知道最后演变成这个样子，悔得肠子都青了。

是啊，如果大家知道自己的行为可能导致的法律后果，也许在面对冲突时，就会克制冲动，保持冷静，很多事件也就可以避免。但年轻时，总觉得这些法律条文与自己无关，高墙铁窗也离我们非常遥远，直到生活一次次上演生动的情景剧，才让我们开始真正理解法律的尊严和意义。

忘掉刚才家长讲的那个鲁莽少年，这里讲另外一个故事。有一个少年，品学兼优，才华横溢，志向远大，怀揣本领和梦想走出大学校园，通过付出努力展现才华在人群中卓然而立。事业一路坦途，职位节节高升，还不时现身电视新闻节目畅谈城市未来发展。人到中年，意气风发，风头正劲，忽然间跌了个大跟头，自己钟爱并为之全力付出的事业戛然而止。

这故事你信吗？不管你信不信，反正我信。此刻，想必很多人一定会联想到自己认识的某个人或某些人，故事梗概相似，主角和细节不同。我恰好就联想到了一位高中同学老关。一双眼睛非常锐利明亮，又时常谦和含笑，所以很容易获得大家的好感。毕业后，因为在同一个城市工作，孩子又差不多大，春暖花开的时候，几家人就经常相约一起出去玩，大人之间、孩子之间也成了相互信赖的朋友。

孩子上学以后，走动就慢慢减少了，只有在过年时，老同学才可能聚在一起吃饭。后来，听说老关在和老婆闹矛盾、闹离婚，大家分别去劝过这夫妻俩，没成功。那两人好不容易谈妥离婚条件，终于在结婚十几年之后协议离婚，女儿交给老关抚养。老关与新恋人一起购置了新房，刚刚装修好，马上就要登记结婚了，也恰巧在这时，老关出事了。

老关先是被“双规”，被纪检部门找去谈话，了解有关违规违纪举报的真实性。他以为事情不大，一些灰色地带违规资金的使用并没有全部进自己的腰包，以为说清楚、退还钱款并保证今后注意就行了。谈话之后安静了一段时间，谁知过不多久，还是被检察院羁押，后移交法院，以受贿罪被判处五年有期徒刑。

老同学听到这消息都惊呆了，但仔细想想，又不觉得惊讶。常在河边走，哪有不湿鞋啊！守着城市改造和拆迁的高危岗位，各路人马都使出浑身解数想瓜分这块肥肉。在如此高强度的诱惑下还守身如玉，清正廉洁，实在是太难了。有同学调侃道：“这也应验了一句俗语——情场得意，官场失意。出来混，总是要还的。各位事业有成的同学，你们要当心、当心、再当心啊！”

那位准新娘懵了。刚刚各自冲破婚姻的藩篱，准备光明正大地牵手，可婚礼没等到，却等来了高墙和铁窗。准新娘长得很清秀，显得温婉又有女人味，尽管神情落寞，还是颇显姿色。同学不禁为老关担心起来，这女士风华正茂，会耐住寂寞等他吗？即使老关出来了，没有了工作，没有了一官半职，还能给这女士提供她想要的生活吗？

但两人之间的事儿，外人谁能说清楚？看他现女友也是一个养尊处优的人，没吃过什么苦。但愿她能明白，大喜之后必有大悲啊。生活本来就应该是平平淡淡的，千万别瞎折腾。你看，那些能折腾的，到头来没见几个落好。两个家庭、三代人的幸福，都被他们折腾没了。

大家最关心的还是老关十几岁的女儿和年迈的老母亲，她们靠什么生活？谁来照顾她们？老关已经被开除公职，没有了经济收入，前夫人好像身体不太好，时好时坏的，自己都照顾不了自己，怎么可能再去照顾孩子和老人呢？现女友就更不知道了。大家决定以后经常轮流去他家看看，多帮帮她们。

面对家庭巨变，这一老一少不肯接受他人的怜悯和施舍，在艰难的环境中坚韧地活着，让大家既心痛，又钦佩。奶奶脸上的褶子骤然增多，在满头银发的映衬下宛如一尊雕塑。她一直没想明白，这个儿子一向是她的骄傲，人前人后没少听人夸他，怎么忽然之间就变成了一个贪污犯呢？

不过，事情既然来了，总得扛过去，没时间伤心。奶奶不担心自己，一大把年纪了还有几年可活？就是担心这个孙女，生活发生这么大变故，一个小女孩家根本受不住。老奶奶告诉自己，绝对不能生病，不能倒下，照顾好孙女，不让儿子担心，等儿子回来把孙女完完整整地交给他。

老关的女儿叫贝贝，她曾经是父母手掌心里的宝贝，有一个幸福的童年。不知从什么时候开始，父母开始越来越频繁地争吵，摔东西，甚至相互厮打。她不知道发生了什么，也无力改变，只能默默地看，默默地听，默默地忍受。每天上学时，她都希望尽早地离开家，每天放学后，她总是尽量推迟回家的时间。只有在学校里，她才会感到轻松和愉快，老师、同学和朋友让她感到更加温暖和亲切。

但是现在，就连这些她也失去了。父亲入狱后，贝贝觉得自己忽然成了一名罪犯的女儿，觉得周围人总在议论自己，刻意拉开与自己的距离，就连看自己的眼神也跟以前不一样了。她开始收起自己漂亮的衣服，每天穿着朴素地去上学，课间时蜷缩在某个角落里，总是独来独往。她甚至中午不敢去食堂吃饭，怕别人看见她、议论她。一放学，就赶紧逃离学校，恨不得能穿上一件隐身衣，让所有的人都看不到她。

只有回到家里，贝贝才感觉自己是安全的、温暖的。虽然家里只有她和奶奶相依为命，但奶奶用老弱蜷曲的身体和韧性十足的内心为她撑起了一片天。一个花季少女，在压抑和寂寞中迅速长大，悄然绽放。她每天不笑也不哭，话也少，整天只知道埋头学习，与当初那个天真快乐少年相比已经判若两人。这种超乎寻常的刻苦让她的成绩一直在年级名列前茅，也渐渐改变着老师和同学们对她的态度，重新赢得越来越多人的尊重。

时间在忙碌中过了一年又一年，间或传来老关和他家人的消息。老关在里面的表现不错，利用自己的专业特长为监狱和狱友做些事情，多出来的时间就是看书学习，接受再教育，反省自己的错误。他已经被减刑一年，正在争取再一次减刑，以便早日恢复自由。失去自由之后才知道自由有多珍贵，那些钱财名利都是浮云，生不带来，死不带去，不值得拿尊严、自由、健康、快乐，还有家人一生的幸福去换取。

有时老关在照镜子时，会为自己感到惋惜。蓝白条纹的狱服，让他的体态、眼神和内心都失去了光彩。他曾经是同龄人中的佼佼者，有修养，有才华，有气魄。如今，由于没有掌控好私欲，拿才华和气魄去满足自己日益增长的欲望，去挑战法律和制度的威严，最终落得曲尽人散，早早在事业的舞台上谢幕。天网恢恢，疏而不漏，地球人都知道，但还是有一拨又一拨的人难以逃脱它的诅咒。

终于捱到出狱，修成正果，重返社会。再见老关，三年的时光好像没有留下太多的痕迹，不过举手投足之间，少了很多霸气，添了不少沉稳。

老关说，以前整天忙来忙去，没时间思考，后来有大把的时间回忆反思自己的过去，重新思考生活，思考人生的意义了。还看了不少书，想明白了很多事，这三年还是很有收获的。

金钱与权力似乎总是相伴而行，彼此诱惑，它们成就了很多人，也奴役了很多人。原以为努力给家人提供更好的生活条件就能带给她们更多的幸福，但女儿一脸严肃地对老关说，她并不需要很多钱、很大的房子，这些她更愿意今后用自己的能力去获得，只希望一家人能亲密地生活在一起，在最寂寞无助的时候有父母陪伴，只希望能踏踏实实、大大方方地活着，没有担心，没有惊吓，没有自卑。

所以，不要以孩子为名，陷入对金钱、地位和权力的迷恋，除了断送自己的前程，失去所有的财富和地位，还在女儿成长最关键的时期，不仅没有给她陪伴和帮助，反而给她套上层层枷锁，成为女儿难以承受之重。每每看到女儿那张稚嫩又成熟的脸，以及混杂着亲切与冷漠、爱与幽怨的眼神，老关都觉得心痛，愿意用自己后半辈子的努力去好好补偿她。

老关告诉女儿，虽然自己摔了一个大跟头，但后面的路还长，可以从头再来，用诚实劳动换取家人想要的生活，并希望得到女儿的原谅和祝福。荣耀繁华过后才真正明白，人生的幸福其实与金钱和财富无关，与权力和地位无关。无论贫富贵贱，每个人都有自己的生存方式和快乐方式。权贵未必都是幸福的，他们面临的诱惑太多，需要担心的事太多；贫贱人家更容易满足，也更容易获得平实的幸福。女儿回答他，她愿意跟父亲一起，重新找回以前那种平实的幸福。

第四章

尊严保卫战

我们所遇到的每个人，都在经历一场艰辛的斗争。与孩子建立理解与互信，坦然面对青春期的躁动，留给孩子足够的自由成长空间。尊重他人，悦纳自己，冷静面对不良情绪，多角度观察和思考问题，懂得体谅和宽恕。

导读：

尽管家长很爱孩子，也尊重孩子，却总是难以用恰当的方法来表达这些爱和尊重，往往不是做得太多，就是做得太少。孩子本身也很矛盾，要求父母尊重自己，却忘了尊重父母；要求更加自主，却不知道该如何选择；总希望家长能倾听自己的心声，却很难用心体会父母唠叨背后的良苦用心。

每一个年龄段都有其特定的任务和使命。超越了年龄限制去完成未来的使命，很难有一个圆满结局；而一旦错过了该做的事儿，也许就错过了最佳时机。恋爱本来是件非常美好的事，但恋爱早了，身体和心智都不成熟，也没有能力守护爱情。

你所遇到的每个人，都在经历一场艰辛的斗争。怀着诚意和包容，理解和尊重，不搬弄是非，与人为善，有分寸感，设身处地为他人着想，提升自己的内涵与修养。冷静面对不良情绪，学会换位思考，理解对方，审视自己，多角度看待问题，善于取长补短，成为他人乐于交往、值得信赖的伙伴。

在这世上总有一些人，执着地追随内心召唤，貌似坚强的外表常被冷硬的现实戳得遍体鳞伤，却一次次顽强坚韧地站立起来，在复杂艰难的环境中生存和成长。时光会褪去被青春、美貌、财富或地位所装饰的外衣，但他们的真诚体验、付出和感悟，却收获了丰厚的人生，成就了生命的价值和尊严。

1. 成长的烦恼

孩子小的时候，总像跟屁虫似的，你走到哪里，他就跟到哪里，甩都甩不掉。那时整天就想，如果孩子能快点长大就好了，家长就能轻松了。直到某一天，你忽然发现，孩子有了自己的朋友圈子，有了自己的主意，不再愿意跟在家长身后，开始向家长说“不”，你会突然有种莫名的失落，又掺杂着些许的惊喜。

儿子小学时，课业压力小，校内外有很多课外班，琴棋书画样样都有。一到礼拜天，家长们就带着孩子四处学艺，我和儿子也随大流地加入到这个队伍。儿子学过两个月的绕口令，练了两天电子琴，画了半学期的素描，打了几个月的乒乓球。虽没成大器，也还小有斩获。有一幅充满稚趣和想象力的作品得了市书法大赛二等奖，我这个乒乓球启蒙老师也很快成为儿子的手下败将。

上初中以后，儿子不愿再上特长班、培优班，老公就同他商量道：“那就报个乒乓球吧，本来就是玩儿，又能让身体得到运动和锻炼。你不是很喜欢打乒乓球吗？”儿子不干：“那能算是玩吗？如果是玩，干吗非得花钱和教练打？每次去，来回路上就得一两个小时。再同教练打一个小时，动作又单调，总是重复一个动作，累死了，还无聊！”

“玩也要玩出水平，玩得专业啊！”我声援老公，“这些都是基本功训练，姿势标准规范了才能把球打好。球技高了，高手才喜欢跟你打，你才能打得更好，才能获得更多的乐趣”。儿子不服气：“为什么要专业？我在学校经常和同学一起打，水平还可以啊，也挺高兴的。本来乒乓球就是靠经常练嘛，在学校练不行吗？非得去这么远找教练？”

儿子也开始在意自己的形象了。他的衣服、鞋子向来都是我买的，虽然是街边小店的大路货，但款式、颜色都挺漂亮的，儿子从不挑拣，买什么就穿什么。可现在，满心欢喜地把蓝白条纹的棉T恤和灰蓝相间的旅游鞋递给他时，儿子看了看，露出不满意的神情:“这么花，我不穿”。这还花？就两种颜色。以前我买过类似的，他很喜欢啊。

“我喜欢纯白色的，样子也别太复杂，彩色条纹的不要。上次买夹克时，你非要说那件灰色的好，价钱又贵。现在好了，整天挂在衣柜里，我可不想穿。”那件夹克还是在品牌店买的呢，真有点可惜了。儿子评价说，我以前给他买的衣服确实可以，现在是我的欣赏水平退化了。

行啊，今后买衣服就让他自己去挑吧，免得买回来不喜欢，浪费钱还搭上工夫。我就是有点不明白，为什么儿子现在只穿白色的衣服？白衣服穿在他身上的确好看，但不耐脏，没穿多久就洗不出来了。我劝他可以尝试一下不同风格、不同色系的衣服，但没有成功。

儿子有些抱怨地说：“行了，你别整天只想着给我买衣服，我的眼镜框又松了你却不管，戴在鼻梁上总往下掉。我们去眼镜店矫正一下吧。”“可以啊，作业做完了吗？要不我们现在就去？”看到儿子越来越有主意，我暗自提醒自己，今后跟儿子有关的事儿，得跟他商量着办了。

潜意识里，我对儿子玩电脑、上网的限制，主要源于自己对近视和眼疾的担忧和恐惧吧。儿子自小眼睛就散光、近视，为矫正视力，没少带他去医院，但近视还是无可避免地发生了。加上看书、看电视、看电脑的时间长，老早就戴上了眼镜，而且度数越来越高，镜片和镜架已经换了好几副。

开车来到我们常来的眼镜店，店员说镜架变形太厉害，镜片的度数也有些不匹配，最好换一副眼镜，要不然孩子看书会累。测量完视力，确定了新的镜片度数后，需要再选择镜片和镜架。镜片当然要选好一点的，轻薄而且耐磨，孩子戴着会轻松一些。镜架的种类、样式也很多，价格差别比较大。我和老公讨论了一下，很快选中了其中的一款。

儿子在一旁脸色越变越暗，突然爆发式地大声说道：“到底是你们戴还是我戴？为什么不征求我的意见？”我和老公愣了一下，这才意识到该问问孩子自己的喜好。看来，多年积累下来的惯性还在那里，不经意间又伤了孩子的自尊。“现在戴的这副眼镜，就是妈妈帮我挑的，还说好看！同学们都笑我，说是像花蚊子。”

那是一副无框眼镜，两条镜腿黑白相间挂在耳朵上，有些灵动，但并不花哨。经他这么一说，还真有点像那种腿部细长、黑白相间的花蚊子，于是忍俊不禁：“那你当时为什么不说？自己喜欢什么就直接说啊。”儿子有些委屈：“一直都是你在讲，我哪有机会说啊！”

“是不是儿子已经进入青春期了？”回家后，我悄悄跟老公说，“你不觉得每次我们叫他吃饭、写作业、关电脑、刷牙洗脸时，他就会显得非常不耐烦：‘我正准备写作业（或正准备关电脑，正准备洗脸，正准备下来吃饭），你非得这么说一下，就变成我不得不听你的啦！’”

老公想了想说：“好像是这么回事儿，以后我们得注意点儿。他自己的事儿让他自己做主，我们不要包办，也别过多干涉和控制，给他充分的自由度和选择的权利。就像买衣服，如果是他自己选的，不管好坏都会穿的。也许他抗拒的不是东西本身，而是更在意自己的意志，还是父母强加的意志。如果是父母的，就觉得是对自己独立人格的一种亵渎和不尊重，就会反抗。”

我明白。儿子对尊严和尊重的认知和渴望正随着年龄增长而快速提升，少年的生命力旺盛，令他们感到自己有无限的能量和潜力，非常自信和自尊，并渴望得到理解、认同和尊重。希望对个人事务有选择权和决定权，父母不能再包办一切；能与大人开展平等交流，参与决策，自己的想法和意愿得到认真倾听和充分尊重；能展现自己的自由意志，不受外界的过多干涉和控制。

尽管我们很爱孩子，也非常尊重孩子，却好像总是没找到恰当的方法来表达我们的爱和尊重。以往的惯性让我们常常忽视了孩子的诉求，没有留给孩子更多自主、独立的空间，往往不是做得太多，就是做得太少，始终找不到那个不多也不少的平衡点。比如，不想孩子吃苦受累，把本应当由孩子来做的事全包了，忽视了他们的感受和生活能力培养；在物质上要什么给什么，却难得抽出时间多陪陪孩子，倾听他们的声音，了解并满足他们的精神和情感需求。

孩子其实也挺矛盾的。要求父母尊重自己的人格，却忘了给予父母最起码的感恩和敬重；要求有更多的选择权和自主权，有时却不知道该如何选择，以及每种选择可能会遭遇的困境和后果；希望有更大范围的自由和权利，却不愿承担应尽的责任和义务；总希望大人们要倾听自己的心声，却很难用心体会家长或老师唠叨、批评甚至打骂背后的良苦用心。

也许，青春期的孩子都这样，生理上逐渐成熟，心理上正在经历“断乳期”，总是在给家长制造麻烦。自我意识、知识水平和情感认知快速提升，渴望摆脱大人的掌控，追求独立自主；开始关注内心世界，思考生命的存在价值和意义；觉得家长并没有自己想象的那么强大，有许多局限和错误，开始质疑和挑战成人世界的权威。

家长何尝不希望孩子能尽早独立？拥有独立的人格，在生活和学习中能独立思考、独立判断、自主选择、自主实践，只有这样，孩子才能尽快地长大成人，父母才能尽早地安心放手，让孩子独自去面对和适应外部艰难的、不断变化的生存环境，并拥有一个更幸福、更丰厚、更有成就、更具价值的人生。

别看孩子的个儿噌噌往上窜，智力、知识和能力在急剧提升，但看到或感悟到的世界还很小，常把自己的存在和人格尊严看得很大、很重。因为生活阅历浅，对自己、对他人、对社会、对人生的看法还不完整清晰，思想还不成熟，想法也会比较偏激。他们自己还没意识到或不肯承认，总是漠视、曲解或抵触父母善意的提醒、劝导和建议，直至家长情绪失控，不得不粗暴地动用残存的那点可怜的权威。

因此，家长必须坚守自己的原则和底线。如果孩子不愿吃苦就毫无原则地让步妥协，就会令他们丧失克服困难的勇气和能力；无节制地满足孩子的愿望和要求，可能会将爱变成溺爱和放纵，使他们变得随心所欲、自私冷漠、唯我独尊；尊重孩子自由奔放的天性，却没有让孩子了解并遵守普适的社会约束和道德底线，反而最终会丧失身心的自由。

经常听到有年轻人说，真希望父母在他们年少时能对自己狠一点。因为怕吃苦和见异思迁，琴棋书画学什么都有始无终，现在才发现自己没有专长，社交范围和生活情趣都大打折扣，报考名校也缺乏亮点。人生十字路口的重要抉择都凭着一时激情固执己见、顽强抗争，等经历后才发现父母意见的正确，悔不当初，但为时已晚。

老公告诫我：遇事劝导可以，但要注意方法，尤其要听听儿子的想法，不能动不动就教训他。说不过儿子就吼，那算什么本事呢？要以理服人。别以为自己年长，就一定比儿子聪明、有经验。今天和未来的世界，已经与我们曾经的世界大不相同了。

2. 好奇害死猫

孩子们不仅开始争取自己的权利，也开始有了小心思、小秘密，跟同学在一起时有说不完的话，跟父母的话却越来越少。以前，从儿子的一个眼神或微动作就能推断他的意图和想法，可现在，天知道那只日益膨大的脑袋里到底装了些什么。有时候看着儿子熟悉的身影，忽然会有种陌生感，觉得孩子已经拥有了属于自己的私密空间，而父母却被排挤在花园之外。

在所有的私密空间中，日记本可能是最为隐秘的，它记录了某些特定时刻自己的所思所想，所见所闻。因为只写给自己看，内容往往是真实的、原汁原味的，没有任何修饰或渲染。也是与自己灵魂的对话，敢于挖掘内心最隐秘的情感、拷问最灰暗的人性，宣泄不良情绪，舒缓和洗涤灵魂，让内心变得更加充实、洁净和敞亮。

我好像是高中时开始偶尔写日记，通常在有事情发生、内心有所触动时。这个习惯坚持了很多年，虽然做不到每天写，但重要的事件、重要的感受都如实记录下来。比如刚刚走出校园，刚刚领了结婚证书，刚刚回家看过生病的父亲，刚刚生了儿子，刚刚遭受了一个挫折，等等。工作后，搬过几次家，卖过很多旧书，也撕了不少私人信件，但几大本厚厚的日记却始终被珍藏着，不舍得丢弃。

不知道儿子写不写日记，但知道他开始用文字来宣泄自己的一些情绪。儿子的同学中，尤其是女同学，已经开始写日记了，她们总是先于男孩们成熟、长大。为了保密，她们使用的是那种带有密码锁的日记本。也正是因为上了锁，更激发起某些同学的探索冲动。

在一个阳光明媚的午后，有两个男同学已经开始这么做了。他们嘻嘻哈哈、玩乐一般摆弄着邻桌女生上锁的日记本。这个密码锁只有三位，只要猜对了密码就能开启。两个脑袋凑在一起，折腾了半天也没有成果。儿子见此情形，也凑了过去。他曾经隐约听到日记本的主人说过密码，就把答案告诉了他们，锁果然就开了。

这个课间玩笑令那位日记本的主人非常生气，感到她的隐私和尊严受到侵犯，跑到班主任那里告状。班主任当着全班的面，把三个肇事者一起狠狠地批了一通，强调了尊重他人隐私的重要性，并告诫同学们这种行为实际上已经侵犯了他人的隐私权，触犯了法律。

没想到事情会这么严重，儿子感到忧心忡忡。这天，去学校接儿子时，看他一脸落寞的神情，就问发生了什么事，儿子略微犹豫了一下，把日记本的事儿给我说了一遍。“老师让我们写检查。我觉得自己挺冤的，又不是我要去看的，只不过跟他们一起去试了密码。锁打开以后，我什么也没看，怎么能说我侵犯了别人的隐私呢？”

如果你没告诉别人密码，他们会打开吗？这事如果换位思考，就容易理解了。如果你的日记被别人偷看了，会有什么感觉？俗话说，好奇害死猫，不该知道的事情，不要想方设法去知道。尊重别人，就是尊重自己。不过，也没必要太把它当回事儿，每个孩子都可能犯这样的错误。吸取教训，今后别犯就行了。

回到家里，儿子还在惦记着日记本的事儿：“现在都互联网时代了，很多人在 QQ 空间、博客或微博里写日记，只要加入好友、加入关注，大家都能看。为什么她把日记看得那么重？”

的确，现在还用日记本写日记，已经非常 OUT 了。没事时，我也会在网上浏览一些人的网络日记、博客或微博。有些人写得很好，文笔优美流畅，又有思想深度；有些觉得无聊，流水账似的，言之无物。名人博客比较受欢迎，点击率高，大概满足了大众围观和窥探明星私生活的需要。

其实，这不是真正意义上的日记，都经过一定的粉饰，不可能拿自己真正的内心世界与成千上万的陌生人分享。我也看过一些很有水平、很有分量的博客，作者通常针对某些特定的重要事件进行剖析，并提出很多颇有见地和深度的观点，我很喜欢。但还是有人回帖辱骂，说他们是某一政府或党派的喉舌，不能轻信。

最不能理解的是一些“晒客”，会把自己的照片、日常生活或心情感悟一股脑地拿出来晒，关注自己的人越多，成就感就越大。这些晒客队伍发展迅速，拿出来晒的东西也越来越多、越来越私密。晒收入，晒情感，晒幸福，晒委屈，晒心事，晒秘密，甚至晒自己的私生活和身体。

有些人晒着晒着，就把自己的家庭和幸福晒没了。也有的晒出了名，受到全国人民的高度关注，比如××姐姐或××妹妹，相貌、才学平平，却胆量惊人，竟然凭借勇气晒隐私红遍全国。还有那位一脸甜美的姑娘，晒奢侈、晒品位，又虚荣地给自己套一个“××总经理”的头衔，引发了网友的质疑和人肉搜索，引爆了整个国家慈善事业的一场疾风骤雨和深刻变革。

这年头，即使不是“晒客”，也很难保全自己的隐私了。办理各种证件时留下的个人资料和信息能方便地被人在网上购买，接踵而来的是形形色色的欺诈，稍不留神就落入别人的陷阱。自家的电脑在不知不觉中成为黑客手下的“肉鸡”，私人信息被一览无余。把电脑送出去维修，硬盘里删除的文件被人恢复，没准又会爆出个什么“门”来。

一旦被人惦记，基本就是无处藏身了。3G 手机能将你全球定位，所有的通话和短信都会受到监视。即使把手机给关了，没准汽车、手表、背包里不知什么时候被安上了追踪器。高速路上的收费站，城市的街道、商场、车站、机场、银行、办公室、电梯间等公共场所，到处都是监控探头。没探头的地方，也有无处不在的针孔摄像机、有摄录功能的手机，让你隐私全无。

老公郑重地对儿子说：尊重别人的隐私，也要注意保护自己的隐私，不要把自家的事儿放在网络上。网络有令人畏惧、不可控制的放大效应，即使你自己觉得坦坦荡荡，说不定哪一天，被别有用心的人拿来作为攻击他人的利器。你看，那些“大V们”在网上制造了多少耸人听闻的谣言，水军们在利益的驱使下又如何掀起一个个传媒巨浪？

与信赖的人分享彼此的私密空间是重要的，可以共享快乐，分担痛苦，能够得到或给予一些有价值的建议，让原本的困顿迷惑变得豁然开朗，柳暗花明。但这种分享如果过度，会形成一种依赖，不愿独自面对困难，丧失了成长的机会；或不懂得尊重和保护，让私密空间变得不再私密，会损害原有的亲密关系，给自己和他人带来伤害。

有些人好奇心太重，与自己相干、不相干的，该知道和不该知道的，都想打听得一清二楚，成为“包打听”。有些人喜欢搬弄是非、议论他人的长短，影响了人与人之间的和谐关系，成为“是非婆”。有些人完全不设防，不管对谁，想什么说什么，结果祸从口出，伤害了别人，也伤害了自己。充分尊重和保护自己及他人的私密空间，可以避免很多矛盾和问题的产生。

3. 你侵犯了我的隐私

不管写不写日记，儿子都在慢慢构建和维护自己的私密空间了。这种构建，其实从上幼儿园时就已经开始了。随着年龄的增长，他的社交圈子不断扩大，私密空间也在不断扩大。如今的儿子，不再像以前那样在我们面前有什么说什么，好像总有些保留，也不再喜欢与我们一起外出，有空更愿意呆在家里，享受自己的独处时光。

我们尊重他的私密空间，只希望他能始终为父母留一个窗口，与我们分享更多的生命体验。话虽这么说，做起来并不容易。看着日益沉默的孩子，总是有一连串的疑问：孩子正在做什么、想什么？与老师同学的关系怎么样，快乐吗，痛苦吗？身边有没有坏朋友，早恋没有？怎样才能获得这些问题的答案，我向同事取了经。

同事说，孩子干吗什么事都要告诉你？你也不需要什么都知道啊！你会把自己想的、做的所有事儿都告诉孩子和老公吗？孩子说话时，我们就要多听，就算观点不正确或有些偏激，也别训斥他，要从正面引导。训斥多了，他就有戒心，不愿跟你多讲。平时要注意观察孩子，偶尔翻翻日记或手机也没关系，但千万别让他发现，会跳脚的。该唠叨的时候还是要唠叨，孩子虽然嫌你烦、嫌你唠叨，但知道你为他好，有些话还是能听进去的。

儿子好像没有写日记的习惯，至少我没有发现，看来只能从手机入手了。现在的家长，几乎都给孩子配备电脑和手机。电脑是用来学习和查资料的，而孩子大多用来上网聊天和玩游戏。儿子前些日子笑着问我，曾经风靡一时的学习机是干什么用的，家长们一定认为是帮助学习的吧？其实插上游戏卡，就是一个游戏机。所有的孩子都知道，唯独家长们不知道。

手机是为了方便孩子和家长联络的，但实际功用又会是怎样呢？尽管学校老师一向反对给孩子们配手机，可没有又实在不方便，万一孩子有什么急事呢？所以，儿子上初中以后，老公把淘汰的旧手机送给儿子用。手机的款型很旧，不能上网，自带的游戏也被全部删除。

晚饭后，眼睛看着电视节目，心里却惦记着儿子的手机。忍不住面带微笑地向儿子提出了一个请求，把同事的提醒忘得一干二净："儿子，看看你的手机行吗？"意料中的场景是，儿子会很随意地把手机递给我，然后调侃地问我想看什么。

没想到儿子的脸"唰"地沉了下来，一只手下意识地快速抓住放在茶几上的手机，紧紧地护在胸口："你不是有手机吗，干吗看我的？"我一下子愣了："看看有什么问题吗？我是你妈啊，我们的手机你不是一向可以随便看、随便用吗？"

儿子依然护着手机，一字一顿地说："你们让我看，是信任我，但我现在还不能完全信任你们。即使是妈妈，也不能侵犯我的隐私权，也不能随意翻看我的手机。我已经到了该有自己隐私的年龄了，法律也维护未成年人的这种合法权益。"说完，神情严肃地站起身来，头也不回地走进自己的房间。

这是儿子第一次跟我谈隐私及合法权益，有点懵了。坐在客厅的沙发上愣了半天，终于回过神来：儿子为什么那么紧张？他手机里一定有不想让我知道的东西。到底是什么？好容易等到晚上儿子睡着后，悄悄推开儿子的房门，蹑手蹑脚地走了进去。其实也用不着蹑手蹑脚，这孩子睡觉一向很沉，没那么容易被惊醒。只是自己心虚，感觉像是《半夜鸡叫》里的周扒皮。

先在书包、书桌、抽屉里找，又翻了儿子脱下来的衣裤口袋，都没有。悄悄把手探进儿子脑袋下面的枕头里，触碰到一个东西，心里一阵窃喜，就是它了！儿子熟睡的脸显得很安详，似乎感到了些惊扰，咂咂嘴翻了个身，又安睡过去。

返回卧室开始仔细查看。还好，这个旧版手机没法设密码，进入主页面，逐一翻看来电记录、去电记录、通讯录还有短信文件夹，越看心里越紧张。里面有很多貌似女生发来的或发给女生的短信，看上去关系不错，甚至在议论谁喜欢谁之类的问题了。有些短信的发送时间是晚上11点以后，儿子每天晚上10点准时上床睡觉，这些短信一定是躲在被窝里发送的。

连忙把老公推醒："儿子手机里有好多女生的电话，还发了好多短信，特别是其中的一两个女生短信特别多。他会不会已经谈恋爱了？"老公揉了揉眼睛，拿过手机看了看："没什么啊，我看这些短信都挺正常的。你别无聊了，干吗偷看儿子的短信？"不看能行吗？要不还蒙在鼓里呢。像这位有时一天有一二十条短信，晚上11点多了还发，能算正常吗？

"那你跟他好好谈谈，叫他注意点，别影响学习。但千万别说谈恋爱什么的，咱儿子在班上年纪算小的，跟女同学交往一下不挺好的吗？帮他长大。也许本来没什么，你刻意去谈，说不定反而会折腾出事儿来。""不行，明天我得把手机给收了！"我气冲冲地说。

"行了吧你，别小题大做啊！"老公斜睨我一眼，忽然问："你不会也这样偷偷查我的手机吧？""看了怎么样？是不是怕我看啊？里面有什么秘密吗？"心里一阵发虚，嘴巴还挺硬，不肯服软。"我有什么秘密，你想看就看呗。但我不喜欢，这是一种不尊重和不信任。儿子的感觉一定也一样，就是不希望你乱翻乱看。"

怕影响儿子学习，等周末时才郑重其事地跟他谈手机的事。“儿子，马上就要期末考试了，明年就是初三，学习会越来越紧张。你拿着手机用处也不大，能不能先暂时放在我这里，需要的时候再还给你？”儿子本来是坐在沙发上的，听了我的话，“腾”地站了起来：“你是想没收我的手机吗，凭什么？”他直盯着我的眼睛，义正词严地问。

“你总用手机给同学发短信，还这么晚，会影响学习，影响休息，所以要收。”看儿子脸色深沉，也就收敛起自己的笑脸，跟他对视着，一字一句地说。“发短信犯法吗？”儿子忽然警觉起来，“你是不是偷看了我的短信？”他从我闪烁的眼睛里看到了答案，摔下手里的杂志，重重地坐了下来：“你在侵犯我的隐私，这是在犯法，我再也不相信你了！”

整理了一下情绪，力图挽回一点当家长的颜面：“看了怎么样？家长管教孩子，那是天经地义，犯哪门子的法？我做的这一切还不是为你好！最近一次期中考试，成绩降得厉害，全校排名一下子掉了几十名，为什么？”儿子反驳道：“这次考试是因为失误了，怎么就认为是因为手机呢？那我考得好的时候，你怎么不说！”

“如果只是一门失误，哪里会名次落这么多，自己也不好好反省一下！半夜 11 点多还在不停地发短信，不影响学习才怪！我是你妈，能害你吗？”儿子不肯让步：“我不会把手机给你。每个同学都有手机，别人的家长都不管，你凭什么干涉这么多！我已经超过十二岁了，不能跟同学正常交往吗？”

两人情绪都十分激动，僵持不下。但事情总得找到一个解决方案吧，无奈，我先做出让步：“你可以留下手机，但必须保证，上课还有上自习的时候决不能玩手机，也不能发短信。每天控制发短信的数量，还要按时睡觉。跟班上的女生可以大大方方地交往，但不能跟其中的某一个走得太近”。

儿子想了想，答应了。但同时让我保证，不能再偷看他的手机了，要尊重他的隐私。“上次你还教育我，不该知道的事情就不要想方设法去知道，‘好奇害死猫’，尊重别人就是尊重自己，但你自己又是怎么做的呢？”

如果面前有一面镜子，此刻一定能看到自己涨红的脸。别看儿子小小年纪，他已经是我的一面镜子，经常以他的直言不讳，让我看到一个未经粉饰的、不那么阳光和美好的自己。更让人惊喜的是，他开始挑战成人世界的权威，学会为了自己的尊严和利益跟家长谈判了。

从猝不及防的震惊中冷静下来，开始反思自己是不是反应过度了。儿子已经是少年了，与女同学有些交往是很正常的事儿，喜欢异性也没有错，不喜欢反倒是不正常了。但就怕与某个女生交往过密，日久生情，形成依赖，最终会影响学习。而且，他们现在心智尚不成熟，情感不稳定，如遇挫折，对孩子的伤害更大。

与其他家长聊天时，都说现在的孩子比我们那会儿早熟，小学、中学就开始你喜欢我、我喜欢你的，在 QQ 虚拟空间里甚至会结婚生子，彼此老公老婆地叫。但家长没必要太过紧张，他们就是单纯的喜欢，很阳光，没什么见不得人的，倒是大人们想多了，想歪了。

不过，也的确有个别学生非常早熟，喜欢向异性套近乎，写的短信也很直接，情呀爱的，很肉麻，又没定性，今儿喜欢这个，明儿又喜欢那个。整天琢磨这些事儿去了，学习成绩能好吗？考不上大学，对方能喜欢吗？往往就一拍两散。

怕儿子早恋，平日与儿子交流时，时常会调侃或提醒一下，总会招来他意味深长的一瞥，然后沉默不语，不再搭理我。看来，应该学会用一种新的方式与青春叛逆期的儿子相处，他本来就敏感，以后别有事没事调侃他，儿子不再是以前那个懵懵懂懂的小男孩了。

儿子对我的话也听进去了，开始慢慢减少短信的数量，但完全断绝是不可能的，偶尔还会撞到他神情有些慌张地隐藏手机。我始终还是有些担心，儿子是否有足够的定力去面对青春期的萌动和诱惑？这种异性间的交往会不会影响到他的学习？实在忍不住了，又一次在晚上等儿子熟睡以后，悄悄打开儿子的手机，首页里竟然添加了一句话："不能这样啊……"

这个坏小子，知道我还会偷看，又没办法阻止，就专门写了一句话在这里等我。罢了，最后一次，以后再不偷看了。还妈妈呢！说话不算话，儿子还能信你吗？仔细翻看信息，更乐了。有条女生的短信说："以后我不能给你发短信了。被老妈发现了，把我痛批一顿，现在看得很紧。"原来，家长想的、做的其实都一样啊！

4. 男生女生向前冲

其实，我们并不禁止甚至鼓励儿子与女生之间的正常交往。早就听人说，很多家长只要求孩子学习成绩好，对男女生的正常交往围追堵截，等孩子毕业、工作了，才发现他们不会谈恋爱，成了剩男剩女，着急忙慌地帮他们相亲。为什么？因为家长压根儿没有给机会让他们学会如何与异性相处。

初高中正是身心快速成长、青春萌动的时候，男生女生之间开始相互交往，彼此暗暗喜欢，那是再正常不过的事儿。我们真正担心的，是那种一对一、手牵手、电话频繁、短信不断、话语亲密的异性间的过密交往。这些体验，会干扰他们正常的学习生活，淡化学习阶段的第一要务。

时不时敲打儿子，每一个年龄段都有其特定的任务和使命，超越了年龄限制去完成未来的使命，可能身体、心智都还没准备好，很难有一个圆满结局；而一旦错过了该年龄段应该做的事儿，也许就错过了完成该项任务和使命的最佳时机。恋爱本来是件非常美好的事儿，但不是中学生该干的。恋爱早了，身体和心智都不成熟，也根本没有能力守护爱情，会把自己和别人都给害了。

“你说什么呀，谁恋爱了！”儿子迅速反驳道，然后一脸诡笑：“那你觉得什么时候恋爱合适？你和爸是怎么恋上的？还没听说过你们的恋爱故事呢。”恋爱、结婚是迟早的事儿，几乎每个人都会面对。但什么时候、在哪里、和谁会遭遇爱情？爱情能持续多久、会不会开花结果？爱情的最后归宿是什么？这些问题怕只有上帝知道。

四顾周围的同学、朋友和同事，大多数人是在上大学以后才有了恋爱经历，在工作以后才找到了结婚对象。大学恋爱修成正果的，有，但寥寥可数；中学同学最终走到一起的，也有，但数量更少。大学时代是一个真正的恋爱花开季节，升学压力已经释放，就业压力还没有降临。纯粹的心动，纯粹的爱情，自由的空气，意气飞扬的时光，都能让你体会到最真实的美丽。

可是，当三十年后再追踪这些爱情的归宿时，发现相似的爱情，最后的结局却相去甚远，让人唏嘘不已。曾经让人羡慕的情侣，郎才女貌，激情浪漫，毕业后却劳燕分飞，两地相思，渐渐淡忘，然后移情别恋。看来，浪漫纯粹的爱情一旦遭遇现实，也可能会变得无奈和伤感。倒是很多平日不怎么懂得浪漫的人，缓慢又温和地滋养着爱情，反而过得安稳自在。

恋爱是需要消耗能量的，爱来得越迅速越猛烈，能量衰减得就越快。它让人处在一种激情、亢奋、梦幻的状态，基本属于不正常，只能一时，不能一世。所有的恋爱最后只能有两种结果：一方或双方的恋爱感觉慢慢减弱，消失，成为仇敌或陌路；或者双方的恋爱感觉慢慢淡化，最后转化为婚姻、亲情和友情。

走入社会以后，恋爱就变得现实一些，心动是在其次，更重要的是为了寻找婚姻伴侣，实实在在结伴过日子。对对方的要求也更加具体：年龄、身高、容貌、学历、工作单位、收入和资产状况、家庭背景、个人能力与修养等，并不要求条件有多好，只求彼此合适。等基本条件双方满意之后，才能确定是否真正开始恋爱。其实，很多家庭都是通过这种途径建立的。因为实在，双方也具备了必要的掌控能力，大多数婚姻反而都很稳定和幸福。

生活本来就是柴米油盐，平淡无奇。当爱情走过，平静、从容和舒心才更重要。今天，坐在敞亮的家里，给儿子讲述我们当年的恋爱故事时，有些时空错位的感觉。很庆幸当初的坚持，让我们有了一个幸福美满的家，虽然期间也有过黑云密布，电闪雷鸣。如今，那种怦然心动的感觉早就不见了，七年之痒也成为过去，取而代之的，是一种温暖和舒心。

祝愿儿子将来能遭遇美丽的爱情，也希望他能够明白，爱情除了美妙、动人心弦之外，最终的归宿总是现实的，甚至是残酷的。恋爱过后可能是平淡，是伤痛，是隐忍，但绝不会快乐美丽永远。把握自己的内心尺度，保持一份自省和自持，在合适的时候遭遇合适的爱情，才是对自己和他人的一种尊重，才能更加长久。

也许，儿子对这些道理早就明白了。他说，他们好多同学都觉得中学谈恋爱其实挺麻烦的，总得偷偷摸摸的，怕老师知道，怕家长知道。

结果学习学不好，恋爱也谈不好。要再考不上好学校，女朋友也留不住，最后还是分手。现在困扰他们男生的问题，反而是来自女生的一种竞争压力。

女孩总是先于男孩长大，当男孩还懵懵懂懂、一脸稚气地玩耍、打闹、恶作剧时，女孩们已经像小大人一样，不仅身高高出他们一大截，做起事来也有板有眼。班长似乎历来都是女的，班干部也是女同学居多。有几个女同学厉害极了，不管文科还是理科成绩都非常好，不管男老师还是女老师都喜欢她们。一旦男生和女生之间发生冲突，女生永远是强势的一方，男生总会最终做出让步。

“凭什么啊，凭什么我们男生总得受欺负？”儿子很不服气。我笑儿子，忍忍吧，工作以后你就会发现，这个世界终归是男人的天下，你们以后就会从奴隶到将军的。儿子不信：“那也不一定，她们实在是太强了，以后也一定会很厉害。”

大约在中学初二、三年级，男孩们开始发力了。首先是身高，在十四五岁左右，个子蹿得很快，每年能长十几厘米，很快超越了已经滞长的女生。在女孩们情窦初开、学习注意力有点分散时，男孩们却开始意识到家庭和社会对男性的期望和赋予的责任，学习成绩也有了显著的提升。到了高中和大学，男生的优势越来越明显。

在找工作时，女生基本上是处于劣势。很多单位不太愿意要女生，因为事儿多，怀孕、生产、哺育、孩子教育等，工作还没怎么做，一大堆事儿就来了。即使跟男同事一样能干，得到的提升和发展机会也少很多，头顶上总有一块无形的“玻璃天花板”。单位领导、骨干全部是男性，所有人都觉得很正常，偶尔冒出几个女的，往往被冠以女强人、男人婆的雅称，或被人在背后编排，成为调侃或揶揄的对象。

男人在找结婚对象时，选择的余地和范围非常大，而过了花样年华没结婚被剩下来的，也多半是女性，高不成低不就，可选对象越来越少。恋爱时，男生对女生百般呵护，要风得风，要雨得雨，就像对待公主或女王一样。结婚后，角色就完全被颠倒过来，女人变得很能干，上得厅堂，下得厨房。遇到事业冲突，大部分女人会身不由己地做出自我牺牲。

自古以来，社会对男人、女人就有约定俗成的角色定位。男人主外，要有阳刚之气，负责在外打拼，担负着“齐家、治国、平天下”的重任；女人主内，要有阴柔之美，成为子女抚养和家庭教育的主力军。很多人都有一种“儿子情结”，认为只有生了儿子，才能实现真正意义上的传宗接代，族谱也是围绕男性展开，女性家族成员及其后代在这里是没有地位的。

其实，现在的女人已经非常幸福了。在姥姥这一代，女孩自小受到的家教是“三从四德”，未嫁从父，既嫁从夫，夫死从子。主要职责是繁衍后代，相夫教子。养女儿被认为是赔钱货，给别人家养，还得赔上嫁妆。到了母亲这一代，女性地位才发生了天翻地覆的变化，“妇女能顶半边天”。女人们第一次走出家庭，像男人一样工作在各行各业。

到了我们这一代，原有的家族群居模式快速解体，计划生育政策深入人心，生男生女已变得不重要了。每家几乎都是一个孩子，不管是男是女，都是父母的心肝宝贝。儿子能当家里的顶梁柱，担负起家庭和社会的责任，成为父母赖以依靠的臂膀；女儿可以做父母的小棉袄，贴心又暖心，更懂得体恤和照顾父母。最圆满的人生，应该是儿女双全吧。可人生在世，哪能事事随人所愿呢？

上帝是公平的，他先创造了男人，再从男人身上取出一根肋骨做成女人。每个男人都有自己的软肋，每个女人都有自己的本体。他们一出生就开始相互寻找，在百转千回之中，总会找到彼此，恋爱结婚，然后开始幸福的生活。尽管男生、女生的社会角色不同，最后大家还是打个平手，谁也离不开谁。

如果喜欢，女生也能像男生一样往前冲，活出自己的精彩。做女生有很多独有的好处：父母对女儿的期望不像对儿子那么大，女儿就会有更少的压力和更多的自由空间；家庭对妻子的期望没有那么高，妻子就会在家庭和工作之间进退自如；领导对女员工的期望没有那么高，女职员就能专心致志做好分内的事，不会参与勾心斗角的权力之争；女人对自己的期望也没那么大，就能腾出时间留意身边的风景，在细微处体察生命的精彩与美丽。

无论如何，一个家庭里没有了男人或女人是不完整的。事业再成功、再光鲜的男人或女人，也需要一个暗自支撑、相濡以沫的伴侣，能提供一个宁静、安全的港湾，避开所有的热闹喧嚣，忘掉所有的功名利禄，卸去所有的面具包装，放松身心，在平实的关爱中，做最真实的自己。

5. 荣誉之殇

除了渴望自主、独立、被尊重，认同和荣誉在青少年的心中也变得越来越重要。他们希望不断获得他人的肯定和褒奖，把集体荣誉和个人荣誉看得无比珍贵，希望自己和团队在各种比赛中能不断胜出。这种认同感、尊重感和荣誉感并不都是家长所能给予的，它们大多来自学校，来自周围的老师、同学和朋友。

自幼儿园时开始，儿子就开始接受集体主义的教育和熏陶，愿意成为团队的一员，感受集体的温暖，并为集体荣誉而战。小学时，儿子当过班上的学习委员和劳动委员。尤其是劳动委员，每天都要组织人员打扫卫生，清理教室，是个苦差事，又脏又累不说，放学时还经常最后一个离开学校。

刚升初中时，班主任组织全班同学对班干部进行民主选举。班干部的职位有很多，其中，班委会成员设有班长、副班长、学习委员、宣传委员、体育委员、劳动委员、文艺委员，负责班级重大事项的决策和管理，另外还设若干小组长、各科课代表，配合班委会的各项工作。

儿子审视了自己的能力和经验，避开了缺乏竞争力的职位，报名竞选劳动委员。报名该职位的只有三个人，儿子具有比较优势。他在竞选时一点也不怯场，面对全新的班级和同学，简单但很实在地发表了自己的竞选演说："在小学时，我就是班上的劳动委员。现在愿意继续为班级服务，做好班级的清洁卫生工作，让同学们有个干净整洁的教室。"

过了一段时间，儿子才告诉我们他所参加的竞选以及竞选结果。不禁有点心疼地问儿子，怎么又当了劳动委员了？为什么不换个角色参加竞选，也好锻炼一下自己其他方面的能力。儿子说，他看了班里其他同学的情况，觉得还是这个职位最合适。劳动委员虽然苦点，也还是班委会成员，可以参与班级决策。

"挺好啊，能帮班里做些事情当然是好事。"老公鼓励道，"不过，当班干部重要的是要学会管理一个团队，并不是什么事儿都要自己做，而是要组织大家一起把事情做好。你准备怎么做啊？"

儿子介绍说，班里有八个小组，每个小组负责一周的卫生清洁，然后轮换。每个小组有七八个人，他来分配任务，有负责洒水、拖地的，有负责擦黑板、窗子的，有负责打扫和倒垃圾的，还有负责整理和摆放桌椅的。儿子跟他们一起干，最后检查收尾。如果每个人都很自觉，打扫完一个教室并不需要太多时间，但有时候有人会偷懒，或经常请假，就会慢一些。

“嗯，安排得不错，有模有样的，也难怪你最近总回来得晚。老师和同学的反映怎么样？”老公点头赞许道。“还好吧。”儿子笑着说，“学校每周都要进行教室卫生情况评比，年级最好的班级还会颁发流动红旗。从开学到现在，卫生流动红旗可一直都在我们班呢”。儿子说话时，神情里有种难以遮掩的骄傲和自豪。

“总你一个人盯着还是有点累啊，能不能跟老师说说，再配备一个劳动委员，两个人轮流干，你也能有时间可以休息一下。”我提议道。“开始是有两个，另一位是个女同学。老师说劳动委员每天都有工作，有些辛苦，让我们轮流负责。后来，那位女同学不想干了，辞去了劳动委员。”

一面小小的红旗，凝聚了儿子和同学的心血，也彰显了班集体的荣誉。不过，成业容易守业难。每个年级有十个班，每个班都想要这面流动红旗。在守护了将近一个学期后，这面流动红旗最终还是被其他班给夺走了。

那周学校正在开运动会。运动会接近尾声时，学校要求各班开展大扫除，然后在全校组织评比。那天，同学们都还在操场参加运动会，负责本周值日的小组成员不少人都还有事，最后包括儿子在内的三个人完成了班级的大扫除。

当一直悬挂在教室黑板旁的卫生流动红旗被摘走时，大家都静静地看着，场面有些凝重。以往红旗在那里时，大家没觉得怎样，好像是理所应当的。一旦被拿走了，仿佛整个班级的荣誉也一并被拿走，感到有些失落。班主任有些生气，责问儿子为什么没能保住红旗，很多同学也埋怨他没有尽到应负的责任。

其实，用不着别人责备，儿子心里已经非常自责了。让他更难过的是，为什么自己默默努力了那么久，为班级争得了荣誉，大家都坦然接受，而一旦出了问题，却一股脑地把责任全推给自己。小小少年就在这人情冷暖中悄然长大了。他不像以往那样回到家里冲我们发脾气，而是静默地把自己关在卧室里，挥笔疾书，宣泄自己的感受。

黑色星期五

你相信黑色星期五吗？
我相信。
上个星期五是黑色星期五，
就在这一天，我们班丢掉了流动红旗，
是大扫除扣的分。
当升旗宣读评分时，许多双眼睛盯向了我，
他们以为是我的责任，
是我没有管好清洁。
我给他们说，是人手不够，
他们不听……

这个星期一下午，班上选举优秀班干部，
当有人提名我时，大家都发出了嘘声，
都在讽刺和嘲笑。
最终，
这个让我盼望了整整一年的选举，

又一次的破灭，

而且是以两票的场面收局。

整整一年的努力和辛苦，

就在这个黑色星期五中白费、白费、白费……

虽然这中间也有我的责任，

但是他们只记得我这次的失败，

而彻底忘记了我之前的成就——

几乎一学期的满分，

这难道与我管的卫生清洁无关吗?

在上帝的光辉下，谁都无法永恒；

在天才的光环下，凡人变得渺小。

这首写在一张纸片上的小诗是我在清理儿子的书桌时无意中发现的。看了之后，有感慨，有心痛。岁月就是这样用一件件小事，把孩童的天真烂漫一点点侵蚀掉，最终雕琢成我们不曾想象的模样。“儿子，我看了你写的这首诗，写得真棒。到底怎么回事儿，能给我讲讲吗？”儿子犹豫了一下，然后讲了事情的始末。

“也许你可以把这首诗放在班上的QQ群上，让大家了解你的想法、你的委屈。我觉得对你有点不公平，做事情总会出错，出了错大家应当共同分担一些责任。不过，如果站在老师和同学的角度也能理解，谁叫你是劳动委员呢，不找你找谁呀？”

“算了吧，事情已经过去，我现在没有那么难受了。”

“这个方法不错，”我挥了挥手里的那张纸片儿，“有什么委屈就写下来或者说出来，要不憋在心里会很难受。说出来就轻松了，别再去想它。”

看到儿子稚嫩的脸上现出一丝沧桑，仿佛看到了少年的自己。面对挫折和屈辱，自己最初的反应是伤心、愤怒，对家长发脾气，摔东西。然后，开始慢慢学会自己疗伤，躲在家里或没人的地方默默流泪，或将委屈和愤怒转化为文字。再后来，把老公当成精神垃圾桶，一有不良情绪就往他那里倒，倒完了，心里就轻松了。

老公有一点让我很佩服，就是不管给他讲任何愤怒或委屈的事儿，他绝对不会站在我这边随声附和，总会站在对方的立场，去分析判断我的经历或感受。一开始我常埋怨他：“你到底帮谁说话啊！”老公反问，那你想让我怎么样？跟你一起骂，那不是火上浇油吗？不但解决不了问题，反而让你越来越愤怒，越来越委屈。别人没事儿一样，伤不到半根毫毛，你却自己跟自己较劲儿，情绪坏掉了，还影响生活、影响家庭，甚至是自己的身体。你不知道怒伤肝、忧伤肺、悲伤肾、气伤心啊！

老公常开导我，人与人相处，磕磕绊绊是难免的，千万别一有事就永远只看到别人的错误和对自己的不公。反向来思考问题，会让你冷静下来，更加客观地评价所遭遇的事，分析自己的问题，了解对方的想法和感受，很多心结就能化解。他们单位有一对老冤家，一起工作了二十多年，也打打闹闹了二十多年。甲很能吵架，遇到不满意的事，就将乙拎出来，把他骂得狗血喷头。乙脾气也硬，就跟甲对着嚷，有时两人顶起来都拍桌子、摔板凳，谁劝也劝不住。

甲有一种能力，不管前一天吵得多厉害，第二天见了乙就笑眯眯地打招呼，像什么事都没发生过。乙呢，每次吵架，几天都顺不过气来，绷着脸，谁也不理。最后两人的区别是，甲成了老总，六十多岁了还满面红光，气定神闲，矍铄得很；乙还在一线干活，还是经常生闷气，一脸沧桑。“你想当哪一位？”老公问。

我可不想满脸沧桑。于是我开始学着冷静面对不良情绪，学着换位思考，理解对方，审视自己，多角度看待问题。用正确的心态面对挫折和委屈，适当控制自己发怒时的破坏力，做自己的心理医生，修复受伤的心灵，保持生命的热情和活力。

当这种缓解挫败和伤痛的思维方式和行为方式已成为一种习惯时，我发现感到挫败、委屈或不公平的事儿越来越少了，自己变得越来越豁达和从容。很多时候，我也成了别人的精神垃圾桶，任何不良情绪到我这里，先吸纳，后理解，再沟通，问题解决之后，连汤带水地一股脑倒掉，不让它残留下来成为自己的精神垃圾。

自己不伤害自己，就没人能伤得了你。况且，公平自在人心。过几天，儿子放学回家，又恢复了以往的神采，兴奋地对我说：“今天班上评三好学生，我被评上了。幸好那天没把那首诗贴上去，现在都过去了。我们同学对我其实挺好的。”

6. 刺猬的相处之道

转眼又是一个春天。一家人开车去大学校园赏樱花，这所国内著名大学是公认的中国最美校园之一。儿子一开始并不想去，马上就要期中考试了，学习有些紧张，老师在周末又布置了很多作业。“出去散散心吧，好好休息一下，别累垮了。考试总是有，但绝不是人生的全部。”老公劝儿子，“这学校不错，不想去感受一下？没准以后会考到这个大学呢！”

这里的樱花果然名不虚传，数量多，品种多，身材高大，成片成片地勾勒出一幅幅花的天空、花的海洋。那樱花单个看并不出众，小小的、轻薄透明的花瓣呈现出或浓或淡的粉色，算不上大气艳丽，也没有浓郁的芳香。但是，当无数这样平凡的花朵密密麻麻连成一串串、一片片时，却有着令人窒息的美丽。

走在布满樱花的大道上，仰头看着被染红的天空，身边纷扰的忙着拍照的人流悄然隐去，仿佛置身在宁静的、虚幻的天堂中。一阵风过，粉色的花瓣如蝴蝶般离开枝头，在枝丫间翩翩起舞。然后，慢慢地、轻轻地飘落在地面上、草丛中，又在地上勾勒出另一道风景。

快到中午了。我们离开人群，在商店里买了些食品和饮料，寻一个绿树成荫的僻静处坐下来，一边休息，一边补充能量。儿子好像有些心事重重的，老公就问："是不是学校发生了什么事儿，给我们说说，也能帮你分析分析。"

儿子犹疑了一会儿，苦恼地说："最近，有个同学总找我麻烦，不知道哪里得罪了他，我们以前是挺好的朋友。他喜欢一个女生，天天发短信骚扰她，女同学不理他，他就冲我发火。他觉得那女生喜欢我，莫名其妙！"

"这样啊，小事儿，不值得费神。高兴点儿，这么美的风景，别辜负了。"老公接着讲了一个寓言，说在寒冷的冬天，刺猬们相互靠近取暖。离得太近会相互刺痛对方，离得太远又冻得难受。如此反复地分了聚，聚了分，终于找到合适的距离，不远也不近，既可以相互取暖，又不会彼此伤害。这就是"刺猬法则"。

有个法国电影叫《刺猬的优雅》，对这一法则做了很好的诠释，你不妨看看。电影讲的是三个人的故事，他们各自生活在自己的小宇宙里，彼此没有任何交集。面对浮躁虚伪的世界，他们变成了一个个小刺猬，消极抵抗着外部世界，不渴望被爱，不渴望被了解。后来，试着小心翼翼接近彼此，才发现大家都很孤独，都需要温暖，于是放下坚硬的刺，相互靠近取暖。

我们每个人其实都是只刺猬，同学这样对你，一定是你身上的刺也刺痛了他。不过，即使满身是刺，每个人也都能活出自己的优雅来。我来跟你分享一下怎么跟别人相处，怎么处理人际关系。这些技能很有用，但没人教我们，都是后来在一次次教训中慢慢学会的。

老公随手捡起一段枯枝，在地上画了四个同心圆。每个人的交往圈子是一些大小不等的圆，半径是与对方相互包容和信任的程度，也就是安全距离。保持这些安全距离，就能够既相互温暖、相互支撑又不相互伤害。超越了安全距离，可能会让曾经亲密的人成为陌路，曾经信赖的朋友变为仇敌。

内圆是亲人圈，只留给自己最亲近的人，数量不多，只寥寥几个，比如父母、家人。在他们面前，我们不需要粉饰、顾忌或遮掩，因为我们知道，无论美丑、好坏、善恶，他们都会毫无保留地接纳并包容我们，并在需要时随时提供帮助，哪怕会伤害他们自己，也不会有任何怨言。

中圆是好友圈，只留给那些与自己志趣相投、心心相印的朋友。一句话、一个眼神就能懂得彼此，并不总是见面，却能将对方一直放在心里。交往清淡如水却心有灵犀，在关键时刻能相互信任、出手相助；遇到冲突，总会站在对方的立场考虑问题； 懂得分寸感，不会透支情意用作利益交换的筹码。

外圆是社交圈，主要留给一般朋友、工作伙伴和街坊邻里。随着生活阅历的增加，这个圆涉及的人会越来越多，其中又会根据包容和信任程度分出远近亲疏来。但交往的原则是一致的：建立相互尊重和信任，求同存异；能设身处地，以对方能理解和接受的方式进行沟通和交往；能谦让和分享，心存善念，不计较一时一事的荣辱得失。

最外圆是公众圈，是为那些偶遇的人而设的。也许是坐在同一辆车上的旅客，也许是路边的商家、小贩或乞讨者，甚至包括那些曾经恶意伤害、敌视过自己的人。理解并尊重我们遇到的每一个人，“前世的千次回眸，才换来今生的擦肩而过”，只要遇到就是一种缘分。每个人都有很多故事，只要用心去听去看，就一定能看到不一样的风景，体会不一样的人生。

“这道理很容易明白，但具体到每个人来说，安全距离怎么确定？哪些人能信，哪些人不能信，哪些话能说，哪些话不能说，我怎么才能知道呢？”儿子问。老公把我作为反面典型，调侃道：“人是需要用心来甄别、用时间来考验的，不能嘴上没有把门的，想哪儿说哪儿。你妈可是见面熟啊，动不动就掏心掏肺的，后来怎么样，吃了不少亏吧？言多必失，别一不小心就把自己卷入矛盾的漩涡里。”

“人际交往有那么可怕吗？”儿子有些发愁，“你们总教育我要待人坦诚，现在又说逢人只说三分话，这不是很虚伪吗？”

老公认真地看着儿子说，这不是信任和坦诚的问题，而是分寸的把握。不管同任何人交往，都不能毫无禁忌、随心所欲。人的本性是趋利避害的，除了父母以外，很少有人能牺牲自己的利益来满足他人的利益，这也是为什么“雷锋精神”特别可贵的原因。即使是父母与孩子之间，如果言语行为不当，也会彼此伤害。

遇到冲突，每个人会本能地从维护自己利益的角度来看待问题、判断是非。亲兄弟之间如果遇到大的利害冲突也可能反目成仇，关系再好的朋友，如果处境不对等，或有利益关系，时间久了也会变味儿。不能就此判断这个人是好是坏，这是人的本性，别人这样，你自己也这样。能这样想，遇事儿就不会慌张、不会委屈，也能退一步海阔天空。最要紧的是凡事自己要有主意，不能过分依赖他人。

“这么麻烦啊，以后就少跟人交往，少交朋友，就不会自讨无趣了。”儿子说。老公笑：“那也不行。人只要活着，不管愿不愿意，都躲不开人际关系。人际关系说复杂也复杂，说简单也简单。就像你在人群中被别人踩了或撞了，如果一个傲慢无礼不道歉，另一个不依不饶没完没了，最后保准会吵起来，甚至演变为一场肉搏或械斗。但如果一个说声‘对不起’，另一个说声‘没关系’，心情和结果立马会两样。尊重别人其实就是尊重自己。”

“还有，孔子是怎么说的？‘独学而无友，则孤陋而寡闻’。人际交往既能认识对方，也能帮助认识自己。交往面越宽，交往越深，对对方的认识越完整，对自己的认识越深刻。就像把自己放在一个社会参照系中，只有通过与他人的比较和相互学习，才能不断认识自己、调整自己和完善自己。”

一时间，大家都陷入了沉默，大概都在反思自己在人际交往中的经验或教训吧。我的经验不多，教训倒一大箩筐。比如说话不分场合、不看对象、没有分寸，得罪了人自己还不知道；换了新岗位，凭借无知者无畏的勇气，还没弄清所处的环境、每个人的秉性和需求前，就自以为是、大刀阔斧地改变，触及了很多人的切身利益，一下子成为各种人际矛盾的焦点。

其实，这些都怨不得别人，没人想故意跟你过不去，的确是你有意无意地侵犯了他人的敏感领域。每个人活着都不容易，就像一位智者所说：要仁慈。你所遇到的每一个人，都在经历一场艰辛的斗争。慢慢发现，如果对他人、对自己都能怀有悲悯之心、仁慈之意，就会减少很多是是非非。

人际关系处理得好，能让身体和精神保持在愉悦健康的状态，周围会有很多朋友。人际关系处理得不好，则会败坏情绪，产生额外的精神压力，让人感到孤独、焦虑或抑郁，甚至引起身体疾病。过度防卫也不可取，那样会显得孤僻和不合时宜，难以融入团队，丧失很多学习他人、展示自我的机会。

老公告诉儿子："现代社会越来越需要依靠群体的力量和智慧，如果想有所作为，就离不开团队成员的相互支持、情感沟通和智慧碰撞。即使只想做科研，也需要有好的人缘和团队互助，仅凭自己的力量单打独斗，成功的几率很小。现在你还体会不深，等在大学做课题或参加工作以后，就明白了。"

人缘好的人，都比较会拿捏分寸，懂得识别特定场合中的身份定位，在不同场合、面对不同对象，说话的内容、方式、深浅各不相同。既不冒犯他人，又不虚情假意；既显示出尊重和善意，又能不卑不亢地表达自己；既能体察理解他人的情感、思想和行为，也能不断反思和调整自己的言行。

人际能力的提升需要自身的不断实践和感悟。怀着诚意和包容，理解和尊重，不搬弄是非，与人为善，有分寸感，设身处地为他人着想，提升自己的内涵与修养。善于观察、发现并学习他人的长处，时时反思和自省自己的言行，不断提醒、调整和完善自我，成为他人乐于交往、值得信赖的伙伴。

7. 校园也是小社会

儿子在学校早已有自己的朋友圈和社交圈了。初中时，他会偶尔跟我们聊起，他有哪些朋友，这些朋友都怎么样，他们会经常一起干什么。到了高中以后，儿子把家事和学校事之间的界限划分得清清楚楚，仿佛有道无形却又明确的楚河汉界把我们与他的朋友隔开。儿子开始觉得这是他自己的事儿，家长没必要知道。

对孩子经常跟什么样的人相处，父母还是挺关心的。就像在一次家长会上，学校教务主任告诫我们："孩子交什么样的朋友很重要，做家长的一定要高度关注。跟积极、乐观的人在一起，就会变得积极、乐观、向上；跟消极、反叛的人在一起，就会变得消极、反叛、不思进取。"

"近朱者赤，近墨者黑"，无论对孩子还是对成年人其实都一样。有些人对你够真、够好、够仗义，但不适合做朋友。他们看待事物的态度总是很消极，让你感到身外的世界充满了灰暗和丑陋，在面对和处理矛盾或冲突时，容易激进、走极端。跟这样的朋友处久了，发现自己的心境会越变越差，看待世界的眼光也变得灰蒙蒙的，会在不知不觉中受到浸染和沦陷。

我有位同事有两个儿子，老大不论学习、工作还是待人处事都非常不错，但小儿子让她头疼。小儿子在外地上职业高中时，交了一帮玩世不恭的小混混，整天跟着瞎混。学业荒废了不说，还养成了一身的坏毛病，后来再怎么管束，也难以纠正了。这事让她后悔一辈子，觉得不应当在儿子世界观形成的最重要的时刻，没有把他放在身边看护。

可是，做父母的是不可能看护孩子一辈子的。孩子要自己慢慢学会如何与身边的伙伴相处，如何选择和甄别真心朋友。当同学或伙伴间有事情发生时，要有自己独立的判断，怀有慈悲之心包容他人的错误，用担当和坦诚来分担责任并维护自己的尊严。

在一个寻常的学习日，高中校园里发生了一件寻常事，这件事却引起了一连串不寻常的风波。那天清晨，儿子被宿舍楼早起的铃声叫起，在半睡半醒之间穿好衣服洗漱完毕，急匆匆赶到食堂买了两个包子，然后快速到学校操场集合。晨练是学生必修的锻炼项目，只要不下雨，每天早上上课前绕操场跑一两圈，然后以班级为单位，一起做广播体操。

早操完毕，儿子背上书包等朋友小宇。一堆书包混乱地挤在操场边的看台上，小宇费了些力气才找到自己的书包，跟儿子说笑着走进了教室，等拿课本时，才发现书包拿错了，它的主人应该是楼下班级的。小宇拎起书包就往外跑，再不快点就会迟到被班长点名了。还好，当他气喘吁吁地拿回自己的书包返回教室时，早自习的铃声刚刚停止。

中午在食堂吃饭时，校广播台播放了一则寻物启示：“请大家注意，请大家注意。今天早上，×× 班有同学在操场旁遗失了一个书包，失主非常着急，有知情者请与失主联系。”乱哄哄的食堂里暂时安静下来，大家静静地听着，能体会到失主内心的焦急。书包对学生意味着什么？意味着武器、装备和补给。这些都没了，顶着一颗脑袋去打仗，这仗还怎么打啊！

小宇觉得奇怪：“我已经把书包放到楼下去了，就在楼梯口旁边，他们教室就在楼梯边上，进教室的时候应该能看见啊。”儿子在洗碗时碰到了一位初中同学，他恰好在丢书包的同学班里。儿子请老同学转告失主，书包被我们班的小宇在操场拿错了，他已经把书包还了回去，就放在你们教室旁边的楼梯口上，让他去那里找找。

下午第一节课还没开始，失主就来到儿子的教室，要找小宇说话。

他找遍了整个教学楼，也没看到自己书包的影子，就赶紧到学校的保卫科寻求帮助。中午保卫科通知他，说后勤人员在失主教室旁边的厕所里发现了一个书包，让他去认领。他连忙赶过去，发现那书包根本不是他的，而且里面空空如也，什么也没有。

失主把小宇叫到教室外，问他："你知道我在哪个班级，为什么不直接把书包放在教室门口，或放到原来的地方？反正是你把我的书包给弄丢的，就得负责赔我。书包里面还有一个最新款的学习机，要两千多元呢。"小宇说："我哪里想到有无聊的人会拿你书包啊，明明放在那里，鬼知道谁拿走了。"

听见上课铃响，失主甩下一句话："我们先上课，下了课再找你，直到找到书包为止。"课间时，小宇找儿子商量该怎么办。"还是赔他吧，毕竟书包是在你手里丢的，不然会没完没了。你给他买新书包和书，铅笔盒和文具我来买。我把事情告诉他才惹起这档子事儿，也有些责任。"儿子建议道。"那好吧，就这么办。下课后我们就去商店。"

当他们把新书包、课本还有文具交给失主时，那同学接过去看了看就收下了，然后问："还有学习机呢？"小宇跟他商量，他没有这么多钱买学习机，能不能这个就算了？失主不干："那哪儿行，你给我丢的，当然得赔。"小宇急了："就是没钱，拿什么赔？再说，谁知道里面有没有学习机啊。""有没有钱我不管，学习机你就得赔。"

接下来的几天时间里，小宇到处找人借钱。高中生的零花钱本来就不多，他只借到几百元，差太远了。"我被这事儿搅得都不想上学了。干脆，我们一起离家出走吧，远远离开这个是非之地，免得被他纠缠！"上晚自习的时候，小宇悄悄给儿子递了张纸条，写着这几句话。

"别那么冲动，想想还有没有其他的解决方法。你干脆跟父母说得了，让父母出面帮助解决？”儿子在纸上回复道。“我哪敢告诉家长，我妈很厉害，从来不会吃亏的。如果她知道了这事儿，一定会来学校大吵大闹，没准还会闹到校长那里，找学校的责任。我可不想把事情再闹大了。要不，我在外面找几个人把那家伙修理一顿，吓唬吓唬他，让他不敢再纠缠！”

“千万别，那事情不就更大了？先冷静一下吧。”儿子继续劝他。“要不，你回去给你父母说，就说书包是你弄丢的，让你父母先把钱垫上。以后我有钱了，再慢慢还给你？”小宇建议。“先别急，我们都再想一想。”儿子回答。

周末儿子回家，大概思想斗争了好久，晚上 9 点多终于走进我们的卧室，神色凝重地说：“爸、妈，有件事儿我想跟你们商量一下。”我和老公都准备睡觉了，相互看了看，觉得非同寻常，连忙关掉电视，让儿子坐在床边听他说。儿子讲完了上述故事，定睛看着我们说：“我觉得骗父母不好，就跟你们讲了实话。可我们还是得帮他，这是丢书包同学家长的电话，你看能不能跟他家长说说，别让我同学再赔钱了，或以后有钱了再赔他。”

儿子真的长大了，遇到问题敢于承担责任，也试图自己解决。等发现超出自己能力范围时，知道要保持克制、理性和坦诚，并寻求家长帮助。“谢谢你，儿子，谢谢你对我们的信任。这其实不算什么大事，也不是过不去的坎，只要告诉家长，没有家长会计较的。你同学的做法反倒有些问题，本来就做错了，又想用欺骗或其他更极端的做法来解决问题，只会错上加错，让事情变得不可收拾。放心吧，我来找这同学的家长，会解决的。”

已经很晚了，我还是打通了失主父母的电话，是孩子的妈妈接的。

我先做了自我介绍，再把事情的缘由、孩子的状态和困扰给她说了一遍。承认孩子在错拿书包后没有放归原处，确实有行为不当之处。考虑到他们还都只是孩子，我们做家长的能不能帮他们度过这个难关？丢了书包和学习机是小事，孩子如果要再有什么出格行为、有个三长两短，当家长的情何以堪？

没想到对方非常通情达理，他们为这事已经跟自己的儿子谈了好几次，说同学已经知道自己错了，也赔了书包、文具和书，不要再揪住学习机不放。可儿子认定丢了别人的东西就一定要赔偿，他爸爸为此差点跟他发火，说孩子犯错误上帝都会原谅，干吗一定要跟同学争这口气。她让我转告我儿子和那位同学，就说学习机不用赔了，不要有那么大的思想负担。

儿子听了，凝重的神情立刻放松下来，现出了一丝笑意。没想到他们折腾了近一周的难关，在家长之间那么三言两语就化解了。“我赶紧打电话给小宇，他终于可以松口气，睡个安稳觉了！”

问题是解决了，可小宇在处理这件事的方式和态度上有些偏激和不妥。为了保住自己的尊严，曾想用暴力的方式来解决问题，或用欺骗的手段让朋友替他背黑锅，这都不是一个正人君子所为。这样的朋友能算是真朋友吗？依稀记得前些日子儿子谈到过小宇的父亲，好像是地方政府的什么局长，经常有人去他家送礼托他爸办事，小宇还向同学炫耀他戴的翡翠项链值好几千元。有点担心儿子，遇到这样的朋友，好像不是件什么好事。

老公却不这么看，说儿子以后什么样的人都会遇到，他得学会怎样跟不同类型的人相处，吃一堑，长一智。我们的生活环境太单纯了，让孩子适当接触在不同环境下长大的孩子，也会增加他对社会的了解。尽管如此，老公还是跟儿子认真谈了一次，说交朋友一定要懂得甄别和选择，往往在遇到矛盾和问题时，每个人的表现最能反映一个人的胸怀和品质。要擦亮眼睛，学会识别人的良莠善恶，将人际交往圈子不断去伪存真、去粗取精。

貌似单纯的高中校园也是一个无所不包的小社会啊，一些社会和人性中阴暗的东西，在这里一样有。成人世界的观念、行为和态度都会以各种方式投射在青少年身上，而人类天生的爱贪图小便宜、侵占他人财物等劣根性在校园里也有充分的体现。“别把学校想得太好了，里面什么样的人都有。”儿子有次在丢了饭卡、暖水瓶和饭盒后，落寞地说。捡到饭卡的人还算手下留情，挂失时发现卡里的钱被刷了一百多元，还剩八十。

在大学校园里，物品丢失或被盗现象更严重。大姐的孩子进大学不到一个月，就丢了自己几乎所有值钱的东西。先是一辆崭新的自行车，还有收录机、CD播放机，之后又丢过电脑和手机。有些是自己大意丢的，有些是没有防范意识，房间或抽屉没上锁被人顺手牵羊了。像电脑，则纯粹是被小偷撬门而入，将主机、显示器一股脑搬走了。

还有一个谜底没有揭开。失主的书包哪儿去了，厕所里发现的那个空书包又到底是谁的？脑海里浮现一个戴面具的模糊影像，在路过放在楼梯口的书包时好奇地停下来，本想看看是谁的然后送还失主，当他打开书包时，发现里面有个他一直梦想得到但又十分昂贵的最新款学习机。

这书包的款式跟自己的差不多，他的心开始微微颤抖起来，看看四下无人，就拎起地上的书包溜进洗手间。从背上取下自己的书包，把里面的东西全塞进捡来的书包里，留下一个空书包。然后，有点心虚地背上更换后的书包，站直了身体，努力像往常一样走进自己的教室。

到了晚上，等同学都睡下以后，他躲在被窝里，悄悄拿出意外得来的学习机，激动又不安地玩着里面的游戏。他不知道丢书包的人到底是谁，写有失主名字的书本都被他扔进垃圾桶了，也不敢打听后续会发生什么，但有一点非常清楚，自己的心境变了，因为难以抵挡诱惑，因为一念之差，他不再是以往那个可以坦然面对一切的孩子了。

8. 会思想的芦苇最尊贵

对孩子过不去的坎儿，家长一介入就能轻而易举地过去，要是据此得出结论，以为成人有多大能耐，那就大错特错了。同学之间不存在根本的利害关系，即使有矛盾、有冲突，这事也大不到哪里去。而成人世界却大不相同，如果一项决定、一场竞争会对你的工作岗位、家庭收入、职业发展前景乃至整个生活都会产生重大影响时，还有几个人能从容淡定？为了一个岗位朋友反目、相互诋毁，面对单位处罚武力威胁、以死相拼，为了得到合同使出各种无耻又无赖的手段，这样的人生闹剧会经常在我们周围上演。

但小颜不知道，或者只是听说，没有亲历，不能感同身受。小颜是我的朋友，做事非常认真、干练，很有点女强人的味道。也许正是这种踏实肯干让领导相中了她，建议她参加一个业务部门负责人的竞聘，小颜没怎么犹豫就答应了。“你干吗要去竞聘这个岗位？级别和待遇跟现在一样，人际关系却复杂多了，业务领域和专业跨度也大。一切得重新开始，工作压力和挑战都太大了，想想都替你觉得累！”听到她的决定，朋友好心劝道。

小颜说，她知道可能会面临的处境，但觉得自己应该能应付。现在的岗位已经干了十多年了，有点倦怠，几本经书翻来覆去地读，一点新鲜感都没有。人际关系复杂又能怎么样？把工作做好就行了，用不着理会其他乱七八糟的东西。小颜一向对自己的工作能力很自信，觉得没什么能难倒她。压力和挑战对她来讲就像是兴奋剂，能让生命鲜活起来。

小颜毫无悬念地赢得了竞聘，信心满满地上任了。以往的工作经历让她能以一个新的视角去思考部门业务，并对组织变革、管理改进和能力提升有新的思路和想法。她陀螺似的不知疲倦地旋转起来，采取了一系列新举措，部门在变革中焕发了活力，也激发了一些怨恨和不满。大家早已习惯了论资排辈分奶酪，冷不丁被改变了，不恨她恨谁？

小颜没有在意这些涌动的暗流，整天满脑子想的都是工作。不断增长新知识、汲取新营养、结交新朋友，不断看着一个个想法变成实践，变成部门产值和员工收入的增长，这种成长感和成就感让她满足。因为劳碌和操心，她还减了十多斤的体重，也算是一个意外收获吧。

没有在意不代表可以忽略，小颜还是慢慢体会到种种困扰。理事容易管人难，尤其要协调这么大的团队，让所有人都朝着一个目标使劲儿，几乎是不可能的事。每个人都有自己的小算盘，在个人利益与集体利益、当前利益和长远利益发生冲突时，绝大多数人会缺乏牺牲精神，本能地选择前者。

但蛋糕是有限的，不管怎么划分都难以达到每个人心目中所谓的公平。不患寡而患不均， 老祖宗几千年早已论述的课题真真切切地摆在小颜面前。她能做到的就是以合理、透明、一致的原则，尽可能满足大多数人的利益和诉求，让大多数人能沿着大致一致的方向，推动团队不断进步。

即使这样，因为利益分配、个性冲突或一些鸡毛蒜皮的小事儿，人际间的矛盾还是此起彼伏。小颜一方面要不断协调和解决这些矛盾，另一方面还要时不时忍受背后袭来的阵阵凉意，受到一些莫名其妙的委屈，就像汉堡包似的，两边受气，又无处可以宣泄。工作压力和人际压力弄得她很疲惫，只能越来越谨言慎行，从一个风风火火、快乐圆润的傻大姐，变成一个面色憔悴、日益沉默的女人。

终于，小颜倒下了，虚弱的身体被包裹在蓝白相间的手术衣里，无精打采，气若游丝。不能相信眼前看到的一切是真的，她身上好像总有一股力量在支撑着，有使不完的精力，怎么说倒下就倒下了呢？后来听小颜说，躺在手术车上看着头顶一长串的灯光在快速向后移动，就像是电影里曾出现过无数次的镜头一样，只是没想到自己竟然成为画面的主角。在手术室外等待时，她孤零零地躺在那里，忽然泪流满面。护士小姐俯身看了看她，轻声地说："别怕，手术时会全麻。"

小颜说，她哭不是害怕，而是觉得委屈。一直在努力工作、认真做人，这肿瘤怎么会长在自己身上？她曾经那么健壮，怎么折腾都没有问题，现在才发现是多么不懂得自我怜惜，一直在透支健康，直到被病魔侵袭、轰然倒塌。手术前已经跟医院签署了生死状，如果发现肿瘤是恶性的会怎样，是不是剩下的时间就不多了？孩子还没有长大，自己还有好多想做的事没有做，怎么能就这么轻易地走向生命的终点呢？

当护士小姐把小颜从沉睡中唤醒时，她发现自己已经离开了无影灯和手术台，重新躺回到小车上，众多的医生和护士也不见了踪影。小颜平生第一次实现了自己的一个梦想，就是在遇到不想面对的事情时，能美美地睡上一觉，等重新睁眼时，那些艰难的时光已悄然过去。

然而，当麻药劲儿过后，所有痛苦攒在一起一股脑扑来，即使用上镇痛棒也无济于事。小颜的身体被插上数根管子，软绵绵地躺在床上动弹不得，像一只放在砧板上的羔羊，任凭疼痛肆意践踏。术后的第二天，小颜得到的唯一安慰是，手术很成功，肿瘤是良性的，身体里的定时炸弹解除了。

在经历了一场生死历练后，小颜的身体连同精神一起慢慢康复起来。她下决心再不给机会让身体遭受如此的摧残，开始对自己的生存状态进行深刻反省和检讨。自己的生活完全被工作和人际关系困住了，内心的压力无处释放、越积越多，不仅无暇照顾家庭和孩子，葬送了平静、快乐和健康，还把种种消极情绪传递给周围的人。

在分析了所有困扰她的压力之后，发现背后都有一个“自尊”在作祟。她想获得领导、同事、同行还有朋友的认可和褒奖，不想被轻慢、被无视、被认为是一个可有可无的人。“你太高看自己了。”她对自己说，“你其实没那么重要，地球离开谁都照转不误。在你烦躁、郁闷、焦虑、愤怒的时候，只会伤害自己和至亲的人，外面的世界没有任何改变。”

小颜忽然感到一种释然。曾让人喘不过气来的各种压力，真正的来源只有一个，就是自己。她甚至感谢那些有着敌意的人，正是他们让自己始终保持警觉、不敢懈怠，不断检讨和完善自己，并在强烈的冲突中感受浓烈的爱恨情仇，识别人性的真伪善恶，领悟生命的奥妙和真谛，让人生变得更加厚重和富有质感。

任何人或事都是有残缺、有局限的，不要苛责他人，也不能苛责自己。只要尽心尽力，真心实意，又何必在意结果和他人的评价呢？同样的现实，无论赞扬还是指责，成功还是失败，和谐还是冲突，只要多角度进行观察和思考，就能保持客观和清醒，让压力化解于无形之中。

被心灵鸡汤滋养过的小颜，整个人都发生了很大的改变。术后修养时，她发现工作已经成为她的一种生活方式，成为生命的一部分。离开岗位的短短三周里，她感到失落和空虚，了无压力的日子好像让整个人失重一般，轻飘飘地悬浮在半空中，找不到归属感。她渐渐发现工作的诸多好处来：能与社会建立联系，接触更多的人和事，更深刻地体验和感悟人生，能获得周围人和社会的认可和尊重，在付出劳动的同时，收获成功和快乐。

小颜不再那么在意别人的评价，身体和神态看上去都非常轻松。女人对工作的喜欢，往往要纯粹得多，没有那么多城府和弯弯绕。嘴巴长在别人身上，想怎么说就说呗。以前听了不实议论也许会委屈，会气愤，现在不会了，觉得不值。只求问心无愧，什么招都能接，像太极一样，把一切消极的、对抗的力量化解掉，变成正能量。

真是士别三日当刮目相看，一场病竟然让她顿悟了，成了太极高手。想起一位哲人的话：人是一根芦苇，是自然界最脆弱的东西，一口气、一滴水就足以致他于死地。然而人却是一根高贵的芦苇，纵使宇宙毁灭了他，仍然比致他于死地的东西高贵得多。因为他会思想，而思想成就了生命的尊严。

在这世上总有一些人，他们执着地追随自己内心的召唤，貌似坚强的外表常被冷硬的现实戳得遍体鳞伤，却一次又一次顽强坚韧地站立起来，在各种复杂、艰难的环境中得以生存和成长。时光会褪去被青春、美貌、财富或地位所装饰的外衣，但他们的真诚体验、付出和感悟，却收获了丰厚的人生，成就了生命的价值和尊严。

我把小颜的故事讲给儿子听，因为这个长得像芦苇一样瘦瘦长长的少年也开始思考生命的意义了。他在QQ空间里发布了一篇随感，引起很多人的关注。

《随感》

一直有种想写点东西的冲动。但无论在学校计划有多好，一回到家里，本不多的电脑时间总被四五个单机游戏占据。

不过，有些感受，已经想了很久了。

一直以为，我是在一条正确的路上行走。

我努力学习，努力生活，努力在各方面做到最好。

于是我每天提前七分钟起床，坚持早操满勤，中午按时睡午觉，每节课认真听讲。

我以为，只要努力，就一定有回报。

多么好的一切啊！

直到……

直到看到了我的同桌。

他可以6:41起床，用不可想象的两分钟洗漱，在早操刚开始时到，在结束之前去食堂，在我走向食堂时拿着早饭出来，在我到教室时早已开始读书。

他可以每节语文课必睡，却考到113分，在我听了一学期语文课的108分面前感慨语文考试需要技巧。

他可以将政、史、地三门课变成自习课，最后每门比我低十几分，不痛不痒。

于是，我迷茫了。

这就像，在选择了自己的道路后，却不断地回头，怀疑自己是否看错了路标。

否定自己一定很痛苦吧？

就在这时，想起 x 君的一番话："你管他。我们要面对的，不是考试，而是人生。”

是啊，人生不才是我们的目标吗？就算你比我多做几道题，比我多考十几分，我也不会嫉妒。

因为，我将面对的，不是考试，是人生。

我在QQ空间找到这篇文章读给老公听，一股淡淡的愁绪在四周弥散开来。老公静静听完，又沉思良久，感慨道：“儿子真的是长大了”。很喜欢这些文字，没有华丽的辞藻，但能深深打动人心：他一直在努力做到最好，对周围人不断进行观察和比较。在前行的路上懂得停顿、回望、质疑和反思，知道如何在彷徨和困惑中寻找积极向上的内在力量。最令人欣喜的是，这个不满十六岁的少年，他的目标不是成绩，而是人生。

第五章
能力保卫战

为了让孩子适应未来的生存和发展需求，智商、情商、逆商一样都不能少。开发各种能力，让它们成为生命的一部分。享受学习快乐，拓展发展空间，保持健康的心智与体魄，直面困难和挫折，更理性地看待大洋彼岸的诱惑。

导读：

在人的一生中，没有什么会像学校及其承载的教育一样能如此深刻、广泛、长久地影响我们。接受的教育程度越高，得到的机会就越多，在生活中就会走得更远。是学校帮助孩子实现了由自然人向社会人的转变，由被监护人向独立公民的转变。孩子在学校的成长不仅决定了他们的未来，也决定了国家的未来。

只有真正理解学科的本质和内在规律，才能融会贯通、触类旁通、无师自通，才能构建起自己的知识网络，并在学习过程中获得各种能力。世上没有过不去的坎，方法总会比问题多。只要找到了症结所在，就一定会找到解决办法。即使不成功，你努力过了，也不会留下遗憾。

教育绝非单纯的文化传递，其核心是人格心灵的唤醒。为孩子营造一种宽松、自然、愉悦的心理氛围，在严格要求的同时，也要学会宽容，等待他们的进步。不要跟自己的弱项较劲，让每棵树、每根草都以自己的姿势，在雨里生，在风里长，在阳光下呼吸。

物竞天择，适者生存，发展是硬道理。要免受屈辱，就必须让自己变得强大，而强大的根本在于不断创新。我们身外的世界每天都在变，只有顺应这些变化，不断调整和改变自己，才能走得更远更好。孤芳自赏，固步自封，满足现状，终究会被历史的大潮所淘汰。

1. 学校的价值

每逢学习压力大、感觉困顿时，儿子会向我们抱怨："上学太辛苦了！天天这么多作业，没有休息日。像你们工作多好，下了班就可以休息，不用做作业，周六也不用补课加班。"其实，家长都是这么走过来的。如果没有学校里的知识积累和能力锻炼，怎么能找到好工作、有稳定的生活呢？等儿子踏入社会之后就会明白，能呆在学校里实在是太幸福了，除了学习，别的什么事都不用操心。

回顾近二十年的校园生涯，觉得学校、老师和同学对于我们的影响和意义，一点也不逊于父母和家人，在某些方面可能更加重要。我们已经习惯了学校生活，习惯了老师和同学的陪伴，有时会希望能永远呆在这里。但是，我们长大了，早晚得走出来独立面对未来的生活。

前些日子整理文件，无意中翻到自己写的一篇文章《走出校园》，是刚刚研究生毕业、工作尚没着落时写的。里面充满了走出校园、走入社会时的不知所措与惶恐不安，像一只断了线的风筝，一下子失去了方向。忽然发现，现实世界对于一个刚毕业的学生来说是如此陌生、冷峻。相比之下，学校更让我感到温暖和安心，不用直面生存压力。

谢天谢地，当工作单位终于落定，又找到了组织，成为社会中的一员，重新找回原有的温暖和安心。单位和工作不仅让我再一次拥有了归属感、温暖感和安全感，还给了更多，包括生活所必需的工资收入和其他保障，以及一个更大的学习、社交和能力展示平台。

对孩子来说，学校就是他们的组织，学习就是他们的工作。学校对孩子的意义是深远的，不仅给了孩子一种归属感，一个学习和交友的平台，而且还承载了保姆、保安、朋友、教练、导师等多重角色和责任。

不能想象，如果没有学校，做父母的该如何养育孩子，如何做到家庭与事业的平衡。

在孩子尚不具备独立生活能力时，学校提供生活上的照顾和安全方面的保障；在孩子生命力和求知欲最旺盛的时候，传授各种知识、经验及生存技能；在性格与观念形成的重要时期，帮助孩子形成正确的人生观和价值观，成为一个对社会有用的人。学校帮助孩子实现了由自然人向社会人的转变，由被监护人向独立公民的转变。

儿子两岁半开始上幼儿园。从那天起，学校就帮我们分担了养育孩子的责任。刚进园的前几天儿子很不适应，每天送去时都会哭。这么多孩子在一起，老师不会只围着他一个人转，哪有在家时小皇帝般的待遇啊。渴了，自己去喝水；饿了，如果还没到开饭时间，哭也没用；想上厕所，得自己学着独立完成；好玩的玩具不能总自己霸着，要让给别人玩；午休时间，即使不想睡，也得老老实实在床上呆着，不能影响其他小朋友休息；犯错误了，老师会批评，还会在墙角罚站。

儿子哭闹几天后，发现幼儿园好玩了，每天去的时候会兴高采烈。因为那里有很多小朋友可以一起玩，不像在家里那么孤单，有很多和家里不一样的玩具和童话书，还有各种音乐器械。老师年轻又漂亮，教他们唱歌、跳舞、做操，还有读书、写字、讲故事。如果表现得好，可以得到一朵小红花或一颗糖，没准老师还会亲一下，还能跟同学一起游戏、比赛，比赢了，会得到更大的奖励。

每年“六一”儿童节，幼儿园邀请家长看孩子们的汇报演出。孩子们一个个穿上漂亮衣服，涂上红嘴唇红脸蛋，眉心中间再点上一颗小红痣，样子可爱极了。他们一边跳，一边在观众中寻找自己的家长，笑眯眯的眼睛里闪烁着快乐的光芒，希望父母能看到自己最精彩的表现。

幼儿园时期的教育，让儿子掌握了最基本的生活技能，形成了集体、纪律、分享、荣誉、奖惩等基本概念，培养了基本的学习能力、沟通能力、交友能力和是非辨别能力。我们在这个年龄时，没福气上幼儿园，大概正穿着开裆裤满院子撒野吧。

从小学到初中，学校开始传授系统的学科教育，像数学、语文、英语、物理、化学、地理、生物，还有体育、绘画、音乐、计算机、思想品德、劳动等。儿子他们使用的课本，不管内容还是表现形式都比我们那会儿要新颖丰富多了。再加上多媒体在教学中的应用，使得学习过程更加形象、生动和有趣，让孩子的求知欲得到了极大的释放和满足。

此外，综合素质教育也穿插其中，悄无声息地影响着孩子。每天由值班班长记录同学的各种表现，每周各小组对组员的综合素质进行打分，包括课堂纪律、积极发言、作业完成情况、与同学的协作、清洁卫生等。每学期末，结合日常表现给出全班学生的综合素质等级，并作为评先的重要依据。

任何人都有当值班班长的机会，来行使协助老师管理班级的权利，包括大家公认的表现最差的学生。对班干部选举，所有学生都有选举权和被选举权，参选者发表竞选演说，然后由全班投票来决定谁能胜出。遇到班级重要活动或重大决策，班主任也会放手让班委会去组织策划和实施。

教室里配有多媒体教学设备，班主任会定期让孩子们自己组织班会活动，每组选派两名同学结对，选择当前社会上的热点话题，制作PPT，在班会上进行演讲。儿子一组制作了“爱护我们的地球”演讲稿，文字加图片，再配上动画播放，效果着实不错。此外，学校还组织或参加一些拓展训练，如户外拉练、机器人比赛、计算机编程比赛、无线电比赛等。

在同学间的合作与竞争中，儿子旺盛的生命力有了展示的舞台，先后加入了少年先锋队和共青团，通过竞选当上了班级的劳动委员和学习委员，多次被评为校级和市级三好生，在一些重要的学科竞赛上获奖。上进心、责任心和集体荣誉感都得到了较大提升，竞争意识开始萌芽，学习能力、表达能力、自我约束能力、自我管理能力、团队合作能力大大增强。

到了高中，学校的办学理念和实践在原有基础上又增添了许多新内容。根据学生的特长与爱好，设置了不同类别的班级：理科实验班、人文实验班、科技实验班、美术特长班、体育特长班、常规平行班、国际留学实验班等，让孩子有更多的发展自主权和选择权。有英语社、爱心社、CG社、音乐社、文学社、美术社等十多个学生社团，每个社团都有自己的主张和使命，也定期开展一些活动。社团由学生自愿报名，自我管理，学校配备了相应的老师进行技术指导。

学校还经常为学生们提供各种探知外部世界的窗口，持续创新教学方法。像组织暑期国际夏令营，到美国、英国、德国、新加坡、澳大利亚等地游学；开展不同主题的活动周，邀请知名大学的院士、博导为学生讲课，指导学生开展研究性学习，让学生有机会近距离接触大师级人物；坚持开展社会实践活动，走出校园，近距离观察和接触社会。

有些家长和老师不太赞同在素质教育上花费太多的精力，毕竟孩子们还要面对高考。思维活跃、展现个性、均衡发展、全面培养，这的确很好，但课时就这么多，你素质教育了，乱七八糟的课程和活动一大堆，而其他学校每天在那里埋头苦读。而高考分数几乎是高校录取的唯一标准，即便素质再高，分数上不去，好学校去不了，也会丧失很多后续发展机会。

顶着这些压力，学校还是在探索中前行，因为这是中国教育的未来发展方向。这些教学理念、方法和举措，与国外发达国家的高中教育有些接近，跟随后的大学教育也能实现无缝衔接，深受孩子们的欢迎。很多孩子毕业以后，都非常怀念自己的母校，怀念初、高中与同窗们一起经历的丰富多彩的活动，怀念校园的学习生活环境、文化氛围和师生之情。

我们青少年时没能经历这些。记忆中，班长总是那些最听话、成绩最好的同学，大家也根本没有民主选举的概念，成绩差的同学、调皮捣蛋的同学好像永远被歧视，不可能会主导和参与班级管理。绝少有机会在少不经事时就聆听和分享大师们的视野、经历和感悟，让你豁然开朗，更不敢奢望那些貌似旁门左道的兴趣爱好，竟然可以堂而皇之地变成自己未来的职业选择。

回望儿子这些年在校园里的成长，由衷感谢伟大的老师们。他们怀揣教育兴国的理想和信念，日复一日地在校园里耕耘着，用知识、心血、仁慈和关爱浇灌着一批批幼苗，使花蕾盛开，树苗茁壮，为孩子一生的发展奠定了坚实基础。常常会在脑海里回放老师迎送学生的情形，内心有些酸楚和感动。老师就这么周而复始地看着充满稚气的孩子一批批来，几年后又带着青春神采一批批地走，越飞越高，越飞越远，那是一种怎样的伤感与幸福呢？

在人的一生中，没有什么会像学校及其承载的教育一样能如此深刻、广泛、长久地影响我们。所受的教育程度越高，得到的机会就越多，在生活中就会走得更远。孩子在学校的成长不仅决定了他们的未来，也决定了国家的未来。由于接受了更好的教育、拥有更多的知识和更开阔的视野，儿子他们对生活和成功的渴望，注定会更深更广，与之相匹配的能力需求也注定会超出我们的经验范围。家长能做的，也许就是在一旁敲敲边鼓，满怀兴致与期望地看着他们不断成长、不断超越，就如同当年父母对我们一样。

2. 学习能力

学习能力是生存所需的最基本的能力之一，也是人类生生不息得以繁衍、文明得以不断传承和发展的基础。学习是我们一生的事业，学习能力的培养和提升也是一个持续过程，需要学校的悉心指导、家长的言传身教和自身的不懈努力。它会始终陪伴我们，并让我们享用终生。

刚升中学时，儿子抱回一摞沉甸甸的新课本，加起来足有一尺厚。他有些兴奋，又有些抱怨："初中加了好多课程啊，总共有十多门呢。为什么要学这么多课程，它们到底有什么用？"儿子的问题总让我们惊喜，他已经开始思考和质疑学科的学习目的了，不再像小学生时单纯接受。越早将知识的价值与未来个人生活相关联，就越容易树立起学习兴趣，让学习成为一种自觉自愿的行动。

就像早晚刷牙、洗脸这样最简单的日常生活习惯，刚开始时，儿子跟我小时候一样，总是不情不愿，寻找各种理由推脱、逃避。实在躲不过，就装模作样地用牙刷刷两下、用毛巾抹两遍，向父母交差了事。直到后来，因为口腔经常溃疡、脸上开始长青春痘，才知道保持口腔和面部清洁的重要性，用不着别人催促，自己就会坚持刷牙洗脸，使之成为一种生活习惯。

我们正在准备晚餐，但这个问题比晚餐重要。老公把课本整体翻看了一遍：这些我们基本都学过，但现在课本的内容和表现形式都要新颖丰富多了。像这本《音乐》，里面讲解了各种音乐的类型、乐器，还有中外经典音乐作品赏析，我们上学那会儿哪有啊，不过是教唱几首歌罢了。还有《社会》，里面竟然还讲了人口理论、城市发展等，好多内容都是新的。

我们跟儿子认真分享了自己对各学科功用的理解。所有这些知识都是生活中可能会遇到的，每门课都有它特定的功用。比如数理化等理科科目，用数字、符号、参数、公式、图形等来揭示事物的本质、规律和内在联系，重在培养思维能力和空间想象力。生物课描述生命的产生和进化过程，让我们更多地了解生命，了解自己。试验课可以提高观察能力、动手能力、分析与判断能力。

语文课不仅要继承和传播中华文化，还能锻炼语言表达能力、沟通能力、对内外部世界的感知力。这是走向社会的一项非常非常重要的技能，即使你智商再高，工作再努力，如果不懂得表达和展示，就很难得到大家的认可。外语是未来工作、生活不可缺少的一种语言工具，可以超越国家和文化限制。外语好，能获得更多的机会去感受外面的世界，让自己的视野更开阔。

美术课通过线条、色彩和光影的展示和变化，对自然和社会进行再创造，可以训练审美能力。音乐课用流淌的歌声和音乐，让我们感到放松和惬意，就像是精神美容师。体育课能塑造我们的形体，提升身体的运动能力、协调能力和快速反应能力，并能让我们保持健康状态。没有了健康，其他的一切都是空的。

就连上学时觉得最无聊、最头疼的政治和历史，到了成年后才发现，它们其实与生活联系得非常密切。政治讲述的是人类社会的内在运行和发展规律，告诉我们国家机器是如何运作的，不管你喜不喜欢，都会悄无声息地影响我们。而历史，是人类发展历程的记载与再现，虽然是讲过去的故事，预示的则是未来的走向。所以，学好政治和历史也很重要，能提升对社会和人性的洞察力。

对上述学科功用的理解，大多是在走出校园很久以后，才在生活和工作的历练中慢慢悟出来的。当初在学校学习时，觉得又累又苦，现在回头再看，无论学什么，最终的受益人都是自己。只可惜当时不明白，如今时过境迁，对没学好的科目只能后悔莫及了。

“我喜欢理科，觉得特别严谨，有种神奇、精致的美。也喜欢上政治和历史课，觉得非常有意思，但很多同学都不喜欢。英语还凑合，语文一般，不管再怎么努力，也只能到中上水平了。唉——”儿子长叹了口气。“已经很不错了，世界上能有几个全能的天才呢？话说回来，语文还是得再加把劲儿。语文跟数学一样，也有内在的学习规律。每次被语文拉这么多分，不觉得太吃亏了吗？它可是咱的母语啊！”我给儿子打气。

儿子对自己擅长并喜欢的科目，都有两个配套的记录本，一个是“要点本”，一个是“错题本”。前者用来收集每章节的重要知识点，后者记录每次练习和考试时出现的错误、原因分析、正确思路及答案等。这两个记录本是他的宝贝，能帮助快速梳理出课程的知识网络，纠正错误的认识和思维方式，避免类似错误在今后的考试中再次出现。

但对语文和英语两门课，虽然敦促他好几次，这两个记录本始终没有做起来。“太麻烦了，不知道该怎么做。比如阅读题错了，该怎么记录呢？”有老师出了个主意，这些工作家长可以帮忙做，比如，分门别类地整理每次练习或考试的卷子，把错题裁剪下来粘贴在笔记本上，做成“错题本”，让孩子直接在上面标注，这样可以节省孩子的时间。我试着做了一段时间，但没坚持下来。

“听同学说，我们学了这么多年的数理化，除非搞科研，要不然根本就用不上。就像你和爸爸，已经把数学原理、物理定律忘得干干净净，从来没用过。我可不想这样，这太浪费了。所以，我以后就搞科研。”

“话也不能这么说。”老公解释说：“学习的最大收获不是知识本身，而是一种学习能力，一种解决问题的方法。学习能力强与学习成绩好之间，并不是简单的一一对应关系。就看我们那些同学，毕业后成大事者，并不是班上成绩最好的，但他的综合素质排名一定是前几名。有些人成绩虽然优异，可书读得比较死，不懂得变通，难成大器。”

工作中，经常会遇到一些大师，他们虽然只是某一领域的专家，但对其他相关或貌似无关的领域也有非常深刻的认识和独到的见解。究其根源，是因为他们把知识给读通了。不同学科看似有很大的区别，其实内在的思维方法和逻辑是一致的。只有真正理解学科的本质和内在规律，才能识别学科内部及学科之间的内在联系，做到自主学习，融会贯通，触类旁通，事半功倍。

读懂知识和读通知识是两种不同的境界，会看到不同的风景，体会不同的心情。质疑是读通的第一步，就是要多问“为什么”。为什么要学这门课，在现实生活中有哪些应用？各章节之间的内在联系和逻辑顺序是什么？这节课的知识点是什么？老师讲得对吗，有没有更好的方法或不一样的解释？还有哪些词语可以表达相似的含义，它的近义词、反义词、衍生词是什么？

这就是通常讲的“厚读法”，先把书读厚，仔细推敲每个字、每段话，把含义理解透，再进行关联和拓展。我们一直鼓励儿子的课本不要太洁净，课前预习时，疑问、注释、难点、重点，尽管做记号，遇到困惑先查找参考书，尽可能自己去找到答案。课堂听讲时重点关注自己的困惑，比照老师的讲解与自己的理解有哪些差异，为什么会存在这些差异，合理分配听课的注意力，没必要整堂课都全神贯注，留出思考空间。课后，将难点、重点、差异进行分析归类，强化记忆。

关联是读通的第二步，让思维天马行空，寻找知识点之间、学科之间的内在联系。有些关联可以很快做到，有些关联需要很长时间的积累和沉淀之后才能完成。对物体坠落现象的思索让牛顿发现了万有引力，不同元素之间的关联成就了元素周期表，生物学、医学和电子技术的关联形成了生物医电这门新型学科……。

人脑其实就跟电脑一样，有上亿个文件夹（记忆单元）储存着各种知识和记忆，还有很多神经元和触突，能将不同的知识和记忆进行关联。随着年龄的增加，我们学习新知识的能力可能会变弱，但关联能力会持续增强。在思考或讨论一个问题时，能迅速联想到很多不同的信息，它们从脑部的不同区域升腾起来，彼此交叉，相互碰撞，然后灵光乍现。这种捕捉灵感的能力与其说是思维敏捷，思路开阔，不如说是抓住了事物的本质、内在逻辑与联系，不人为设定知识边界和限制。

第三步是提炼和升华，它对读通知识也是非常重要的，但往往被忽视。把知识扩展后再进行高度概括，构建学科的整体框架，明确各知识点在框架中的位置及相互联系，这就是“薄读法”。关注重点和难点，对已经掌握的知识很快跳过，每复习一次，课本就薄一点，重点、难点就少一点。直至最后，合上课本也能将最精华的部分串联起来，像放电影一样在大脑里过一遍。

这是一种归纳总结能力的锻炼，让你拨开层层表象或信息迷城，透视内在本质，再用简单明了的语言表达出来。工作以后，发现这种训练非常有用，能很快在各种表象和琐碎的信息中，看到事物的本质和内在联系，并将它们进行提炼和升华。于是，从一连串细微的工作中，能够发现蕴含的重要价值与意义，从一连串看似无关紧要的信息中，发现重要的市场机会。

除了学习知识，更重要的是掌握学习方法，提升学习能力。每个孩子的学习能力不同，特长和爱好也不一样，这种差异天生就存在。有的人学习有悟性，非常善于学习、善于考试，总能比其他人更快地理解和掌握某项知识；学习有方法，不需要挑灯夜战，悬梁刺股，就能取得事半功倍的效果；学习不偏科，全面稳定发展，各科成绩始终处于前列。而另一些人，再怎么用功也不行，就是考不好，没兴趣。

每门学科都有它自身的内在规律。学语文和学数学所用的方法就不一样。方法掌握了，就能活学活用，无师自通。但不管学什么，都不能只满足于知其然，还要知其所以然，同时建立学科之间的内在联系，把书本读懂、读通、读透。读懂知识，只能学到一个个孤立的知识点，如果能把知识读通、读透，那就厉害了，能将各知识点按照内在的逻辑进行关联，把它们组织起来形成一个知识网络，在需要时，会迅速触发和延展。这样的学生，也许单科不会拔尖，但一定会在所有科目上有比较好的综合表现。

老公告诉儿子，父母从不期望他要在所有学科上都出类拔萃，只希望他能充分利用自己的天资，加上好的学习理念和方法，培养学习爱好和学习能力，将所学的知识融会贯通，做最好的自己。知识长期不用可能会忘记，但学习过程中获得的各种能力和方法却会一点点沉淀下来，成为身体的一部分，并为我们继续前行提供能量和阶梯。

3. 问题解决力

学习是一种责任、一种态度、一种爱好。通过学习，传承知识，创新实践，丰富和娱乐自己，回馈社会和大众。学校里获得的各种知识和能力最终都要在现实生活中得到施展和应用。死记硬背的正确答案不仅容易忘掉，而且毫无价值，因为实践中遇到的问题是各式各样的，没人能事先把答案告诉你，必须自己去寻找途径和答案。

小时候，常听父母和老师讲要“活到老，学到老”，心里就在嘀咕，那该多累啊，我才不要这样！于是，拿到大学录取通知书后，感到一种前所未有的轻松和解放，觉得这辈子再也用不着这么苦读了。去大学报到前，除了留一些语言工具书，几乎把所有课本、参考书、练习和试卷全扔了。

七年的大学校园生活，虽说精神上比高考前放松了不少，又没有来自家长、班主任和老师的管束和监督，但一系列基础课、专业课、期中期末考试、毕业设计、学位论文等压力，还是让你不敢懈怠。终于等到研究生毕业，胜利大逃亡开始了，大家都在忙着卖书，要么在校园里摆个地摊卖给新同学，要么干脆打包卖给收破烂的，按废纸论斤称。

尽管如此，我还是保留了一些认为可能用到的专业书籍，带着两箱书踌躇满志地来到了工作岗位。等开始工作时，却被迎面泼了一盆冷水，发现自己面对的不再是各种门类的教科书，而是活生生的实践。这些实践自己尚未接触过，从学校带回的书完全派不上用场。怎么办？

“方法总比问题多。你从最基本的基础知识看起。先了解我们的工程研究对象到底是怎么回事，设施的系统构成、工作原理和基本功能。然后，学习相关的法规标准要求。等弄懂这些，我们再往下走。”前辈把相关的书籍和资料找来，一股脑地堆在我办公桌上，“自己看，看不懂问我们”。

先通读相关法规、标准、行业基础知识、系统设备介绍，建立起行业管理和相关学科的完整框架，再参加相关专业领域的培训与研讨，了解行业的管理理念。接着被派往国外参加工程建设实践，获取感性认识，累积现场经验，再持续跟踪行业的最新发展动态与实践，不断分析差距，寻求突破。

很快，以往我在学校里积蓄的各种能力逐渐显现出来。虽然工作是全新的，任务是全新的，但对于研究管理的对象及相关活动，无论在宏观还是在微观层面，我们在本科及研究生阶段都学习过，也见识过。所以，没有特别深奥的理论，只要能准确理解法规及标准要求的本质，再把这些要求具体应用于工程实践中就可以了。一旦发生偏差，循着基本的思维逻辑，也能快速找到关键原因所在。

进入职场后才明白，工作本身就是不断发现问题、解决问题的过程，无论你在什么领域、从事什么岗位。一个人的智商再高，存储的知识再多，人际关系处理得再好，如果缺乏问题解决力，很难获得好的工作绩效，很难体现个人的价值和竞争力，也不会受到用人单位的青睐。

问题解决力是执行力和领导力的基础。通过准确把握问题的实质，利用有效资源对症下药，使问题以最有效率的方式加以解决。它能体现一个人的综合素养和能力，成为决定我们职业生涯轨迹的重要因素。虽然刚入职时，新员工都处在同一条起跑线上，但两三年之后，彼此间的区别能很快显现出来，而且差距越拉越大。可以大体分为以下四类：

第一类，对工作有激情、有能力。任务难度越大越喜欢，会自主寻求解决问题的思路、方法、途径和工具，并在必要时主动寻求帮助。一旦任务完成，会有一种自豪感和成就感。同时，对反馈信息进行反思和总结，时刻准备迎接下一个挑战。

第二类，对工作有激情，但能力较弱。同样的事情，往往需要比第一类员工付出更多的时间和精力，所完成的工作质量却仍有一定的差距。这样的员工虽然不会在同事中迅速显露出来，很快获得重视，但也能脚踏实地，在工作中积累经验，逐渐提升自己的问题解决力，逐步得到认可。

第三类，对工作没激情、有能力。能力没用在工作上，喜欢耍小聪明，拈轻怕重，遇事推诿，夸大困难。出现问题更愿意找托词和外部原因，时常指责和抱怨他人或组织，却看不到自己的短处和错误。或安于现状，让干什么就干什么，很少去主动思考问题、争取工作机会。

第四类，对工作没激情、没能力。自己能力不够，却眼高手低，一般的工作不愿干，想干的工作干不了。得过且过，整天混日子。时间一长，人就废了，成为企业淘汰的对象。也许是岗位本身不适合他的特长和爱好，如果重新选择喜欢的工作和专业，结果可能会大不相同。

企业最需要的是第一类员工，第二类员工也会逐渐被单位接受，管理干部和技术干部也往往从这些人中分化、产生。有激情、有能力、有责任心，同时又善于沟通和协调，团队合作能力强，通常能成长为工作负责人和中层管理干部。在此基础上，逐步建立起全局意识和战略思维，对组织内外环境变化敏感，善于识人用人，有良好的人际关系，并善用内外部资源，就能脱颖而出，成为高层管理者。

视野开阔，具有丰富的想象力和敏锐的预见力，有胆识、有谋略、有魄力、有胸怀，特立独行，不断创新，追求卓越，一旦树立目标就执着前行，不达目的誓不罢休，这样的领导者才能成为企业家，成为行业的领军式人物。而那些埋头苦干、独善其身、孜孜以求、不断超越自我的技术能人，也是单位的宝贝，成为业务骨干、技术专家和行业泰斗。

这些人在证实了自己的能力之后，伴随而来的往往是获得更多的机会，锻炼更强的能力，赢得更多的信任，被赋予更大的责任。这就构成了一种良性循环，能成就一个积极的人生。他们也许在单位内占比不足20%，却是单位塑造核心竞争力的中坚力量。

问题解决力需要从小培养。事实上，在解决某些现实问题时，儿子已展现出比父母更强的兴趣和能力。他自小就对身边的一切充满好奇，不管家里添置了什么，一定先把产品说明书完整看一遍，认真研究每个组件和配件，然后对照说明书的要求进行组装，练习操作。家里的电视、电脑等出现问题或遇到操作困难，儿子几分钟内就能帮我们解决。

有时，生活中的一些小事，可能就是培养孩子问题解决力的重要机会。儿子初一时发生的一件事让我印象深刻。为接送儿子上下学，我们买了私家车。儿子很兴奋，总喜欢坐在副驾驶的位置，提醒驾驶员系安全带、打转向灯、控制车速、小心驾驶，注意交通信号灯、行人和来往车辆。遇到外出郊游，就一边研究地图，一边导航指路。

“我们买个GPS吧，这样出远门时就方便多了，不会迷路。”一天，儿子试探着问我。对GPS我一点概念也没有，儿子解释说，它是全球定位系统，利用十几颗卫星进行定位，可以从网上下载电子地图，不管到哪里都能用语音指路，比地图方便多了。就是有点贵，要两千多块钱。

我对这种新玩意儿不怎么感兴趣，加上刚买的全国地图册已经够用，就没理会。儿子不甘心，反复游说，最后想了一招：“如果我帮家里做家务，自己挣钱买，可以吗？”看来，得不到GPS，儿子就誓不罢休了！这也的确是个好主意，相信父母一般都难以拒绝。

儿子开了一个费用标准清单让我确认，列了一长串的家务：倒垃圾一次，1元；洗碗一次，2元；拖地一次，2元……有点意思，这算是母子双方的协议吧？陪儿子一起玩下去，看他能坚持多久。而且，做家务还能锻炼他的生活能力，培养对家庭的责任心，一举几得的事，何乐而不为呢？

一切妥帖之后，计划开始实施了。儿子每天主动找家务做，抹桌子、扫地、洗碗、倒垃圾，每干完一件，我马上付给报酬，有时就让他自己拿。我们家没有一个柜子或抽屉是上锁的，四处散放了很多小碎零钱，都是平日里不经意放的，加起来数目也相当可观。我告诉儿子："做了家务自己拿钱，要按照我们事先的约定。钱拿多拿少我不知道，但你自己知道，妈妈相信你。"

大多数人在小时候都有些想起来感到脸红的经历，比如偷偷拿父母的钱出去买吃的，将家里的东西偷出去换钱。对此类举动，如果把孩子当贼一样防，那是防不住的，必须帮孩子从内心竖起一道防线，同时给孩子以充分的信任。儿子很诚信，每次拿钱时都告诉我一声，绝不多拿。

儿子有模有样、踏踏实实地干了两个多月家务，我时不时再给点奖励，主动提高单价。快到国庆节时，儿子把赚来的钱盘点一下，已经有五百多元了。看到了孩子的努力，我们决定提前把GPS买回来，不够的钱由家长垫，正好国庆节出去玩时可以用上。儿子高兴得跳了起来。赚钱并不是件容易的事，按现在的进度，还得干上好几个月。

在电脑城，儿子很快选中了一款价廉物美的产品，只要九百多元，比预算少了将近一半。"它能不能用在车上导航？我可不可以打开看一下？"儿子有点不放心，向店员反复确认。价格低得有点离谱，就算降价，也不可能这么快吧？店员不让，说是刚进的货，没有样品。如果打开，就必须买，要不然就卖不出去了。

回到家，儿子迫不及待地拆开包装，传说中的GPS终于露出了它的真面目。一个长方形、扁扁的、只有巴掌大小的东西，中间是个液晶屏，旁边有操作按钮，就跟PS游戏机差不多。在确认配套的充电器、支架等部件完整后，儿子打开说明书，开始详细研究起来。我在厨房准备晚餐，他爸在客厅读报纸，家里一派轻松、祥和的气氛。

忽然，儿子大哭起来，那是由心底发出的哀嚎，听上去悲切极了，像锤子似的敲在父母心上。连忙放下刀，三步并作两步地跑了过去。好久好久，都没有听到儿子这样的哭声了。刚刚买了GPS，能发生什么事呢？儿子仰面斜躺在床上，眼泪不断涌出来，形成两条细线，顺着脸颊滑落下来。四肢打开，组成一个“大”字，GPS在他的右手掌边，液晶屏已被开启。

“这是怎么了？无缘无故的。”在儿子身边坐下，丈二和尚摸不着头脑。儿子边哭边说：“买错了！说明书里说的是模拟车载导航，导航仪根本找不到定位卫星。我盼了这么久，干了这么长时间的家务，最后却买个假的GPS。”我把说明书拿来看了看，确实是模拟导航，有电子地图，可设定出发地和目的地，但没有卫星定位，就像是一个游戏，并不具备实用功能。

难怪便宜这么多，把它退回去，再换个真的不就得了。“他能给换吗？包装已经拆开了。”儿子还在哭。“为什么不能？本来就是他卖错了。即使不换，大不了再买个真的，总会有办法的。出了错就想办法解决，光哭有什么用，能解决问题吗？”儿子将信将疑，慢慢停止了哭声。

找到发票上留的售后电话，对方听了我们的解释，很爽快地答应给换，但要补交近1000元的差价。店长很客气，一个劲儿道歉，因为是刚进的货，店员没弄清楚。补了差价，换回真的GPS，儿子总算可以安心地研究享用了。

事后，我跟儿子分享自己的经验。以前也常会遇到些事儿，以为是不能克服的，后来发现，这世上没有过不去的坎，方法总会比问题多。只要你找到了症结所在，就一定会找到解决办法。即使不成功，你努力过了，也不会留下遗憾。

4.健康生活能力

孩子成绩再好，能力再强，如果没有健康的体魄，所有这一切都是零。健康生活能力是每个人生存所必备的基本素养，如果身体羸弱、缺乏活力，纵使精神健全强大，也因缺乏物质基础，影响效能的发挥。精神又会反作用于物质，当我们具有良好的健康知识、观念和生活方式，心态阳光、积极、知足、平和，并建立了和谐的人际关系，身体也会更长时间地维持在舒适、健康的状态。

健康生活能力是获取和理解健康信息，并运用这些信息改变自己的行为，达到维护和促进健康的能力，包括与健康生活有关的基本知识和理念，健康生活方式与行为，保持健康的基本技巧等。它体现在日常生活的方方面面、每时每刻。一个人能否健康生活关键取决于自己，很多外部条件的改善，也可以通过自身努力去争取。

如果按上述标准对自己的健康生活能力打分的话，我最多 60 分，勉强及格。记忆中，在上大学之前，好像除了偶尔洗洗衣服，其他什么也不会干，因为上面还有两个姐姐。我的主要任务就是学习，考个好成绩，让父母感到骄傲。这对我后来的生活带来了一定影响，生活上总是粗枝大叶，不太会照顾别人，也不会照顾自己。

尽管如此，对儿子的养育还是相当尽心尽责的，儿子比较健康，没生过什么大病，性格也比较温和。即使我和老公工作都很忙，但我们坚持自己带孩子。因为觉得，祖辈会对孩子过分溺爱，保姆不能给孩子学业或行为示范方面的帮助。由于工作关系，两人都经常出差，就尽可能保证有一人在家。但有时实在错不开，只能把儿子托付出去。

这种状况从儿子周岁断奶的时候就开始了。儿子早就习惯了，他跟很多人家一起生活过。有时去父母家，母亲在火车站的月台上跟我完成孩子的交接手续；有时在当老师的大姐家呆上一段时间，但仅限于寒暑假。如果只有几天的，就放在同事家、邻居家或安排在同学家。

周围的朋友对我们这种"放养"的方式非常佩服，觉得我们怎么可以、怎么忍心这样对待孩子？他们更佩服的是我的儿子，对这种不断变换的生活环境有很强的适应能力，不仅学习没受任何影响，成绩出色，而且性格也好，照顾过他的人都很喜欢他。

每次将儿子托管时，我还是做了不少功课的。首先告诉儿子，不是妈妈不爱他、不要他，而是要去工作，为了将来更好的生活。把离家期间孩子需要的衣物、书籍、零食一一备好，没有遗漏；每天两人轮番给儿子打电话，让他感觉父母还在身边；每次出差回来，都要给他和托管的家庭带一些礼物，让他今后有些期待。

中学生活开始后，儿子的独立生活能力有了飞跃。早上七点钟送他去上学，晚上八点多自己坐公共汽车回家，中、晚餐都在学校吃。有次我要外出开会，老公过两天才能回来，就问儿子敢不敢自己独自在家过两三天。"可以吧。"儿子犹豫了一下，这将是他有生以来第一次整晚独自在家。"早上我自己坐公共汽车去，晚餐可以叫外卖。不过，万一起不来迟到了怎么办？"

我们决定先试一试。第二天，将闹钟提前了半小时，两人快速完成洗漱，带上早餐，急步走到公交站，坐上早班车去学校。儿子显然早已习惯了公交车里的环境，表现得安静又文雅，我说话稍微大点儿声，他就马上制止我，竟让我觉得有些羞愧。

将整个过程预演了一遍，时间还有富余。于是，准备好三天的早餐放在冰箱里，再给儿子留些钱，我就出差了。当然，担心还是有的，在外地的旅馆里一夜都没睡踏实，一大早就打电话想叫醒儿子，没想到他已经起床了，干净利索地拿上早点正准备出门。之后的两天，早晚打电话回家，儿子过得挺好，老公也回家了，才完全放下心来。

一位老同事听了，扑哧一声笑了："你这算什么历险？我五岁的时候，就自己在家带弟弟，自己洗衣做饭。那时候很多家庭都是这样，父母在三线工作，每周才能回来一天。现在很多农民工的孩子，成为留守儿童之后，也早就开始自己生活了。现在城里的孩子，实在是太娇贵了！"

是太娇贵了。就像儿子高一开始住校没几天，新生们就接二连三地病倒了好些个。高中开学的第一周是军训，来自部队的教官，通过严格的出操、队列和内务训练，锻炼孩子不怕吃苦、克服困难的意志；树立组织纪律观念，培养团队合作精神，步调一致，服从命令听指挥；提高孩子的耐力、身体素质和独立生活能力，并激发他们的国防意识和爱国主义精神。

在练习队列时，看似简单的站立，学生们做起来却并不轻松。因为平日锻炼少，有的在太阳下没站多久就两腿发抖，满头大汗，支撑不住了。一些女生出现了头晕、恶心的中暑症状，很快被家长接走，退出了训练。还有些家长就呆在操场边上，等中场休息时，立刻给孩子送上饮料和水果，还帮着打伞、遮阳、擦汗、扇扇子。

有些家长怕孩子吃苦，就提前找借口给孩子请假，干脆躲过军训。“你能行吗？要不要给你请假？”我有些担心儿子身体吃不消，打电话问他。“不用，我能行。大家都参加我却请假，不是当逃兵吗？”

也是，不管初中、高中还是大学，开学第一周是军训，已成为各学校的惯例。孩子们平时都被父母照顾得太周到了，娇生惯养的，趁着军训，让教官好好训练他们的体魄。孟子曰：“天将降大任于斯人也，必先苦其心志，劳其筋骨，饿其体肤。”如果连这点儿苦都吃不了，以后怎么能成大器呢？

心里庆幸着，还好，儿子没事儿，似乎经受住了考验。谁知第三天晚上，接到他打来的电话，说他病了，发烧，拉肚子，头疼得厉害，刚去校医院开了点药，吃下去好像没什么作用。心头一紧，火速赶到学校，在宿舍管理员大妈那里签字领回儿子，开车直奔医院。

急诊值班医生详细问了情况，听听心音、量量体温，说没事儿，是热感冒。最近学校在军训吧？是不是用凉水洗的澡？不少来就诊的孩子情况都差不多。以后刚运动完不能直接冲凉，刚出完汗全身的毛孔都是张开的，这一热一冷，不激出病来才怪。

打完点滴，儿子在家休息了一晚，一大早坚持要回学校。别的同学都在军训，儿子不好意思赖在家里。接下去的两天，晚上我去学校接儿子，打完针再送他回去。还是年轻，只三天，孩子身体就基本康复了。

好容易盼到军训结束，感觉就像过节似的，能看到儿子了。老公笑我：“瞧你那点出息！儿子天天在眼前晃，需要你照顾，觉得烦。真正不在跟前了，反而觉得不自在了。你就是劳碌命，不知道享福。下班不用着急往家里赶了，晚上还能出去散散步，这不挺好吗？学校又不远，想孩子了就去看看。”

话虽这样讲，他自己也想儿子，要跟我一起去，还要把床单、被褥、枕头拿回来，趁天好洗洗晒晒。男孩子汗多火力旺，别让被褥发馊了。一下班就开车往学校赶，快到学校时，路口已经有点拥堵了，远远看去，足有半个足球场大小的校外停车场已经停了不少车辆，还有更多的车正在往里挤。

看来，这不只是我们的节日，还是所有家长的节日。家长通常都是成双结对来的，总数量绝对大于孩子的数量。大家自觉地列在宿舍楼门口，朝着教学楼的方向张望着。

终于，孩子们陆陆续续地回来了，穿着统一的迷彩服，模样看上去差不多，得仔细看才不会漏掉自己的孩子。很多孩子长得就像豆芽菜似的，鼻梁上架着厚厚的眼镜，一拨一拨地走向家长。恍惚了一会儿，现在天下也不太平，以后能指望这些羸弱的孩子去保家卫国吗？

“爸妈，你们什么时候过来的？”回过神，儿子真真切切地走到我们身边。这小子，短短一个礼拜，变得更黑更瘦了，脸上、胳膊上有些地方甚至被晒得脱了皮。

等收拾好东西走出宿舍楼，发现外面是一片繁忙景象。偌大的停车场已被挤得水泄不通，里面的车一点点地往外挪，外面的车还要往里挤。好容易突出重围，坐进车一声长叹：“看咱这些家长们，把孩子捧在手心里这么多年了，还不肯撒手。这些小皇帝还不都是我们给惯出来的，我看这军训的成果一下子让我们给毁了。”

有中国父母甚至把这种习惯都带到国外，辞掉工作，去国外陪读，整天帮孩子干这干那，只要孩子学习成绩好，其他都好商量。一个美国女孩实在看不惯，在校园网上发布了一篇文章，痛斥中国孩子的恶劣行径，把华人都惹恼了，一个劲儿让这女孩道歉。

好像东方文化都是这样，把传宗接代、把孩子教育看得比天大。西方文化不一样，家长对孩子的学习成绩要求并不高，但对孩子的日常生活习惯和能力锻炼要求很严，定下很多规矩让孩子遵守。零花钱要靠劳动来挣，自己的个人事务要自己打理。过了十八岁如果还依靠父母，孩子自己就觉得是一种耻辱。不用父母赶，自己就会出去找工作，即使比尔•盖茨这样的大富翁家庭也不例外。

西方青少年的平均户外运动时间和健康状况也明显优于中国。儿子年龄越大，户外活动时间越少，早早戴上了眼镜儿，整天宅在家里，不是写作业，就是在家看书、玩游戏或上网。每次想拉他出去散步或运动，要费上很多口舌，还不一定能成功。

“你不要总说我。”儿子有次反驳道，“你和爸爸有什么运动呢？像我们，每天教室宿舍来回至少走一个小时，中间还有课间操和体育课。好容易盼到周末，就想呆在家里，哪儿都不想去。”

我无言以对。是啊，总在口口声声要求儿子加强体育锻炼，自己的健康情况又如何呢？看着状况频发的身体年检记录，盯着镜子里面色暗淡的自己，纵使学识经验不断增长，精神世界日渐丰厚，大脑皮层异常活跃，一旦丧失了健康的体魄，精神何以依附？能力如何展现？

人到中年，还以为依然年轻，工作、生活一肩挑，大脑习惯了高速运转，身体却越来越懒惰，肌体和重要器官机能不断下降，也越来越难以承担超负荷的脑力运动。如果身体垮了，非但不能更多服务家庭、贡献社会，反而会过早成为家人和社会的负担，这一正一负之间，该有多大的差距啊！

改变儿子，首先要改变自己。重新对日常生活进行审视和梳理，列出了一份不健康生活方式清单：出门就开车，除了偶尔散步和做家务，几乎没有日常锻炼；上班时在电脑前一坐就是几个小时，中间没有休息；公休日除了购物，很少有其他户外活动；早晚餐总是对付，不讲求营养搭配；看电视太多，睡觉太晚，睡眠质量差；养生意识淡漠，知识薄弱。

接着，启动了健康生活计划。只要时间许可，坚持走路上下班；每天早晚各散步一次，休息日时间加倍；充分利用小区内的健身器材，伸展身体的不同部位；早吃好，午吃饱，晚吃少，力求营养丰富、均衡；午餐后出门走走，减少坐卧时间；老公儿子不在家时，也要好好照顾自己，张弛有度，保持良好心境。

这个计划已经开展一段时间了，效果不错。闻着小区浓郁的花香味儿，吸着湖边清新湿润的空气，身体感到异常舒展，大脑得到了休整，睡眠质量也明显提高。还有个重要发现，附近每个小区旁、公园里、马路边，只要天气许可，早晚都会聚拢一帮中老年人在一起唱歌跳舞，还有音乐伴奏和领舞，俨然成为城市的一道风景。真羡慕他们，这种群众性休闲娱乐方式，不仅能令自己健康快乐，还能为家庭和社会节省多少医疗费用和养老资源啊。

更令人高兴的是，儿子、老公也一起加入了这个健康生活计划，使它成为一项全家健康生活运动。老公每次散步时还带上计步器，以确保每天的活动量。对我们来说，最大的挑战就是能否持之以恒。人的懒散似乎是种天性，必须不断提醒自己，调用意志力来持续克服身体的惰性。

5. 钝感力

儿子从学校回来，带回了一个令人震惊的消息：就在四个月前，附近学校一位高一年级的男同学从宿舍楼上跳楼自杀了。怎么会！这么好的学校，有很多优秀的老师，孩子们也那么阳光快乐，怎么可能跟自杀事件联系在一起？对传说中的自杀原因，好像主要还是成绩。男孩是初中学校的学霸，总是全校第一，来这儿上高中后，名次一下子排到几百名。

儿子看上去有点沉重：“分数和排名真的有那么重要吗？为什么所有家长都希望孩子考第一？第一永远只有一个啊，怎么可能人人能得？考了班级第一，就想要全校第一。考了全校第一，接着就想要全省、全国第一。如果孩子真的得了全世界第一，那家长还会再希望什么？”

第一真的没那么重要。虽然父母都希望孩子能得第一，但如果这是以孩子的健康快乐作为代价，没有家长愿意。家长更希望孩子能懂得生活，能快快乐乐地享受生活。读过美国作家写的一本书，有个家长把他的两个孩子从小就当成天才来培养，一个记忆力超群，一个成为钢琴神童。但孩子长大后，一个变成了书呆子，一个沦落为机械的钢琴弹奏者，两人都根本没办法在现实社会中正常生活。我可不想让儿子变成那样。

生命来了又去，生活停停走走。人这辈子，大概会不断面对生死吧。我活到现在，参加过的葬礼至少有十多次，送走的人大部分是得病逝世的，也有死于意外的，真正自杀的，好像还没有。这同学小小年纪，花骨朵还没开呢，就凋谢了，这算什么事儿，有点太不值了！

关于葬礼的记忆总是异常深刻，难以抹去。白与黑构成了灵堂的主色调，显得庄严肃穆，单听那首缓慢、低沉、哀怨的音乐就让人忍不住想哭。每个生者戴朵小白花，怀着敬畏在哀乐声中列队向遗体告别。曾经熟悉的音容笑貌已经凝固，只留下一具没有温度的僵硬的躯壳，而寄居在这皮囊里的灵魂此刻已不知飘零到何处。每参加一次死亡祭奠，就仿佛接受了一次生的洗礼，知道活着的可贵，所有的功名利禄、爱恨情仇都是浮云。

在孩子自杀事件的背后究竟隐藏着怎样的故事？带着这个疑问，我在网上进行搜索。因为害怕坏情绪会传染，并维护学校的声誉，没有一家公开媒体报道这件事。老师对学生们进行案例剖析后，也不让对外扩散。但在互联网时代，没有什么消息是能够被真正封锁的，它们一定就默默呆在某个角落里，就像大海表面平静，深处却暗流涌动，等待有心人去发现。

令我猝不及防的是，搜索“自杀事件”，立刻有成千上万条相关信息。有近期的，有过往的；有国内的，有海外的；有打工者，也有企业家；有高中生、大学生，也有小学生和初中生。有人还将一名女大学生的现场照片挂在网上，脑袋像西瓜一样沿鼻梁被摔裂成两半，显得面目狰狞又触目惊心。

聚焦这起事件，颇费了些周折，才顺着一个个零碎的线索初步还原了事情的概貌，甚至看到了那孩子的现场照片。那男孩脸侧着趴在地上，显得安详宁静，像睡着了一样。闻讯赶来的父母发出撕心裂肺的哀嚎，怎么也不相信如此优秀的儿子，两周前还同前来探望的父亲一起散步、吃饭，转眼间就说没就没了？他父母几乎崩溃了，寄托在孩子身上的全部希望也随之破灭。悲怆的父亲在网上不停地讲述孩子的故事，还发布了好几首哀悼孩子的诗，充满了怀念和绝望。

对孩子自杀的原因，认识他的同学和老师表达了不同的看法，主要包括：学校高手林立，竞争压力大，不能接受自己被远远地甩在后面；从周边小城镇来省城学校住读，离开父母的宠爱和呵护，忽然需要完全自主和独立；学校离家远，不能常回家，遇到节假日没人管，倍感无聊和孤独；大都市的同学家境好，车接车送，时常有父母大包小包来探望，心理落差大；昔日的老师恩宠不再，成绩下降，受到老师的批评不服，与老师发生激烈争执。

心里涌起一股酸楚。这傻孩子，钝感力太差，在面临困难和压力时，选择了最极端的一种逃避方式。他穿戴整齐，站在窗台上纵身一跃，分秒间就结束了自己的烦恼。可他有没有想过，含辛茹苦把自己养大的父母该怎么办？他的死也许会在校园里激起一阵涟漪，但时间很快会平复这一切，这种死亡毫无意义。

唯独父母的伤痛是无法平复的。他残忍地将父母的心击得粉碎，让他们后半生在自责、愤怒、痛苦和绝望中度过，让他们乌发变白，神情黯淡，腰身弯曲，提前衰老，然后更加孤苦无依地步入老年生活。有位跟帖说得好："我始终相信'相信'的力量。任何人，都给了旁人或欢乐或痛苦，给了旁人活着的证明，甚至意义。当世界上依旧有一个人会为你的逝去而伤心，你就不应该离去。"

人这一辈子，除了满足最基本的生存和安全需求外，在人生的不同阶段，总会特别想要一些东西，特别珍视一些东西，比如亲情、友情和爱情，比如自由、平等和尊严，比如事业、成功和人生价值等。当付出了很多艰辛与努力去追求这些东西，结果却是特别想要的没有得到，特别珍视的反而失去时，就会产生挫败感和负面的情绪反应，像焦虑、沮丧、自责、怨恨、痛苦、愤怒等。

面对挫折、失败和逆境，绝大多数人都会有这些应激反应，区别只在于负面情绪的强度、持续时间、影响范围和后果有所不同。过于敏感、过于自信、自尊心过强或一帆风顺的人，往往更容易受到更为长久的伤害。他们对这些情绪缺乏及时的反省和掌控，常会将它们放大，任由其蔓延，最后变成一种巨大的压力，让自己身心俱疲，对生活丧失信心和勇气。

而另一些人，开朗、豁达，对挫折反应迟钝，经得起各种打击，自我修复能力很强。对负面情绪保持警觉和清醒，面对失败和挫折能冷静分析原因，采取措施进行补救。相信“失败是成功之母”，从教训中获取经验，使自己变得更加聪明、成熟。对梦想和能力之间的匹配性重新进行审视和评价，必要时及时调整自己的目标。能将负面的压力转化为前行的动力，迅速调整心情，重振旗鼓，重新出发。

一些学者将人们对挫折和失败的不同反应和应对能力称为“钝感力”，它是赢得美好生活的一种能力，使我们能从容面对挫折和伤痛，以积极的心态直面人生中遭遇的风霜雨雪。它也是一种处世态度和人生智慧，相比激进、张扬、刚硬而言，更容易在错综复杂的现代社会中生存，更容易求得内心平衡，更容易与他人和社会和谐相处。

在成功人士的成功背后，除了拥有才能，还一定隐藏着有益的钝感力。读过很多成功人士的传记，在他们通往成功的道路上，总是充满了曲折、坎坷，还经常会陷入各种危机和绝境。正是钝感力帮他们度过了一个个难关，使他们的人生经验、感悟和智慧不断得到升华，并最终使他们的才华开花结果，发扬光大。

为了培养和锻炼孩子的心理素质，提升钝感力，学校其实一直在不懈努力。配有专门的心理老师，每周上一节心理健康课，每学期还会安排一些不同主题的学生和家长的心理沙龙。学校希望通过这些举措，能为孩子营造一种宽松、自然、愉悦的心理氛围，对孩子严格要求的同时，也要学会宽容，等待他的进步，不操之过急。经常与孩子沟通，注重激励他们的自信心和上进心，学会做伯乐，懂得欣赏孩子的优点。

第一次家长沙龙安排在周三晚上，主题是如何指导孩子度过高一适应期。那是一个雨夜，晚饭过后雨越下越大了。犹豫了一下，觉得还是得去。我们和儿子都有一些困惑，希望能从老师或其他家长那里找到答案。撑着伞来到学校，遇到不少冒雨赶来的家长，脸上跟我一样都写着很多问号。

本次沙龙的两位主持人都是女性，一位是年轻的心理老师，一位是中年志愿者，还有一些高年级的学生提供支持服务。大家围着两位女老师密密麻麻地坐着，把六七十平方米的教室塞得满满的。“我孩子以前在学校总是前几名，现在排到九百多名。孩子现在每天很沮丧，自信心完全没有了，吃不好睡不好的，人都蔫了。我看着着急，又帮不上忙。老师，您说该怎么办？”一位中年男子率先发问。

“我来回答吧。”中年志愿者说。她孩子刚进高中时，境况是一样的。分数和成绩排名是引发孩子焦虑或其他心理问题的主要根源，很容易伤到孩子的自信心。但在国内的高考体制下，知道了成绩排名，才能确定差距和不足，对文理分科、高考择校有一个基本定位和判断。我们能做的就是要鼓励孩子，能考上这个学校，就说明你很厉害，已经超过了那么多竞争者。

然后，及时调整自己，争取把成绩提一提，实在提不了，也别跟自己较劲。每个人的天分是不一样的，要学会发现孩子的特长和弱项，然后扬长避短。上帝是公平的，不会把所有的天分都给一个人，也不会夺走一个人的所有天分。每个孩子都是独特的，真正的教育不是拿成绩来统一度量，而应该像原始森林，让每一棵树、每一根草都以自己的姿势，在雨里生，在风里长，在阳光下呼吸。

另一个家长紧接着问：“我孩子住校后，不太会处理人际关系，与老师和同学之间经常有些小摩擦，说话也特别冲，行为容易偏激。我开导过他，要搞好同学关系，要能容忍别人，他就冲我嚷嚷。这又该怎么办？”

年轻的心理老师站了起来：“我先问你一个问题，如果孩子想让你买三国杀，你买还是不买？”家长不太确定地问答：“他要是喜欢，对学习又没影响，就买呗。”老师追问：“你知道什么是三国杀吗？”“不知道。”“不知道就买啊，够大方的。”大家哄笑起来。

老师收起笑容，严肃起来：“家长要想说服孩子，就要首先跟孩子建立起良好的沟通，走进孩子的心里，获得他们的信任，之后他才有可能听进去并接受你的观点。走进孩子的内心并不容易，不要以为把他照顾好，要什么给什么就行了。要知道他喜欢什么，为什么喜欢。所以，当孩子找你要三国杀时，先问他什么是三国杀？好玩吗？怎么玩？最好能跟他一起玩，慢慢建立信任。有了这些基础，随后才能跟孩子做更好的沟通。”

这个年龄段的孩子自我意识非常强烈，遇到问题时，往往把责任都归咎于外界，很少换位思考、反思自己的错误，就容易产生怨恨和委屈，陷入自己的小情绪里无法自拔。在感觉受到侮辱和侵害时，成年人的反应是不同的。有人默默承受，有人据理力争，有人一蹶不振，有人破罐破摔，有人武力报复，也有人用自我伤害来维护尊严。

孩子也一样。当他们缺乏足够的忍耐力，又没有足够的力量去抗争时，往往更加敏感和脆弱，更加冲动和偏激，更加倾向于用伤害自己来报复他人。这些症状也多半跟我们对孩子的过度保护有关。无原则地溺爱，容易使孩子形成性格缺陷，自我，任性，依赖性强，合作能力差，缺乏责任感，不会关怀他人等。智商很高，但情商很低，容易冲动，难以处理好人际关系，对挫折缺乏基本的抵抗力。

这些性格现在还没有完全定型，孩子们还有救，但需要家长配合。

从身体和精神两个层面关心孩子，及时发现他们的情绪变化，避免把坏情绪累积在心里，再以非常极端的方式爆发。学校成立心理教研室后，成功干预了一些极端事件的发生。但因为只有四名心理老师，要同时面对几千名学生，所以不可能及时识别每个学生的心理问题并提供帮助，这会让老师觉得很难过。

老师停顿了好久，来调整情绪。青少年自杀是当今社会需要普遍面对和关注的难题，国内、国外都是这样。它是社会因素、环境氛围、心理过程和个人气质等多种复杂因素交互作用的结果。一些机构专门针对自杀现象进行调查研究，提出了一系列理论，倡导国民从小就要接受生命教育。

中国的文化传统，总让我们忌讳谈论死亡，掩饰对死亡的恐惧。但地球人都知道，它是生命的终点，每个人迟早都要面对。其实，对死亡的思考，也是对生命意义的思考。像欧美有些国家，把死亡体验作为一堂青春必修课，让青少年用科学的方式体验死亡，理解并感悟生命的意义。如果每个孩子能认真思考死亡意味着什么，想清楚自己的牵挂、眷恋和遗憾，他们还会逞一时之快去轻生吗？

老师最后总结道："教育绝非单纯的文化传递，其核心是人格心灵的唤醒。心理沙龙不可能解答所有问题，但家长把困惑提出来，压力就释放了一半，问题就解决了一半。遇到问题时角色互换，体察彼此的真实想法和良苦用心，是缓解压力的真正妙方。但最终解决问题、缓解压力还要靠孩子自己。希望各位家长与老师保持联系，继续支持学校的工作，共同呵护孩子们健康成长。"

6. 创新能力

创新能力是运用知识和理论，在科学、艺术、技术和各种实践活动领域中，不断提供具有经济价值、社会价值、生态价值的新思想、新理论、新方法和新发明的能力。它是人类社会发展的驱动力，是民族进步的灵魂，也是国家竞争力的核心要素。

创新，意味着改变和推陈出新。没有创新，便不会有人类的发展进步，也不会有今日的文明。人类社会从低级到高级、从简单到复杂、从原始到现代的进化历程，就是一个不断创新的过程。

但是，中国的传统文化崇尚中庸之道，求稳趋同，不敢求异冒险。否则会“枪打出头鸟”，“木秀于林，风必摧之；堆出于岸，流必湍之；行高于人，众必非之”。不过，这种状况现今有了很大的改善。奇花异草、奇装异服、奇谈怪论、奇思妙想、奇闻异事，大家已经见怪不怪。敢于张扬个性也是创新思维的一个重要特质吧！

学校教育也多以知识灌输为主。过多的书本知识，反而将孩子的认知模式化、固定化，成为创新能力发展的障碍。而现行的考试方法，又简单地将学生对知识的掌握分为“对”与“错”，尤其是“政、史、地”，只要死记硬背就能得高分，能否理解、分析和灵活应用反而变得不重要了。如果再创造性地加入自己的观点，往往得不到支持。

偏科的孩子在学校往往感到自卑或受到歧视。因为成绩排名上不去，高考总分上不去，考上好大学的可能性或对专业的选择余地就小。全国统一高考在实现教育公平的同时，也会让一些偏才、奇才、怪才丧失了获取良好高等教育的机会。

为了唤醒孩子们的人格心灵，学校和老师们一直在进行着各种努力和尝试，“创新素质实践行”就是其中的一项。这项作业从初中开始，每年寒暑假都有，要求学生任选主题，深入社会开展调查，并提交调查报告。这种独特的课程形态，跳出了传统的应试教育框框，引导孩子走进自然和社会，通过亲身实践，增强探究和创新意识，学习科学研究方法，发展综合运用知识的能力，增进对生活的感悟和体验，培养社会责任感。

为保证“创新素质实践行”活动的质量和效果，学校每年对学生参与该活动的态度、能力和作品进行评价，成绩记入学生手册。此外，市教育局通过校级、区级、市级层层选拔，每年评出若干个优秀作品，获奖学生可获得一定的中考加分优惠。学生的活动成果和获奖率也是考核教师和学校业绩的一项重要指标。

学校对创新实践活动也提出了一些基本原则和要求，比如选题要从身边的生活入手，不能大而空；由孩子自己设计调研方案，通过实地观察，记录原始的调研数据；对获取的数据进行整理和分析，得出一些结论，并给出自己的建议。必要时，家长可以提供一定的帮助。

每年寒暑假，儿子先同我们讨论选题，制订调研计划，开展后续活动。初中三年，他一共写了五份社会调研报告，紧扣时下热点话题或身边能够看到的缺陷或隐患。其中一篇调研报告几经补充和修改，最终获得市“创新素质实践行”二等奖。儿子也在这些活动中得到了锻炼，开始留心观察周围的事物，掌握了一些基本的研究技能和方法。

“创新素质实践行”获奖能得到中考加分，这让很多家长开始想方设法帮助孩子走捷径。家长不能写就找高手代笔，或直接花钱购买他人的研究成果，在评价环节托关系、走后门，与教育部门推行素质教育的良苦用心背道而驰。

为保证评选结果的公平和公正，市教委想了很多办法。在市级评选时，参选的专家被集中隔离，隐去学生的姓名进行盲评打分，然后再集体讨论最终的结果。获奖情况随后被公示在政府网站上，以接受公众的质询和监督。获得一等奖的学生，还要通过市教委组织的专家面试，旨在鉴别报告是否真正出自学生之手。

尽管如此，还是难以杜绝造假。看看近年获奖作品的题目，就会心生感慨。大多数题目视角很巧妙，与日常生活息息相关，体现出了学生对社会发展、城市建设、生命健康的关注。但有些题目专业性很强，在研究实验环节需要投入大量的精力和资源，即便对经验丰富的专业人士都是一个挑战，很难让人相信它竟然会出自一个中学生之手。

不过，任何事物都有正反两面。尽管“创新素质实践行”活动还存在诸多问题，但孩子在这些活动中受到的启迪和获得的能力也是显而易见的。在初三临近中考时，儿子忽然对EXCEL计算机编程语言产生了兴致。因为他读到了一篇文章，解析“喧闹的教室忽然戛然而止”这一常见现象背后的科学道理。

“妈妈，你有没有遇到这种情况，在一个教室或会议室里，本来大家都在唧唧咋咋地讲话，忽然间会不约而同地静下来，谁都不说话了？”在一次吃晚饭时，儿子问我。“遇到过。本来乱糟糟的，嗡嗡声一片，一个比一个说得起劲儿，会突然安静下来，静得让人发慌。”

“我们在学校晚自习时也经常遇到。”儿子进而兴致勃勃地说：“你知道吗？这个现象可以通过EXCEL建立数学模型，来进行科学解释。”不会吧？我用过EXCEL，基本只用来制作报表，有些排序和统计功能。还能用它来建立数学模型？

儿子决定按照那篇文章描述的思路，自己来求证。他买来厚厚的《EXCEL基础教程》，每天抽出一些时间进行研究。然后在电脑上利用

EXCEL 建立了数学模型。纵列取值 50，代表有 50 名学生，横列代表每位同学所处的状态。一个人正在说话，取值为 0～100；正在听他人说话，取值为 -100～0。

用 IF 语句，让计算机为每位同学在 -100～100 之间随机取初始值，然后每 0.1 秒正值减 1 负值加 1，直至为零。将横列求和，可得出某一时刻整个教室的说话状态，以及在该时间段内的教室整体状态分布，忽上忽下，基本是无规律的锯齿形分布。

再设定限制值，即说话人的状态值达到 6～10 时，会以为老师来了，潜意识地停止讲话，于是状态值迅速下降为 0。这个假设是合理的，教室里经常会遇到该情形。利用横列求和，画出状态分布，状态值会突然下降，趋近于 0，从而求证了这一现象。

儿子很兴奋。他把自己的求证过程写成文章，放在 QQ 空间里与同学和朋友共享。他哥哥看到了，留言道："这篇文章是我弟弟在 14 岁的原创。现在的孩子都是变形金刚啊？我们 14 岁那会儿，还都在玩泥巴呢！"

其实，创新是人的天性，也是生存的需要。早在 20 世纪初，著名教育家陶行知就主张，要培养孩子的创造力，必须进行六大解放：解放孩子的头脑，更新学习观念；解放孩子的双手，提供实践机会，培养动手能力；解放孩子的嘴，鼓励提问和质疑；解放孩子的空间，充分利用学校、社会等各种资源，在自由的空间里掌握知识；解放孩子的时间，减轻作业和考试负担，让他们有充裕的时间思考问题，发挥创造力；解放孩子的眼睛，充分运用现代化教育技术，结合直观教学原则，培养学生良好的观察能力。

我们上中学那会儿，虽然很少提及创新教育，但学校和老师的一些做法，对培养孩子的创新精神和能力还是十分有益的。比如，语文老师常会将几篇写得好的命题作文在班里朗读，让我们感受同一命题的不同巧思和立意；数学老师总是先把问题提出，让同学到讲台上解，自己再进行点评，而后进一步征询不同的思路和方法，并予以表扬和鼓励；物理和化学老师上课时总会带上一些实验器具，先演示实验，再讲解其中的原理和规律。

学校和市里时不时举办各类竞赛活动。像数理化竞赛，题目不仅超出了课本的知识范围，而且出得很奇巧，让思维天马行空，自在而行，说不定就能出奇制胜。还可以根据自己的特长爱好参加“课外兴趣小组”，在老师的指导下进行有趣的研究实验。记忆最深的是“化学兴趣小组”的汇报演出，反响很热烈，那个“冰棒点炮”的节目至今记忆犹新。

真正接受系统的科学研究思维和方法的训练，是在本科四年级及研究生阶段。尤其是研究生教育，更加注重培养学生研究问题、分析问题和解决问题的能力，注重实践与创新能力的培养和锻炼，以便今后能从事科学研究、教学或独立承担专业技术工作。第一年的专业基础课结束后，导师帮我们一起确定了研究方向、论文题目、研究思路与方法，并提出了具体的要求。

这些要求包括：研究内容和结果要兼具理论性、系统性、实践性和创新性，论文不少于两万字，要格式规范、层次分明、数据可靠、文字简练、说明透彻、推理严谨、立论正确、结论可靠。有问题尽可能自己解决，或寻求同学和师兄师姐的帮助。实在解决不了，再向导师求助。

到学校和国家图书馆查阅大量国内外文献，去相关制造厂家进行实地调研，了解该领域现有的研究成果、前沿动态和行业用户需求，论证项目的必要性、可行性，明确项目的目的、意义、主要研究内容和成果形式。与导师讨论确定研究的技术路线、研究要点和难点、阶段目标、进度安排，需要的试验条件、工作条件和外部资源。然后，按计划、分步骤去逐一实现。

对获取的各种试验数据进行分析和评价，同时，开发专家诊断系统模型，利用计算机进行编程和计算，绘制出性能曲线。将试验结果和理论计算结果进行比对，最终给出研究结论，并对工厂的制造工艺提出改进建议。

现在回过头看，当时写的硕士论文和在国外期刊上发表的文章相当稚嫩，但研究过程中的收获是巨大的，培养了科学研究与思维能力，项目策划和管理能力，发现问题和解决问题的能力，试验设计、操作与观察能力，数据和事实的分析与判断能力，计算机建模、编程与应用能力，科学严谨的文字表达能力等。这些收获，让我们受益终身。

进入工作岗位以后，发现创新是每天必须面对的一件事。因为社会在不断发展，科技在不断进步，知识在不断更新，环境在不断变化，顾客、领导和员工的需求和期望在不断提升。这些都使得工作中遇到新情况、面对新问题成为一种常态，只有不断进行管理、技术等方面的改变和创新，不断提升自己和团队的能力，不断拓展新领域、开发新市场、寻求新突破，才能跟得上行业发展的脚步，免于落后和淘汰。

创新，意味着改变和推陈出新，它对于一个国家的意义更加重大。不同国家发展速度有快有慢，发展阶段有先有后，发展水平有高有低，根本原因在于国家创新能力的大小。一个人如果不具备创新能力，也许还可以平平安安地过一辈子。但如果一个国家、一个民族缺乏了创新能力，就会在国际竞争中处于被动从属的地位，就注定会落后，而落后就要挨打。

创新型人才对国家创新能力有着举足轻重的作用。工作中会感受到，这类人才普遍具有如下特质：不满足现状，思维活跃，习惯质疑和反思；对新事物保持好奇与敏感，兴趣广泛，想象力丰富；不怕困难，喜欢挑战，敢于尝试，有竞争合作精神；感受敏锐，能发现大家视而不见的问题并多角度考虑解决办法；理解深刻，能洞察事物本质并进行开创性思考等。

乔布斯可以称作是创新型人才的杰出代表。儿子是个苹果迷，他喜欢所有苹果公司的代表产品：iPod音乐播放机，iPhone手机，iPad平板电脑，还有air手提电脑等。当他拥有第一个苹果产品iPhone 4时，兴奋得不得了，逐一向我们展示视频通话、语音识别、无线上网、全球定位、手机电视、指南针和陀螺仪，还有各种小游戏、实用工具以及包罗万象的苹果商店。

儿子满脸陶醉地抚摸着手机："这才叫艺术和科技的完美结合。瞧瞧这外观，还有这手感，里面的功能就更不用说了。我真是太崇拜乔布斯了！为什么我们国家就出不了乔布斯呢？除了古代的四大发明值得炫耀外，我们现在所用的高科技产品有几个是中国发明的？"

"儿子，问得好！"老公夸赞儿子，并讲起乔布斯的故事。他大学只读了一年，二十出头就创办了苹果公司，总是特立独行，又固执己见，被合伙人和董事会赶了出来。后来，苹果产品缺乏创新，市场被微软等后起之秀挤占，近乎要破产，董事会又将乔布斯请回来，希望他挽救苹果。他关起门埋头攻关，大胆使用最先进技术，开发出全新产品，打造全新的商业模式，不仅让苹果起死回生，甚至引发了全球的苹果风暴，成为一种时尚风向标。

苹果公司最厉害的地方在于它拥有技术、专利、创意和产品，能对设计、制造、销售整条产业链进行主导和控制。这也是发达国家的典型盈利模式，只需动脑，材料、廉价劳力、生产地都由发展中国家提供，同时也把能源和资源消耗、环境污染留在了国外。苹果全年销售额几乎一半来自中国，每卖出一台 iPhone 手机，就能独占大约 60% 的利润。而中国工人每天加班加点组装手机，获得的利润不到 2%，得了职业病还申诉无门。产值也算在中国，这一进一出，贸易逆差又上去了。

为什么苹果能那么牛？还不是我们技不如人。我们常号称自己是五千年文明古国，曾引领世界潮流数千年，但我们错过了最近两百年的工业革命，丧失了最重要的发展机会，还被西方的坚船利炮轰开国门，像砧板上的鱼肉，任人宰割。即使改革开放三十年后，国家发展很快，GDP 也跃居世界第二，但很多企业仍然是以廉价资源和劳动力取胜的“世界工厂”。

物竞天择，适者生存，发展是硬道理。要免受屈辱，就必须让自己变得强大。而强大的根本，在于不断创新。身外的世界每天都在变，只有顺应这些变化，不断调整和改变自己，才能走得更远更好。孤芳自赏，固步自封，满足现状，终究会被历史的大潮所淘汰。这个道理，对每个人、每个组织、每个国家都同样适用。

我们国家顶级的创新型人才少，不能只怪罪教育，也跟整个国家的文化传统有关。你看乔布斯，大学一年级就辍学了，他的能力并不只是在大学里学的，而是从小就在一个非常自由、开明、包容性很强的环境里长大。他如果在我们这里，一定不会是一名好学生，还会偏科。但是，世界上很多奇巧的创新和发明，往往都是由这些固执、随性、不着调的怪人来完成的。“看来，我当不了乔布斯，只能当他的铁杆粉丝了。”儿子诙谐地说。

7. 去海外留学

儿子能不能当乔布斯，谁知道呢？不管未来会怎样，就送他到乔布斯的家乡读书吧，去实地感受一下那里的创新文化氛围。送不送儿子出国读书？去哪个国家、哪所学校比较好？什么时候去，高中毕业还是大学毕业？对这些问题，我和老公讨论过很多次。

对前两个问题，我们的意见高度一致。儿子有条件一定要走出国门去读书，接受不同文化的熏陶，对开阔视野，锻炼生存能力，丰富人生阅历都有好处。中国的初、中级教育基础扎实，西方的高等教育更具有开拓性，如果兼收并蓄，就更能充分地发掘孩子的潜质，更能适应未来全球一体化对复合型人才的需求。要去就去美国，它本来就是一个移民国家，多元文化高度融合，而且教育、科技实力在全球仍处于霸主地位，至今无人能撼动。

对后一个问题有些分歧。我希望儿子直接出国读大学，国内的高考压力太大，高校多是严进宽出，教学科研水平与国际顶尖高校之间存在差距。大学治理结构过于行政化，影响了学校的学术发展。加上近年来的教育产业化和大规模扩招，功利化趋势明显，一些教授忙着搞项目挣钱，学术失范，论文造假，教学科研被边缘化，教学科研风气和质量有整体下滑之势。

国外发达国家的高等教育则刚好相反，是宽进严出，入学门槛低，但学业质量把关严，科研水平高。注重学生实际动手能力的锻炼和独立、批判性思维的培养，重视文化发展和科技创新。虽然学习压力较大，但获得的能力也强，就业前景相对较好。很多中国学生最轻松自在的四年大学生活，是国外名校大学生最勤奋、最能积蓄人生能量的黄金四年。

老公认为，国内也有一流的大学，也有一些很敬业、道德水平和学术水平都很高的教授，只要孩子用心，还是能学到不少本领。近些年，随着中国国力的增长，政府对教育科研的资源投入持续加大，教育理念、教育改革也在同步推进，对海外专家的吸引力越来越大，具有国际视野和高水平师资队伍不断扩大。

凡事事在人为。在国外名校混文聘的也大有人在，并非进了名校，就像进了保险箱，个个都能成才，关键还看个人的努力。孩子未来在哪里发展也是一个重要考量因素。如果希望他留在国外发展，出去的时间可能越早越好。如果想孩子回国工作，最好在国内读完大学后再出去读硕士、博士。孩子中学以前一直没能接触社会，不了解中国现状，出去太早，以后难以适应中国社会。不如先在中国上完大学，对社会、对国情有初步了解，人生观也基本形成，到时再由孩子自己选择未来的道路。

又请教一位行业资深专家，他年轻时曾在海外留学，经历丰富。专家说，能考上国内好大学就尽量在国内上。现在出国留学的人太多，良莠不齐，很多单位在人员招聘时，并不十分看重海归。有些孩子是国内高考失利才转而出国留学的，在基本功底、个人天资和整体素质上，与国内的尖子生还是有些差距。

当然，也有很多孩子成绩很好，出于对国外高等教育模式的向往或其他原因，选择放弃国内高考，直接去国外上大学，有的甚至在初中、高中阶段就出去了。还有一个现象需要家长关注，孩子出去得早，在国外呆久了，回来后反而对国内的文化融合产生了一些障碍，这个问题可能对孩子今后的发展影响更大。

很多人刚出国时，都会经历一段文化休克期，那段时间特别难受，特别想家。突然远离亲人，生活环境、语言环境和文化环境跟以前完全不一样，需要重新安排自己的生活，克服与人交往时的语言障碍，还要面对文化差异带来的困扰和冲突。

这些问题成人应付起来已经很困难了，更别说孩子。如果处理不好，会让他们丧失自信，变得抑郁孤僻。还是晚点出去好，让孩子更成熟一些。在国外读研究生还容易申请到奖学金，经济压力要小很多。总之，要量力而行，千万别把自己的养老钱都押出去。

我这边调查得挺起劲，儿子却毫不领情："我不想出国留学。"儿子硬邦邦地撂下一句话。叛逆期的儿子总让我措手不及。"出国得讲外语，我怕听不懂，又说不明白。还有，都说国外高中很轻松，大学很辛苦。这下倒好，我们高中很苦，就盼着考上大学轻松轻松了，又要去国外受苦受累，我不干！"

语言根本不用担心，所有留学的人都是这么过来的，很少听人讲语言是个不能克服的障碍。还有，大学轻松了，如果学不到本领，没有竞争力，找不到工作，吃亏的还不是自己？我觉得，儿子不是不想去，而是有些怕，怕吃苦，怕自己一人在外不能独自应付。

其实，儿子所在的学校，与美国、英国、德国等多个国家的双边交流很频繁，学校还专门设有国际班可以直接参加国外高考。老师们也在不断强化去海外读书的观念，同学之间开始交流对留学的看法。一天，儿子终于说，当代很多前沿技术都在美国硅谷诞生，他们班有好几个同学都想去美国读书，但希望大学之后再去。他同时还递给我一张宣传单，问我们要不要报名。

这是学校组织的暑期游学夏令营，有五个目的地，我们选了"探访美国名校夏令营"，共十八天，除第一周安排了几天中美学生交流活动外，其他基本是旅游。从西海岸到东海岸，包括美国主要名校、纽约、华盛顿、旧金山，还有硅谷和迪士尼乐园。

老公打起了退堂鼓：“这不就是玩吗？万一孩子心玩野了，收不回来了，该怎么办？”“只有高一相对轻松一点，偶尔放松一下没有多大关系吧？学习生活这么枯燥、劳累，给他一点刺激和实地感受，也许今后学习会更有动力。”话虽这么讲，我心里还是不踏实，专程跑到学校咨询老师，得到肯定答复后，才算定下心来。

余下的事接踵而来。先要照相，给儿子办身份证和护照。然后在父母工作单位开收入证明，并签署一项声明，保证孩子此次出去不会在美国非法滞留。同时，提供一定存款数额的存折，在相关银行办理存款冻结手续。“怎么这么麻烦，要这么多文件？又不是上月球。”我不解地问老师。

负责夏令营组团的老师解释说，这是对方大使馆的要求，以前发生过一些事，父母利用夏令营把孩子送到国外非法移民，先委托当地亲友找个家庭藏匿起来，再想办法给孩子弄个合法身份。真不知道这些家长是怎么想的，这样东躲西藏的，对孩子的成长没什么好处。

花了一个多月的工夫，终于把各种材料和证件准备齐全了，也通过了使馆面签。临行前，学校专门组织家长和学生开了一次会，沟通夏令营的各项安排、营内纪律和在外注意事项。还编制了书面的夏令营活动指南，列出了日程安排，需要准备的旅行物品清单，过海关和日常生活基本用语，分组，领队的联系方式等。

这是儿子第一次离开父母随团旅行，而且要到这么远的国家，走这么长时间。老公郑重其事地交代儿子一些安全方面的注意事项，说着说着，眼圈竟然红了。我帮儿子一同准备旅行箱，对照物品清单，把所需用品分门别类安排好，反复叮嘱了好几遍。又给儿子写了封信，结合自己历次出国时积累的经验，告诉他在旅程中应该如何安排生活，如何锻炼能力，旅途中可能会遇到哪些问题，如何避免和应对这些问题。尤其是去美国要看什么，要学习什么，怎么记录看到和经历的人和事，等等。

学校比我们更有经验。老师给每人发了一个醒目的彩色绸带，让大家写上自己的名字，固定在旅行箱上，老远就能分辨出来。每个人还有一个胸牌挂在脖子上，上面有营员姓名、编号、夏令营名称和带队老师信息等。很多家长都来车站送行，拿着相机记录下孩子背着背包、拉着旅行箱渐渐远去的背影，心情复杂极了。有兴奋，有期待，有忐忑，有担心。

儿子到美国后的第二天，打电话很着急地问，我有没有在他背包里放钱，他没看到，会不会丢了？别人都正在商场买东西，他什么也买不了。真是怕什么就来什么。“你再找找。找不到也没关系，旅行箱里还有。”又赶忙打电话给领队，让她帮帮儿子，如果钱真的丢了，就好好开导他。丢了几百美元是小事，心情变坏了，会把整个旅行给毁了，就太不值得了。还好，后来钱找到了，可以睡踏实了。

夏令营还开通了博客，成了家长了解孩子动向的主要信息来源。每天查看营里传送的照片，一发现有儿子的身影，连忙叫老公一起看。十八天眨眼就过去了，我们去机场接儿子，那种期待和喜悦就如同欢迎凯旋的战士归来。儿子变得黑瘦了一些，戴着一顶宽大的魔术帽，显得很滑稽。他一路兴奋地讲述他的所见所闻，还展示了从美国带回的小纪念品和沿途拍的照片。

透过这些照片，我看到了儿子眼中的美国。西海岸的阳光很灿烂，空气很清新，路面很干净，汽车和皮鞋几乎不用擦洗。他们参观了哈佛、耶鲁、加州伯克利分校、麻省理工等著名高等学府，校园或典雅或现代，环境非常优美。当地老师给他们讲授一些课程，与寄宿家庭一起聚餐。在华盛顿白宫外的草坪上，一群抗议者正戴着现任总统奥巴马的面具，进行讽刺幽默表演。纽约著名的第五大道看起来有些狭窄，没有想象的豪华气派。自由女神依然伫立在那里，略显沧桑地注视着远方。老公在新英格兰留过学，对这些学校很熟悉，爷儿俩谈得很热闹。

回国后的一段时间里，儿子常常说起在美国的生活。他用Google地图找到了寄宿家庭，兴奋地指给我们看，这是我们在美国的家，前庭是一个花园，后院有一个游泳池。有四个同学一起住在这里，美国妈妈对我们特别好，准备带到学校的午餐，带我们玩橄榄球。美国爸爸教我们打棒球，还看了场棒球比赛，甚至去空军基地参观。别墅前面有一片很大的草坪，有时我们就仰面躺在那里，看着特别蓝的天，呼吸着特别清新的空气。太阳照在身上暖洋洋的，我眯着眼睛几乎要睡着了。

“瞧，儿子已经有美国妈妈和美国爸爸了。我们养了他十几年，为他做了那么多事儿，怎么从来没听儿子夸过我们呢？美国妈妈照顾他一周的时间，就把儿子的心俘虏了。”心里有些酸溜溜的。“哈，你妈吃醋了。儿子多一个妈妈和爸爸爱有什么不好呢？”

儿子忽然高兴地叫起来：“美国妈妈给我回信了！前几天，我给他们发了一封感谢信，现在回信了。你们看！”美国妈妈表扬了儿子，说他人很好，很特别，希望今后有机会能回来看看。儿子很感动，认真回了信，还跟老公一起仔细推敲里面的措辞，怕有语法和拼写错误，或其他不适当的表达。

书信来往了一段时间后，美国妈妈的回信就少了。看着有些失落的儿子，我们安慰道：美国妈妈可能很忙，一定接收过很多孩子到她家里寄宿，说不定现在又有新的孩子正在他们家里。你不要难过，美国妈妈一定还记得你，但不可能有这么多精力回复每个孩子的每一封来信。

从美国游学归来，儿子坚定了去那里留学的决心，反而令我担忧起来。的确，美国对很多人来说充满活力、充满自由和梦想，就像天堂一样。但那是别人的天堂，不是我们的。如果儿子将来到那里留学，不想回来了怎么办？我不能想象，没有儿子的晚年生活将会怎样。“那得让孩子自己决定。”老公说，“再说，到时候他还能听我们的吗？即便在国内，怕也不能指望他给我们养老。”

有次家长们一起聊天时讲，现在的父母都傻了，把好容易养大的唯一的孩子送往国外，把挣了一辈子的辛苦钱也一并送出去。等自己老了，身边空落落的，什么也没有剩下，而孩子却在千万里之外。我们到底图什么啊，现在做的所有努力，就是让孩子越飞越高，离我们越来越远。这不是有病吗！

“怎么，后悔了？后悔让他打开了眼界？”老公笑我，“其实你用不着太担心。现在的中国经济极富活力，到哪里也不如国内的发展机会多。你看，不是有很多留学生学成之后都回国了吗？还有越来越多的外国人选择来中国留学。不管孩子走到哪里，他的根、他的父母、他的故乡还在这里，他身体流淌的血液和基因还属于这里。放心吧！”

一天，儿子问我们：“假如我以后去美国留学，毕业后留在美国工作会怎样？就住在加州，我实在太喜欢那里了。”儿子眼神里有一种向往，那是以前不曾有过的。他的目光已经穿越了太平洋，停留在了一个很远的地方。

我和老公有些凝重地对视了一下，该来的总是要来的。“我在美国生活过，可以给你一些经验做参考。”老公说，美国的确很好，我也很喜欢。你如果去，就属于第一代移民，不是土生土长的，即使语言没问题，文化融入也会比较困难。好像总住在别人的家里，条件好但感觉不自在，归属感差一些。当然，你的下一代、下下一代会逐渐好起来，但你必须做出一些牺牲。

第二，在那里你就变成了少数族裔。美国虽说民主、自由，种族主义从来没有停止过。黑人抗争了这么多年终于把地位抬升了一些，跟白人比还是差远了，黄种人在美国的地位比黑人又低很多。你看美国的电影，主要角色基本是白人和黑人，亚洲人尤其是中国人经常成为被丑化和调侃的对象。所以，在美国生活，主人翁意识会差些，需要降低期望，放弃一些自尊。

第三，你是中国人，不管从外表还是内心，这都是不能改变的事实。中国人很勤奋，有些人又不怎么守规矩，无论在哪里都很会赚钱攒钱，也很容易招致当地人的反感和敌意。即使你非常优秀，想真正融入主流社会非常困难，不能奢望与当地人有着均等的机会。成功的案例有，但很少，而且基本上是第二代、第三代移民。

中国实在太大了，人口又多，国外有不少人就把中国当成他们的假想敌，害怕中国崛起会危及他们的地位和利益。即使你不过问政治，埋头搞科研，可能还会牺牲掉一些事业上的期望值和成就感，就像一些华裔科学家经常会受到不公正的待遇一样。

“好了，我的意见就是这些，可能对也可能不对。毕竟你们的想法跟我们不同，情况也在不断变化。最后得你自己拿主意，不管是什么，我们都会尊重你的选择。”

8. 游子归来

正在儿子对美国充满向往的时候，朋友欣怡带着孩子从美国回来了，不是度假，而是永久地回国。她和她先生曾一起去美国留学，拿了博士学位，毕业后就留在那里工作。欣怡有两个孩子，大儿子在国内出生，跟我儿子一样大，小女儿在美国出生，今年九岁。朋友见面时，大家七嘴八舌地问她："欣怡，有没有搞错啊，现在我们都削尖了脑袋想把孩子送到国外读书，你明明在国外生活得好好的，怎么就回来了呢？美国的风景多美啊，空气也比北京洁净得不止一百倍吧！"

欣怡衣着朴素，举手投足之间依然是以前平实沉稳的模样，十多年的海外生活好像并没有改变她。欣怡笑着说："落叶归根，在外面漂久了，总是要回来的。说实话，我还是挺喜欢美国的，不太想回来。国内的居住环境、工作生活节奏还有人际关系都比在美国紧张复杂得多，自己在国外呆久了，怕很难适应。还不是为了孩子，老大马上要高考，老二如果再不回来，恐怕连母语都忘了。"

通常，中国女性因为语言及人际交流方面的天生优势，再加上在事业上没有太大的企图心，不会对当地人构成威胁，在国外好像普遍比男性更受欢迎，更容易融入当地的环境，并喜欢上异国他乡的生活。欣怡在美国一所大学里跟着导师做课题，工作压力和生活压力都不大，很是自在和安逸。

她先生的感觉却完全不同。先生在美国工作几年，觉得自己就像一朵云，一直飘着，没有归属感和成就感。别看西方人见了你好像非常热情和彬彬有礼，但骨子里看不起亚洲人，看不起中国人。加上经济不景气，失业率不断攀升，连政府部门也在不断裁员，于是变得更加排外，总觉得你在跟他们抢饭碗。年龄越大，内心的隐隐不安和对未来的不确定就更加强烈，害怕不知什么时候失业的厄运也会降临到自己头上。

相反，国内的发展却日新月异，充满活力，每次回国都有新的惊喜和发现。以前的同学在国内混得都不错，无论是事业成就、社会地位还是工资待遇和生活条件，比起他们出国多年的人，似乎只会强，不会差。真是此消彼长，当初离开祖国时，觉得美国好太多了，现在回来，倒觉得国内的很多一线城市在某些方面已经超过很多发达国家。

她儿子也想回家。老大七八岁时，欣怡把他接过去在美国上小学。刚开始孩子很喜欢，可越到后来就越觉得无聊。那里的朋友太少，即使克服了语言障碍，还是觉得不自在，难以真正跟当地的同学打成一片。黄皮肤、黑眼睛和黑头发就像是随身携带的标签，让他在一群孩子当中总是显得与众不同，时刻提醒大家自己是一个外国人。儿子还特别想念把自己带大的爷爷奶奶，想自己的同学和小伙伴们，还有各种各样好吃好玩的东西。

所有这些因素纠结在一起，化作浓浓的乡愁，形成一大朵积雨云，越积越密实、越饱满，直至承载不住。等回到国内，下了一场酣畅淋漓的大雨，重新返回母亲宽大、厚实、温暖的怀抱，全身心感到一种前所未有的踏实，乡愁的所有症状也瞬间消失。对，就是踏实，这种感觉太简单、太普通，人在年轻时根本对它不屑一顾，在国外漂泊多年后，才发现它其实是最基本、最持久的心理需求。

先生带老大回来后，欣怡和女儿继续留在美国。先生一直劝她回来，说儿子离开妈妈就像一根草，没有根基，整个人看上去都没有灵气。老二也需要回国学习和感受中国文化，在我们可以预见的未来，中国的崛起和作为全球经济发展的引擎已毫无悬念。如果孩子在海外呆久了，变成不中不西的“香蕉人”，生活在中西方文明的夹缝中，今后还能适应未来的生存竞争吗？

欣怡每年回国探亲两次，每次呆一两个月。有妈妈在家，老大就明显变得活泼很多，好像心灵的浮尘被洗干净一样，可妈妈一走，又旋即暗淡下来。欣怡对先生的劝诫一直在权衡，直到有一天，老大开始拒绝她的越洋电话，十分幽怨地冲着电话喊：“我觉得在你心里，美国比你儿子重要。”欣怡的眼泪一下子涌了出来。是该回去了，再怎么掂量，也是孩子更重要啊。

回国后，很多事情都要重新调整。比如工作、住房、生活习惯等，包括乘车和过马路。有好一段时间，欣怡都不敢逛街。乘公交车时，她习惯了谦让，眼看一辆辆车来了又走，可她总也挤不上去。过马路的时候，人车混杂在一起实在是太危险了，欣怡常常被吓得站在斑马线的中间，不知道该前进还是后退，被过往司机毫不客气地骂过好几次。还有倒垃圾，小区里的每个垃圾箱几乎都是脏兮兮的，散发出一股难闻的臭味。

当然，所有调整适应的重中之重是赶紧给老二选一个好学校。在美国，这根本不是问题。撇开贵族学校不谈，美国的公立小学校都差不多，没有升学的竞争压力，上学以游玩、能力锻炼为主，知识学习为辅，在自己租住房屋的附近找一所学校就可以了。但在国内的很多城市，从小学甚至从幼儿园开始，为孩子择校是项非常复杂的系统工程，要综合考虑很多因素。

欣怡使出自己擅长的学术研究的思想和方法，先列出影响择校的主要因素，并按重要度进行排序。首要因素当然是学校的教学质量，说白了就是近几年学校小升初时考入名牌中学的升学率和状元产生率。然后再依次考虑学校的教育传统、师资力量、学生生源构成、软硬件设施、周边环境和地理位置等。从网上获取历史数据和资料，详细分析近几年各学校的升学率排名及趋势，再结合亲友推荐和其他家长的经验反馈，欣怡初步锁定了海淀区和西城区的三所学校。

欣怡打开城市地图，分别以这三所小学为中心，以小学到老大就读的高中为半径画圆，在圆圈内仔细搜寻附近的居民小区。再切换到搜房网、赶集网、58同城网，查找这些小区正在出售的房源。这一看不打紧，暗自吸了口冷气，连忙打电话给先生："知道这里的房价贵，但不知道会这么贵。这也太离谱了吧，已经十几年的旧房子竟然还敢要每平方米三四万元，新房更贵。还不如回美国买房呢，差不多的价钱能买个别墅，还是永久的，没有七十年产权和土地使用权的限制。"

先生不紧不慢地劝她，刚回国时房子没有这么贵，一直租房子住。等想起来买房时，房价就已经噌噌地往上涨了。大家都在谈房价有泡沫，早晚会崩盘，政府也一直在调控，我就一直在等。等来等去，眼看着价格还是一天天往上涨，从来都是处在历史的最高位。现在不买，以后还得涨。再说，这些名校，都有户口所在地的限制。不买房子，我们就不能把户口落在学校附近，孩子就上不了好的学校。

"我们这么多年积攒的钱，难道就砸在这破房子里了吗？不到一百平方米的地儿，再加上几面砖墙，值这么多钱吗？"欣怡闷闷地说，"算了，反正我也不想出去工作，老二不用去学校了，我自己教，没准儿比学校教得更好"。

"这可开不得玩笑。"先生的声音严肃起来，"你一个人能代替一个学校吗？学校对孩子意味着什么？远远不止是学习和考试。我现在正在上班，回家后再认真给你谈"。

晚上先生回家，一本正经地对欣怡说："还记得你当年出国前的最大愿望是什么吗？就是辞了工作，在家里相夫教子。可是，真的没有工作了，你又不知道该干什么了。学养花、学种草，尽量给自己找事做。跟社会好像也失去了联系，成了断了线的风筝。一家人都依靠我一个人的收入，花钱也没以前自在大方了。结果，不到半年，还不是到处找工作，重出江湖？”

“人说到底，社会属性比自然属性更重要。在一群老师和同学中间，一定能学习更多的东西，悟出更多的道理。这些你自己能给吗？”先生还想继续说，被欣怡拦住了：“好了，好了，我明白了。这房子就依你，买还不行吗？以后，家里可没剩多少钱了，你得更努力地挣钱。”

先生把自己扮作老牛状：“我要像牛一样埋头工作，吃进去的是草，吐出来的是鲜红鲜红的血！”欣怡笑：“我们才不要你的血，要的是面包，是牛奶。放心，我也会出去工作的。说什么也是堂堂的留洋博士啊，学了这么多年，不用就太浪费了！”

买了房子，落了户口，老二顺理成章地进入了理想的学校。这边刚消停，老大那边也开始填报高考志愿了。老大今年只有十五岁，就要参加高考，是因为当初在小升初择校时，他们为孩子选择了一个超常教育班。这个班的办学宗旨是，针对智力超常的孩子，探索新的教育方法，挖掘青少年的潜能，压缩整体学习时间。从小学到高中，学习进程整整被压缩了三年。

学校超常班的孩子是在全市范围内经过严格考试筛选出来的。除了笔试，还有面试；除了考察学生，还要考察家庭背景和父母受教育程度。老大考上后，欣怡他们还是犹豫了很久，觉得有点冒险：男孩子的智力发育本来就比女孩晚，再这么一压缩，会不会有些揠苗助长呢？不过，学校的这种超常教育实验在前两年已经付诸实践，也取得了一些成果。

即使有风险，也应该在可承受的范围之内吧。大不了，孩子再多学两年。

事实证明，当初的选择是对的。学校里学的知识，没有那么玄妙，的确是可以缩短学习时间的。最大的障碍是孩子社会经验的积累，需要采取措施来强化孩子这方面的能力。每年寒暑假，老师都要带超常班的学生到国内、国外四处旅游，参加社会实践，开阔眼界，增长见识。欣怡终于明白学校当初为什么要考察孩子的家庭背景了，如果没有一定的经济实力，这笔费用会让很多家长为难。

孩子在超常班，自然而然地比照师兄师姐，对自己的期望值就更高一些。老大的目标早就确定了，非清华大学不上。所以，在填报志愿时，他坚持只填报清华，不服从调配。先生开导老大："能考上清华自然很好，但凡事都有个万一。按平时的成绩，你考清华绝对没有问题，万一高考时失误了呢？总得选个备选学校，给自己留条后路吧。"

先生的担心是有缘由的。这孩子，也许还是因为年纪太小吧，马上就高考了，竟然一点也不着急，反而看日本的动画连续剧入了迷，开始花大把时间自学起日语来。夫妻俩暗自着急，可说了也没用，只能由着他。

"如果今年考不上清华，我就复读，明年接着考。"老大很坚决地说，容不得半点商量。先生拗不过孩子，就做了让步，同时也提出了附加条件："好，我们尊重你的决定。但是，如果今年考不上，等明年第二次高考时，你一定得把所有的志愿都填满了。我可不希望你第三次参加高考，把人都考疲了，只会越来越差，对你没有好处。"

父子俩就此达成协议。果然，第一次高考总分低于清华大学的录取线十多分，给老大的打击很大。第二年发奋苦读，终于以微弱的总分优势考上清华，让欣怡和先生终于大大舒了口气。

第六章

信仰保卫战

给生命恰当定位，以阳光的心态寻求生存的价值和意义。呵护孩子的心灵花园，及时调整和适应生活际遇和环境的改变，与社会和环境和谐相处。冷静备战高考和填报志愿，在坚持梦想的路上，感受身边的快乐和幸福。

导读：

生命是一场旅行，在乎的不是目的地，而是沿途的风景，以及看风景的心情。也许，生命本身是没有意义的，生命的意义需要我们自己去寻找、去赋予。在人的一生中会遇到很多事，无论好坏都是有意义的，只要你善于总结、反思和感悟。

信念是鸟，它在黎明仍然黑暗之际，感觉到了光明，唱出了歌。对一些灰暗的事情，当你认为积重难返、几乎丧失信心的时候，转机往往就悄然降临了。做人做事，对自然、环境和公众都要有敬畏之心，才不会变得浮躁庸俗和为所欲为，才能多一份谦卑和审慎，多一份从容和平和。

以前，祖国就是一个概念，到了海外，才真正悟出她对每个公民的价值和意义。“国家”就是家的家，是每位公民和每个家庭的守护者；“祖国”就是家的根，家的血缘。爱祖国就像爱母亲一样天经地义，别人的母亲再好，那也是别人的，不可能像自己的母亲一样，对你付出全部的爱和关怀。

人在不同年龄时的梦想是不一样的。人越年轻，梦想就越高远，越缥缈；年纪越大，就越现实，越具体。每代人有每代人的使命和命运，你们将面临的时代注定和我们不同，你们的梦想也注定会不一样。拥有一个梦想，历经千辛万苦去实现，然后再去追寻下一个梦想。这就是幸福吧！

1. 生命是一场旅行

人在一生之中，总会在某个不经意的瞬间诘问过自己：我是谁，我从哪里来，我往哪里去？我为什么活着，生命的意义在哪里？这种诘问，通常发生在感觉异常困顿、遭遇重大变故之时。生活顺畅、心情愉悦时，人是不会拿这些无聊的哲学终极问题来烦扰自己的。

有人想不明白，就干脆不想了，活在当下，想那么多干嘛。有人干脆把自己和家人的幸福及未来交给了某位神仙，祈求天灵保佑。还有人则订立了明确的人生目标和使命，并在生命进程中不断调整修正，希望用自己的努力给生命赋予价值。

其实，人类的产生相对于宇宙而言只是一个偶然。有一组数据可以大致告诉我们，你是谁，你在哪里：宇宙大爆炸发生了大约 150 亿年，地球存在了大约 50 亿年，生命存在了大约 38 亿年，人类存在了大约 10 万年，中华民族存在了大约 5 000 年。当今的地球生活着 70 亿人，作为七十亿分之一的你我，最多能存活不到 100 年吧！

这些数据也许我们很早就知道，但一旦将它们联系在一起，不能不感到一种强烈的震撼。我们曾将人类的存在看得无比伟大，将自己的喜怒哀乐看得无比重要，现在却忽然发现，在宇宙的时空坐标中，我们竟那么渺小，宛如一粒转瞬即逝的尘埃，渺小得几乎看不到，短暂得几乎可以忽略不计。

突发奇想，如果真的存在造物主的话，他得需要多大倍数的望远镜或显微镜，才能在茫茫宇宙中看到几十亿分之一的银河，在茫茫银河中看到几十亿分之一的太阳和地球，在地球广袤的海洋大陆中看到几十亿分之一的人类，在散落在地球不同角落的人群之中看到几十亿分之一的你我？

也许，当他调整好焦距、无意之中眨了一下眼睛，人类已成为过去。他又打了个哈欠，太阳已经变成了白矮星。造物主小憩一番后伸了伸懒腰，发现银河系已经不见了。

有些崩溃了，不得不感慨自然力量的浩淼与伟大。仿佛有只无形的巨手，在操纵着宇宙间的一切，无时不在，无处不在。只不过有些人把它解读为自然规律，另一些人把它解读为拟人化的神，但本质是一样的。

不管是宏观还是微观，生命体还是非生命体，物质还是精神，也包括一座城市、一个国家、一种文化、一个民族、一个物种，如果时空坐标足够延展，都注定有一个发生、发展和灭亡的过程。而灭亡过后，是另外一种存在形态的新生。

生命虽然只是宇宙中的一个偶然瞬间，也是一个美丽的奇迹。天地万物之间，有很多种生命形式，我们的生命虽然不是自己索要的，但能够以最灵长的“人”的生命形式存在，不是草木，不是牛马，已是十分的幸运。仅凭这一点，就应该感恩父母，因为他们，我们才可能有机会感知这个世界，开始一场精彩的生命之旅。

我们没有理由因为生命的渺小而放弃。我们在毫不知情的情况下“被出生”，懵懵懂懂地长大，学习各种生存本领，应对各种困难和挑战，寻找各种精神支撑，只为努力证明自己的存在，努力提升自身的价值，努力为自己、为家庭、为周围的人求得一个更好的生活。我们生活着，感受着，成长着，在不断参与社会，创造价值，在不断增加生命的分量。

生命是一场旅行，在乎的不是目的地，而是沿途的风景，以及看风景的心情。虽然生命只是一个偶然，死亡却是一个必然。于是乎，生死之间的这场旅行就变得异常珍贵，不能回头，不可复制。生命如花，既不为绽放而炫目，也不为凋零而痛苦，在对奇迹的感恩中思想，而感恩的理由只有一个——我曾经来过。

人生旅程，起点不能选择，终点不能阻止，过程却能把握。在旅途中遇到的每个人、每件事、每个景色，都可能成为一生中难忘的风景。心情不同，看到的风景会不一样。保持好心情，不管路上是坦途还是泥泞，是阳光还是风雨，只要用心去经历、去感悟，就能收获丰厚的记忆和岁月积淀，然后在生命终结时，谈笑若定，不虚此行。

每个人期待的旅行是不一样的，就像那两位著名的渔夫和游客。在美丽的海滩，渔夫和游客在晒太阳。游客问："你为什么不去打鱼？"渔夫懒洋洋地回答："我打的鱼已经够吃了。""你可以打更多的鱼啊！""为什么？""打更多的鱼就可以卖更多的钱。用这些钱可以买更大的船，打更多的鱼。""然后呢？""然后你就可以住上大房子，到各地去旅行，在海边晒太阳。"渔夫笑："我现在已经在海边晒太阳了呀！"

面朝大海，春暖花开，这是很多人的人生理想。这个故事让很多人感悟，感悟的结果却差别很大。有些游客感悟后放弃了奋斗，当起了自在自足、随遇而安的渔夫；有些渔夫感悟后，发现自己错过了很多风景，于是背上行囊做起了游客。殊途同归，人生轮回，没有好坏之分、高下之别，生命是我们自己的，每个人都有权利选择自己喜欢的生存方式。

我喜欢旅行，即使从起点回到起点，但阅历、经验、感受和内心已完全不同。于是，在当了多年的渔夫后，忽然异常强烈地想寻求改变。闭上眼，就能看到自己未来十年、二十年的生活状态，在同一轨迹上不断重复相似的工作，没有一点悬念。那感觉有点无聊，有点恐怖，不再有激情和动力，也看不到新鲜的风景，只剩下一只皮囊在日复一日的被动应对中消耗着生命。这是我想要的生活吗？趁着还不太老，能跑得动，早点逃离吧，换一个城市，换一份工作，换一种活法，到全新的环境中去重新激活生命。

其实，这个念头在二十多年的职业生涯中出现过好几次，有一两次几乎变成现实，却因为家庭、孩子或单位不同意等原因而放弃。现在似乎到了不能忍受、非变不可的地步。以前，听好几个朋友描述过，当他们在某一刻顿悟时，内心感到惶恐和不甘，想突围一成不变的生活。没想到同样的事也落在我身上，人到中年还在持续寻找活着的理由和意义，在期待着改变又害怕改变，直到终于无法克制内心的强烈召唤，才毅然决然，背水一战。

恰好，有家很不错的企业单位正在大规模扩编，需要经验丰富的业内人员充实其技术队伍， 于是我悄悄递交了简历，也得到了对方单位的认同和接纳。等工作的事有了眉目，才将自己的想法告诉儿子和老公，谁知遭到了全家人的强烈反对。

儿子小脸一绷：“我不去！去了得转学，到新学校我一个人都不认识。在这里挺好的，有这么多同学和朋友。你想去就自己去好了，我和爸爸留下。”老公的脸色更难看：“这么大年纪了，还瞎折腾什么，能找到好学校接收儿子吗？再有一年多就高考了，还这么折腾，这不是害孩子吗？”

老公主要考虑的是对孩子的影响。在这里，孩子喜欢老师，也得到老师的重视，同学关系也不错，转到新环境这些可能就没有了。儿子对环境适应慢，那里的学生又大部分走读，很难建立同学友情，当心影响孩子的心理。况且，学校使用的教材还有考试大纲也不一样，听说英语、语文比这里还难，竞争压力其实更大。

我知道这是人生中的一件大事，要慎之又慎，但这对我、对儿子、对家庭都是一个改变的机会。用不着担心儿子的适应能力，就像去美国夏令营，他的第一反应也是抗拒，最后怎么样？还不是很喜欢。儿子性格比较温和，在哪里都会受欢迎。更何况，在学习上遇到强者又不是坏事，能带儿子一起提升能力，以后同学资源也更多。

几经沟通，终于赢得了老公的理解和支持，两人一起努力，后面的事就顺利多了。儿子也不再那么抵触，班上有很多同学都知道了他要转学的消息，惋惜和不舍之后，给他交代了一项艰巨的任务："去，学霸，你这么厉害，把他们都给灭了，争取考个状元回来！"跟我在单位一样，这一步迈出去后，有点破釜沉舟的意思，已经没有退路了。

考个状元？哪有那么容易。这里的好学校高手林立，能被学校接收就上帝保佑了。儿子还算争气，没有辜负我们的期望，考进了最好的实验班。那天，天空特别蓝，也纯净，连一丝云彩都没有。一家人高兴地走在校园里，享受着闹市里的一片宁静。"儿子，我们要开始新的生活了，你准备好了吗？"我拍拍儿子的肩膀问。"不知道。"儿子看上去不怎么兴奋，"我们还回去吗？还有些课没有上完，我已经有点想老师和同学了。"

接下来，资格审批、工作关系转移、学生档案商调、新身份证办理等，过了一关又一关，我们终于在另一个都市安顿下来。抑制不住兴奋，在心里发出一声高亢的呼喊："都市，我们来了！"都市沉默不语。很快，我们湮没在熙熙攘攘的人流和更多的嘈杂拥挤的车流当中，消失在钢筋、水泥铸就的都市森林里。我们波澜壮阔、义无反顾地改变了自己的人生轨迹，但都市一如既往，没有激起任何涟漪。

2. 活着的理由

此刻，坐在被清空后的出租房内，目光四处巡视着，有些失落。房间虽小，仍显得有些空荡，里面没有一件多余物或奢侈品：一张餐桌、两把椅子、一个电视柜，两张床，还有老旧的电视机、洗衣机、冰箱和空调。而这些都是房东提供的，属于我的只有两只大旅行箱，里面是从老家带来的儿子的书籍和个人衣物。忽然意识到，我们已经从一个有房有车的小康之家，一夜之间变成了彻头彻尾的无产者。

但我没时间发呆，再过两天，儿子和老公他们就要过来，我要在他们到来之前，准备一个温馨洁净的家。把里里外外打扫干净不留死角，包括洗手间的洗脸池、马桶、顶棚，厨房的抽油烟机、壁柜，还有地砖上厚厚的油腻；再一趟趟跑商场，买回床垫、被褥、枕头等床上用品，购置了全套的锅碗瓢盆等厨房用具；又跑到家居广场，买了一些装饰品，还订购了一个带书柜的转角书桌和一个简易衣柜；最后跑几趟超市买回一大堆食品把冰箱塞得满满的，把洗脸间所需用品备齐。

好了，现在有点像一个家了。午后的阳光把每间屋子都照得亮堂堂的，窗帘、装饰画，绢花，还有绿萝，让呆板的空间一下子变得灵动起来。床单柔美的色彩遮掩了席梦思的低劣质地，原本冰冷简陋的铁床也变得好像有了温度，尽管坐上去还会嘎吱作响。台灯暂时被安置在简易的餐桌_，在木色的瓷砖地板上倒映出一个剪影。

秋天的都市天空高远、蔚蓝、洁净，站在窗前能看到很远的地方。在目光所不能及的更远处，应该就是老家吧。那是一个比这里要大三倍还多的家，里面的每个角落、每件物品都是精心设计和挑选的。老公正坐在宽大的客厅里看电视，儿子正在自己的书房里伏案读书。不远处的湖面上摇曳着翠绿的柳枝和荷叶，温润的空气夹带着桂花的暗香阵阵袭来。在怀念和眷恋中，那带着桂花香味的房子在意念的作用下竟缓缓升腾起来，像魔法屋一般飘过来，又缓缓落下。如果能带着房子行走，人生就真的完美了！

“你们觉得这个家怎么样？”终于把儿子和老公迎进了家门，兴奋地问。儿子放下行李和沉重的书包，四处看了看，不咸不淡地笑笑：“嗯，还行吧，就是有点小。书房在哪？我在哪儿做作业？”这大点儿的卧室兼做餐厅、客厅和书房，书桌过两天就到。你学习的时候，这里都是你的，没人打扰。

其实，房子小也有小的好处，打扫卫生容易。这里离学校很近，步行十分钟就到，出门就是地铁站和公交车站，不管去哪儿都很方便。小区背后有一条小商业街，特别热闹，附近还有好几个大超市、电影院、各式餐馆，要什么有什么。

儿子冲老公笑：“在妈妈眼里，这儿什么都好，好得不得了。”老公应声道：“是很好，我们一夜间又回到了二十年前。你说你，放着那么好的房子不住，跑到这里来遭罪，值得吗？”值得啊！我们换了一种活法。什么事不是有得有失的，老公和儿子心里已经不舒服了，我再把这里说得一塌糊涂，还让人活吗？

家安顿了，生活继续前行。离开熟悉的老师和同学空降到新学校、新班级，对儿子的心理承受力是一个很大的挑战。亲密的同学关系尚未建立，教材和考试大纲的不一致、教学方法和风格的改变、同学强劲的实力和智力水平，以及难以言表的学校和班级文化氛围的差异，让儿子的内心感受到不小的压力。这些压力他一直埋在心里，表面上看着风平浪静，但在一个周末，还是不可避免地爆发了。

与原来相比，这里的学校管理相对松散，学生自主学习的时间多，晚自习采取自愿原则，想来就来，想走就走，没有老师的严格监视。周六那天，儿子睡了个懒觉，快中午吃饭的时候才起床，下午就没见他摸过书。他用电脑玩了会儿游戏，又拿起 iPad 在互联网上晃来晃去，然后把来这之后买的《大众软件》又前后翻看了一遍。

知道儿子学习累，偶尔放松一下也没关系，但也不能太放松了呀。实在忍不住了，就走进儿子房间，拍了拍他的肩膀："儿子，差不多就行了，别再东摸西摸，该写作业了！""没多少作业，已经写完了。"儿子阴沉着脸，爱理不理，继续看他的大软。"那就看看书呗！不是有些科目两边的教材不一样吗？别总看大软。"

"你以为我想看啊，我想读别的课外书这里有吗？什么也没有！"儿子忽然爆发起来，把手边的杂志扔了一地。"非要来这里，这里有什么好，一个朋友也没有，想说话都找不到人。上网到以前的 QQ 群，一遍遍地刷屏，他们今天都在上课，没人在线上。我不知道自己能干吗，都找不到活着的理由了！"儿子扑倒在床上，弓着身子痛哭起来。

我愣住了，知道新环境适应会需要一段时间，但不知道会令儿子如此痛苦。从身后抱着儿子宽但瘦弱的肩膀，默不作声。儿子继续抽泣着说："别的同学他们都很熟悉，有说有笑的，我像傻子似地只能看着和听着，像个局外人。上课时，不光教材有些不一样，有时候同样的知识点，两边老师讲得不一样，越听越糊涂。班里很多人实在太厉害了，有好几个国际奥林匹克数学竞赛、物理竞赛、化学竞赛金奖，我根本比不过他们。"

我静静地听着，不说话，只是更紧地抱着儿子。等他发泄完，才轻声对他说，对不起，儿子，我不知道你心里还装着这么多东西，你可以早点告诉我，说出来心里就舒服了。要适应一个新环境，里里外外要蜕三层皮，没人能帮得了你，只能自己去面对和解决。最初的两三个月最难熬，熬过去一切都会好的。人生就是这样，需要不断变换和适应新环境。即使妈妈不带你来这里，你今后一样会经常面临同样的境况，这将成为一种常态。

其实，我的处境跟你是一样的，在新单位只认识很少的几个人，整天独自呆在办公室里，很少跟新同事打交道。但我很享受现在的状态，把领导交办的任务做好，余下的时间做些自己喜欢的事。就像生命中的一段留白，有很多时间跟自己对话。也很少联系以前的老朋友，但我知道他们就在那里，友情还在，一旦需要，彼此也会快速响应。

如果你留在原来的学校，同样的老师、同样的同学、同样的教材，变化不会太多。换了学校，由另外的老师对相同的知识点、教材和考试大纲进行演绎，会更有新意。老师讲的有矛盾、有冲突的地方，能引起你更多的思考，了解老师的不同观点，他们各自的强项或局限，取长补短，为自己所用。

今后你会越来越发现，世界上没有绝对的真理，正确和错误都是相对的、有条件的。每个时代、每个人都有自己的认知局限和思维局限。勤于思考、敢于质疑、博采众长，才能不断丰富自己，逐步形成自己独立的思维，拥有敏锐的观察力和判断力。

当初我们选择了最强劲的同伴，就一定会面临最强劲的挑战。妈妈一直非常相信你，不必在意一时一事的高下，与高手对决，才能发现自己的短处，才能得到更大的提升和锻炼。老师和同学都很友善，不会刻意去排挤你。你要主动去结交他们，就一定会交到朋友，他们的影响会让你终身受益。

生命本身是没有意义的，活着的意义和理由需要我们自己去寻找、去赋予。活着就应该去更多地经历、更多地体验，这样才不枉在这世上走过。你愿意做那个渔夫，一辈子呆在一个地方晒太阳、钓鱼吗？那样活着一年和十年有什么区别？因为生活环境的改变，让你体会到一种强烈的孤独和痛苦，这也是一笔财富啊，以后再遇到类似的境况，就能处事不惊了。

儿子慢慢安静下来，脸上挂着泪滴就睡着了，我坐在一边却开始浮想联翩。人这一辈子就像是在登山，登得越高，走得越远，看到的风景就越美，对生命的感悟就越丰富。“夫夷以近，则游者众；险以远，则至者少。而世之奇伟、瑰怪、非常之观，常在于险远。”这是对体力、心力和智慧的考验，不是所有人都愿意承受这样的磨难。

每个人心目中的山峰是不一样的，能达到的高度也各不相同，比如权力、地位、财富、学识、影响力等。不管是哪一种山峰，登临的高度和数量决定了你眼界的大小，登山过程的艰辛和劳累程度决定了你登顶后的喜悦程度。一直沿着山脚走，风景很美，人又轻松，可视野始终被两侧的山峰所局限。坐上缆车，借助现代化的交通工具也能轻松登顶，却难以磨炼意志和毅力，难以获得不断说服和超越自己后，发自内心的那种自豪感和成就感。

回顾自己已走过的生命之旅，觉得没什么可后悔抱怨的。虽然没有很高的社会地位，没有殷实的物质财富，但还是看到和感受到很多物质层面和精神层面的不同风景。尽管期间也有过透彻心扉的伤痛，随着时光的流逝，伤痛总会消失，最终凝固成一道道珍贵的人生风景，成为未来前行的生命基石。

儿子一直在努力攀登属于他的山峰，我们能做到的，只是教会他一种登山的方法，提供必要的条件，分享我们的经验和教训。然后，微笑着仰视儿子的攀登，听他讲述他所看到的风景。希望儿子能拥有一个精彩的生命之旅，用勤奋和努力去完成漫长的旅程，用聪颖和智慧去领略沿途的风景，用乐观和感恩去领悟生命的真谛，用创造和奉献在世上留下自己的足迹。

不管是旅行还是登高望远，带副好心情轻装前行很重要。好心情能带来身心的健康与快乐，无论身处何种境地，都能泰然自若，在细微处体察身边的美好。财富、地位、名望、成功常常是大家所渴望的，但如果把它们看得太重，最终会成为一种负累，让我们患得患失，顾此失彼，反而没有时间和心情享受当下的风景。

好心情源自内心，尽管会受到周围环境的影响，但心情的好坏完全取决于自己。每个人内心深处都有一个心灵花园，只有细心呵护，才能美丽芬芳。一本好书，一位好朋友，一种好习惯，会让花园更加健康美丽；而不好的观念、性格、情绪、欲望等就像杂草，出现后如果不及时清除，就会不断蔓延，把原有的健康、愉悦、宁静和美丽的心境给毁掉，也会降低自己的生命质量。

孩子未成年时，父母和老师是孩子心灵花园的园丁和守护者，在花园里播下理想和希望的种子，通过言传身教，引导孩子形成良好的观念、习惯和性格。但很多时候，父母更在意的是物质条件的提供，而忽视了心灵花园的培育和守护，很难静下心来倾听孩子的心声，体察他们思想、行为和情绪上的细微变化。等孩子长大后才猛然发现，很多观念和习惯已既成事实，无法回头再重新塑造了。

但孩子的心灵花园终归是孩子自己的，只有他自己才能决定花园的形态，并为自己的花园承担全部责任。心灵花园的建设与维护是一辈子的事，要有足够的耐心、细心和智慧。花园里总会有落寞、灰暗、杂草从生的时候，因为学业、工作和竞争压力，因为爱好或人格不被尊重和理解，因为遭遇挫折而陷入迷茫和自我否定。这时，需要能够及时自我察觉，用反思和自省，拨开阴霾，让温暖的阳光重新照到我们的脸上和心上。毕竟，雨过总会天晴，快乐总比痛苦多，希望总比失望多。

3. 路边求助者

就在儿子还在为环境适应而痛苦纠结的时候，我开始了一种全新的低碳生活。每天乘公交汽车或地铁上下班，剩余时间就一切以儿子为中心，照顾好他的饮食起居，还要时刻关注他的情绪，尽可能在方寸之间营造一种整洁、温馨、轻松、愉快的家居环境。几乎远离了一切工作之外的社交活动，生活变得极其单纯和简洁。

舍得，舍得，有所舍才能有所得，这是改变所必须承受的代价。虽说代价不小，因为是心甘情愿的，只能用阿Q精神胜利法进行自我调整和安慰。实践后发现，这方法确实奏效，只要约束欲望，降低对自己和他人、对工作和生活、对待遇和环境的期望值，无论外部条件落差有多大，依然能怡然自得，生活一样能非常美好。

从大房子变回小房子，从有车族变回无车族，最大的感受是人的需求往往被夸大和膨胀了，就像房价一样，有着巨大的可压缩空间。居室面积被压缩了三分之二，也没觉得有多局促，日常必需的功能一样不少，还拉近了家人之间的距离，省去了不少内务工作。没了私家车，也就没有了停车、堵车、违章罚款的烦恼，公交四通八达，省钱省时又省心。熟知的同事和工作责任也减少很多，无形中就挣脱了原有的桎梏，卸下了很多精神包袱，在全新的工作环境中能够轻装前行。

生活简单了，就有了更多的心情来欣赏周围的风景。几个月下来，发现以居民的身份感受这个城市，较以前来这里出差的过客身份有很大区别，感受更多元、更深刻。比如这是全国人民的都市，有海纳百川的气度，一不小心就会遇到来这里打拼的很有故事的人。他们的际遇有好有坏，但都怀揣梦想，充满活力，都能在或高或矮的平台上寻到自己或大或小的生存空间。这是世界的都市，时不时有各国政要穿梭其间，在交锋与合作中决定未来世界的走向，也不断有各行各业的顶级国际会议在这里召开，让全球最出色、最智慧的大脑在前沿领域开展思想的交流和碰撞。

都市很古老，到处都是名胜古迹和博物馆，诉说着几千年的历史文化，展示着过去的辉煌；都市很年轻，人口快速增长，城区不断外延，现代建筑鳞次栉比，可与世界其他任何一个大都市相媲美；都市很嘈杂，不管大街小巷似乎永远涌动着车流和人流；都市很秩序，交通警察、城市协管员、居委会治安员还有志愿者们，他们无处不在，让你觉得安全又安心。

都市人很随和，不太讲究吃穿，怎么方便就怎么吃，怎么舒服就怎么穿；都市人很大气，菜场买菜很少讨价还价，说话办事都直来直去；都市人很热情，遇到有人问路，一定要仔细给你说明白；都市人很守规矩，公交站人再多，大家也会自觉排队；都市人很爱国，时常遇到卖菜的大妈们讨论钓鱼岛问题，开出租的老师傅们热议中国梦和两个百年目标；都市人很开明，敢于毫无顾忌地谈论国家大事，不加粉饰地赞美或抨击。

即使在上下班路上最无聊的时光，也可以寻到一些乐趣来。比如在地铁车厢人气超旺的时候，把自己想象成沙丁鱼罐头当中的一员，不动声色地观察其他人如何在极限空间里打发时光；在人头攒动的地铁换乘站下车时，将自己化作一只奋力游泳的鱼，在汹涌的人海中逆流而行，还要照顾好自己的背包；在穿越没有红绿灯的马路时，与飞速往来的汽车司机之间较量着勇气和智慧，然后以敏捷的身姿在短暂的空隙中实现穿越。

下班时的车厢会松快许多，没准还会遇到三两个年轻人，一边唱着欢快温馨的歌，一边售卖他们的“音乐蛋挞”；或是一名年轻的母亲，手里牵着小小孩，一边讨钱一边唱着催人泪下的歌；也有人什么歌也不唱，带着残缺的身体或满脸吓人的疙瘩，将手执拗地伸向一个个乘客，给与不给都让人非常为难。

最喜欢某个地下通道，经常会有一个吉他歌手在里面唱歌。歌手非常有文艺范儿，抱着一把吉他帅气又旁若无人地唱着歌，一首接着一首。歌声很美，富有磁性，穿透力很强，在长长的通道内回荡着、浑响着。歌手面前摆放着打开的琴盒，不管有没有人驻足聆听，也不管有没有人给钱，他都一直很自在、很陶醉、很有尊严地歌唱着。这些灵魂的歌者，常会引起我莫名的感动和共鸣。不管能不能遇到知音，他们都在坚持表达自己，以苦行僧般的执着，一步步奔向梦想中的殿堂。

一天傍晚，我在地下通道内听了好一会儿歌，才带着好心情回到家里。儿子在学校吃饭，晚自习后才会回来。简单为自己打点了晚餐，整理整理屋子，一边看电视一边等儿子回家。但今天好像有点异样，快到晚上八点的时候，内心有个声音说：今晚去接儿子吧，正好出去走走。快到九点半，那声音又提醒道：时间到了，儿子快回来了，赶紧去接他吧，给他一个惊喜。

赶紧穿戴整齐，兴冲冲跑下楼，沿着儿子日常的行进路线走去。恍惚间看到了儿子瘦高的背影，背上还有我熟悉的双肩背包，但一转眼又不见了。一边继续往前走，一边心里嘀咕着，刚才明明看见了儿子，怎么又不见了呢？是不是我眼睛看花了或出现幻觉？不会吧，那画面那么真实，怎么会是幻觉呢？也许真的是老年痴呆了吧。

就这么困惑着往前走了五十多米，还是不见儿子的身影。“真是见鬼了！”心里想的话忍不住脱口而出。在一个小路口停下来看看表，又焦急地四处张望，忽然发现在转角处，儿子正站在那里，刚才被路边的一排冬青挡着了，所以没看见。儿子对面的两米远处，是一对年轻男女，一高一矮，长得很清秀，穿得也很体面，正半坐在路边的护栏上，跟儿子说着什么。

“在干吗呢？”走到他们面前，一边问儿子，一边打量着这两个人。他们二十岁上下，不太像学生，儿子怎么会认识这样的朋友呢？“他们说没钱了，想找我借钱打车，再买些吃的。我已经给他们买了两碗方便面，还劝他们去坐地铁，我可以帮他们刷卡。”儿子看我过来了，淡淡地说。

一对骗子！迅速作出判断，冲着那两人大声说：“你们好意思吗，来骗一个孩子？”“阿姨，怎么能说我们是骗呢？我们是外地人，来这里找工作，累了一天了，想找这个小弟弟借点钱打车回家，我们一定会还的！”男孩直起身来，连忙辩解道，一口纯正的普通话。女孩也掏出手机来：“我会给小弟弟留下手机号，钱我们一定会还的。”

“我们才不要你的手机号！看你们的穿戴也不像是没钱的，哪里会缺这十块钱！你们干点什么不行，来骗一个学生，一个孩子！”看我义愤填膺的样子，女孩好像觉察出来什么，赶紧起身往外走。男孩子还在不停地给我解释，女孩回身冲他喊：“你傻呀你，还不快点走！”

拉着儿子往家走，边走边唠叨：以后不要随便搭理陌生人，这样的骗子多了去了，他们借钱就是一个幌子，然后会要你的或父母的手机号，再利用手机来骗钱。我一个同事，有人用他女儿的口气给他发了一个短信，说学校有活动需要钱，让他赶紧汇一万元过来。他一大早就赶到银行汇款，忽然想起来要跟女儿打个电话，才知道自己受骗了，根本没这回事。

骗子骗人，要么利用父母对孩子的爱心，要么利用孩子的善良和轻信，还有就是利用人的贪婪。你老同学小雨，他姥姥去菜场买菜时，就被人骗走了所有的金首饰，好像被催眠一样，自己心甘情愿地把首饰摘下来送给别人。还有人贪小便宜，结果得了小利，吃了大亏。

儿子一路上只是听，没怎么说话。等回到家里，看我还在苦口婆心地举例，实在受不了了，气冲冲反驳道：你就知道大喊大叫。你以为我真的这么傻吗？我会把自己或你们的手机号给他吗？我也想到了他们可能骗我，但也可能真的需要帮助。所以，我不给他们钱，自己掏钱给他们买吃的，送他们到公交车站帮他们刷卡。

我们英语老师曾讲过他的一个亲身经历。有天他的钱包被偷了，上了公交车付不了钱，就找周围人借。好多人不理他，但终于有个好心人借给了他十块钱。老师说，人和人之间没必要这么设防。你和爸不也常给我说，能帮别人的时候就帮把手，有时，一件小事对你只是举手之劳，对别人可能会有很大的帮助。万一他们真的需要帮助呢？我宁愿冒着被骗的风险。

我立刻停止了絮叨，内心被儿子的善良狠狠地撞了一下。富有爱心，乐于助人，别太在乎钱财，懂得回馈社会，不正是我们所期望的吗？儿子在六岁时，曾砸碎存钱罐，捐出自己积攒很久的所有零花钱给灾区人民；在九岁时，捡了一个公文包，里面的现金、存款加各种票证接近百万元，交给警察叔叔快速找到失主，被几大报刊登报表扬。即使在学习任务繁重的高中，仍然坚持参加学校组织的各种公益活动，被评为优秀志愿者。

话说，我们孩提时代不也是这样吗？自发组织学雷锋小组，到处寻找机会做好人好事，以“毫不利己、专门利人”为荣，以“见利忘义、不劳而获”为耻。笃信人人为我，我为人人，不断跟一己私利作斗争，努力成为一个纯粹的人，一个高尚的人，一个脱离了低级趣味的人，一个有益于人民的人。

然而，世俗的、复杂的甚至有点残酷的现实，让我们的内心变得日渐麻木、坚硬和冷漠，善良总被无情地践踏和利用，对个人利益的追逐常常超越了一切。人变得更加功利和浮躁，总希望有捷径能达成目标，哪怕牺牲自己的尊严和诚信，甚至可以不择手段损人利己，管他黑猫白猫，抓住老鼠就是好猫。

如果骗子听到了孩子们是怎么想的，面对纯真和善良他们还能下得了手吗？良久，我自我反省道：“我也是沉不住气，应该好好同他们周旋一下，辨辨他们的真伪。谁叫我是母亲呢，一看到儿子有危险就疯子一样扑过去。那男孩可能还一直以为我是路人甲呢，哪会料到会这么倒霉，孩子他妈会像程咬金似的半道杀出来”。

“你不是说这里的人哪儿哪儿都好吗，热情、善良、大气、爱国、守规矩，怎么就会有骗子呢？”儿子把我给噎住了，无奈地说：“好吧，我说的是大多数都市人。不管什么地方，什么样的人都会有，这里也不例外，上千万人呢，还不能跳出几只臭虫来？”

转眼到了周六，做好了午饭，左等右等儿子还没回来，一下子又慌了神。周六只上半天课，儿子不会又被人盯上了吧？连忙打儿子的手机，手机关机联系不上。在匆匆赶往学校的路上，脑海里生动地浮现出一幅画面：那俩年轻人又在路上拦住了儿子，一脸真诚地对儿子表示感谢，想请他吃午饭，左右夹击着把儿子又带走了。

快到学校时，遇到两个穿校服的同学，跟儿子一个学校的，就问他们为什么到现在还没放学，下午有课吗？那同学笑着说，这个周六要上一整天的课。这才想起儿子似乎跟我说过，终于松了口气，警报解除。

心里没了负担，见路边的一块开阔地上大家在围观什么，忍不住凑了过去。人群中央，有个失去双臂的残疾人正跪在地上俯下身子，嘴里含着一支毛笔在写字。正午的太阳明晃晃地照着地上的白纸，把他的脸也映衬得十分明亮。他神情非常专注，用嘴巴带动毛笔灵巧流畅地留下印记，还不时在旁边的砚台里重新饱蘸墨汁，写下了遒劲有力的四个大字——自强不息。

在他面前已经摊开十几幅字画，字画虽然不能跟书法大家相比，但也相当精彩。透过这一幅幅积极向上、充满乐观情绪的文字，难以想象会是一个残疾人用嘴巴写出来的。有人问这字画多少钱一副，无臂人这才抬起头来，迎着询问者说："你看着给，多少都行"。大家这才看清他的容貌，一张瘦瘦的、很普通的脸，透着恬静、阳光和自信的笑容。这笑容很有感染力，让人不由得肃然起敬。

正在这时，儿子发来一条短信："老师说，最近学校附近有诈骗活动，请家长不要轻信孩子受伤急需用钱之类的电话，有事直接联系学校老师。"果然如此，骗子的手段也就那么几种，一眼就能识破。可事情如果落在孩子身上，很多家长难免会丧失判断力，在情急之下落入骗子精心布下的陷阱。

抬眼再看看无臂人，不禁感慨，人与人之间差距怎么就这么大呢？有些人明明四肢健全，心却残疾了；有些人虽然已经残疾了，却比很多健全的人更懂得生命的尊严和光荣。

4. 发展的代价

也许，人生注定是不完美的，就像那个风靡全球的LOGO——一只精致的但有点残缺的苹果——随着乔布斯的离世，立刻显得暗淡了许多。更加暗淡的，是都市的上空，在11月份进入冬季以后，灰霾日胜一日地浓烈起来。秋天那个湛蓝透明的都市藏匿起来，只有在刮起四五级大风的时候，才羞涩地露露脸。

冬天的都市，时常展现出两种截然不同的面孔。一个是明亮、清冽、目光能看很远的充满生机的青年，另一个是灰暗、消沉、若隐若现、暮气十足的老人。几乎所有的草木都已凋零，城里的绿色也成了一种奢侈品。采暖的锅炉一个个点燃起来，烟囱持续不断地排放着雾气。连续不断的车流和数不清的餐馆、烧烤店、路边小吃摊，也都在源源不断地排放着有些刺鼻的烟气。

这些弥漫的、浓的化不开的灰霾越积越多，没有尽头，让人感到灰心和无能为力。唯有大风刮起的时候，才能借助大自然的力量，来涤荡人类活动所造成的恶果，还城市以洁净。一家人在干燥和污染的空气中，喉咙好像总有东西在哽着，眼睛也像蒙上了一层灰，忍不住怀念起南方城市不分春夏秋冬的满眼绿色来。

今天又是一个灰霾天。儿子从学校回来，进门就抱怨道："你们看空气质量监测数据了没？听说今天又爆表了，超标好几倍。刚才在路上，像起了大雾，空气有股呛人的味道，觉得嗓子特别难受。家里也好不到哪里。妈，赶紧去买防尘口罩吧，实在没地方躲，有点受不了了。听说

有专门防 $PM_{2.5}$ 的口罩，我们班上的很多同学都买了”。

我去买了，但店员说防 $PM_{2.5}$ 的口罩已经脱销，得等几天。想不到戴口罩都能成为街景，成为流行。“干脆建议市政府给每个人都发一个防毒面具得了。”儿子有些不满。想象一下，如果满大街都是防毒面具，该多奇葩啊，整个现实版生化战争场景。面对无奈的现实，大家只能发浪漫短信来相互娱乐：“世界上最远的距离不是生与死的距离，而是一对恋人站在都市街头，手拉手却看不到对方的脸。”

真是讽刺啊。政府天天讲 GDP，天天保增长，目的是满足人民日益增长的物质和精神文化生活需求。只顾着发展，把环境全祸害了，喝不上清洁的水，吃不着安全放心的食品，甚至呼吸不到干净的空气，连这些最基本的生存需要都满足不了，这发展对老百姓还有什么用。民众收入不断提高，幸福指数和健康水平却不断下降，各种癌症的发病率和死亡率持续攀升。

“你说那些发达国家，人均 GDP 比我们国家高很多，可人家的环境怎么会那么好呢？”儿子问。老公指了指电视：“这不，中央台正在播放一些国际大都市的成长故事，它们在高速发展期也严重污染过，一起看看吧。”

这一集讲述的是伦敦的故事，用史料、图片和影像展现伦敦在工业革命时代的快速发展历史，曾经的辉煌和没落，以及如何在垃圾和废墟中获得重生。六十多年前，伦敦发生过一起著名的伦敦烟雾事件，全城被豌豆汤一样的烟雾笼罩，伦敦大剧院里的演出被迫中断，因为观众看不到舞台上的表演，整个城市一周内死了四千多人。泰晤士河被严重污染，城内城外垃圾遍地，老鼠横行，先后爆发过好几次大规模的炭疽病、黑死病，整个城市几乎成为一座鬼城。

很多发达国家都走过先污染、后治理的老路，这似乎是发展的必然代价。看到今天风景如画的伦敦，一定想象不到它还曾经有那么一段悲惨、肮脏、丑陋的历史吧。相比之下，我们这里算是好的了。不过，如果政府再没有大作为，老百姓再不行动起来，我们很快就会重蹈伦敦的覆辙。

没有人愿意让这样的历史重演。有了前面这些教训，国家还是采取了一些措施，比如，接连出台了一系列环境保护方面的法律、法规和标准，提高了环境保护要求和污染排放标准，关停了很多高污染企业。通过政府监管、政策激励等多种手段，促使各行各业通过技术革新和改造，降低资源耗费，减少污染排放。对低投入、高产出、少排污、可循环发展的产业给予优惠政策，确保国民经济的可持续发展。

但是，在经济腾飞的起步阶段，从中央到地方，发展愿望和压力似乎远大于环境保护。即使中国现在的 GDP 已超过日本，成为世界第二大经济体，但如果按人均 GDP 排名，我们在一百名之后。不管是平均社会发展水平、平均资源占有量还是平均国民收入及生活水平，都还真真切切地处在发展中国家的行列。

即便如此，也不能为了发展就不顾生态环境了吧。为什么一定要这么高的 GDP 增长率呢？像欧洲，这些年一直保持低增长，不也过得很好吗？物价又稳定，不像我们这里，工资增长的速度永远赶不上物价提升的速度。尤其是房价，像剪羊毛一样，把工薪阶层一辈子挣的辛苦钱都拿走了。每每想起房价，就有种泰山压顶的感觉。

为了实现这种高速发展，环保要求总被忽视或做出让步，并没有得到严格遵守。各类资源也在被快速地消耗和掠夺，我们赖以生存的环境正在快速恶化，很多行业还是走了先污染、后治理的老路。都市在不停地快速扩张，城市集聚人口不断增长，早已超过了城市和环境的承载能力。

“我们目前还没有到达欧洲的发展水平，当吃饭问题和环境问题相冲突时，先保哪一个？如果社会不发展，失业率上升，温饱问题都解决不了，会出大乱子的。”老公说，问题明眼人都很容易看到，但要彻底有效地解决，摆平发展与环保的关系，并不是容易的事。国家现在面临的环境压力，比普通百姓日常所感受到的要多得多。发达国家一两百年内出现的环境问题，我们这里却在三十年内集中出现，老的问题还没解决，新的问题又来了。

读过一位环境部长的讲话，说我们的环境问题比周边任何国家都严重，解决起来也更困难，因为经济总量、人口总量太大。我们有13亿人，任何大成就除以13亿就变得微乎其微，任何小问题乘以13亿就变得无比巨大。比如生态环境退化，大气、水、土壤的质量全国大约70%的城市不达标，雾霾天气最严重时超标十多倍，农村污染源排放占到了半壁江山，温室气体排放全球第一，在国际贸易和政府间谈判中经常遭遇西方国家设置的环境壁垒，承受“中国环境威胁论”的种种质疑。

政府早就认识到，这不单单是个环境问题，已经成为国家的安全问题、经济问题、社会问题、政治问题和外交问题。要解决这些问题也比我们想象的要复杂得多。环境资源禀赋先天不足是硬伤，石油、天然气、淡水等战略资源的人均占有率很低；产业结构不合理，工业、重工业占比太高，发展粗放，单位GDP能耗太大，每年的煤炭消耗占全球总消耗量的一半；环境监管不到位，比如重行政手段、轻法律手段，重前端审批、轻过程和结果，重检查、轻执法等。

对社会经济发展与生态文明建设客观规律的认识，需要在教训中学习并不断深化。以前总讲人定胜天，要战胜自然，改造自然，现在没人再这样说了吧？开始强调要把握自然规律，尊重自然，顺应自然，坚持节约和保护优先，让人、自然和社会和谐相处，在发展中充分考虑资源和环境的承载能力，建立节约环保的空间格局、产业结构、生产方式和生活方式，实现绿色、循环、低碳和可持续发展。

要实现这一切，需要有技术支撑、空间支撑和时间支撑，需要全社会的理解和参与，利用自上而下、自下而上的双重动力才能真正切实推动环境的改善。经历多了会发现，在当今的网络时代，政府变得越来越透明和开放，也开始敢于正视自己的不足，回应百姓的呼声了。但是，很多问题认识得很透彻，政策、措施也制定得恰当到位，可在执行时往往就变了味儿。需要每位公民参与进来，利用社会监督和舆论监督，使保护环境成为全民行动。

“我对国家解决环境问题还是挺乐观的。”老公说，“以前政府连 $PM_{2.5}$ 都不敢提，现在却每天连续实时播报监测数据，这已经是一个大进步了。政府只要敢面对了，就一定能找到解决方法，你说是不是？”很多事情就是这样，当问题积重难返、让大家几乎丧失信心的时候，转机往往就悄然降临了。

儿子还是有些不服：“采用 $PM_{2.5}$ 那还不是美国大使馆给逼的？如果不是网民大量转载美国使馆的监测数据，大家都还被蒙在鼓里呢，还不知道政府会拖到什么时候才出手解决。以前总说空气质量优良，原来是我们定的标准太低了。推演过去，我们的水质标准、食品药品安全标准也比其他发达国家低多了，即使是合格品也要大打折扣。”

不管怎样，改变还是悄然发生了。生态文明建设和环境保护被提升到国家战略高度，受到了前所未有的重视，建设“美丽中国”成为全体国民的共识。为早日重新获得蓝天、碧水、青山，覆盖全国及重点区域的污染防治方案和行动计划陆续出台，有配套的项目和财政资金作为支持。节能减排、生态文明量化指标被纳入对政府部门及官员的考核，成为对干部工作评价、任免、奖惩及问责的重要依据。跨区域合作，跨行业合作，联防联动，一场场治污防污的攻坚战正在四面开花。

相伴而行的，还有一场深刻的廉政风暴。大白话一样的“八项规定、六项禁令”看起来只是约束官员的一些小节，却掷地有声，令行禁止，带来了整个社会风气的改变。轻车简从，让路于民，因交通管制带来的飞机延误和堵车立刻大大减少；禁止公款宴请和送礼，让高档酒楼一下子变得冷冷清清，茅台酒和奢侈品的价格也一路狂降；全民“光盘行动”，让奢侈享乐在勤俭节约面前黯然失色。还有反腐倡廉、老虎苍蝇一起打，让一些身居要职的高管纷纷落马，让依附钱权运作的“企业家”们无处遁形，仿佛在上演一幕幕跌宕起伏的人生悲喜剧。

就应该把权力放进笼子里，要不实在太可怕了，可以无限膨胀，为所欲为。当官就不要发财，发财就不要做官。即使是百姓，也要有最起码的伦理道德和做人做事的底线，不能为了利益最大化来损人利己，赚黑心钱。如果我们每个人都对自然、对环境和公众有敬畏之心，就能多一些谦卑和理智，多一份从容和平和，才不会变得庸俗浮躁和肆无忌惮。要是这些整风行动能持续下去，我党、我军、我国政府和人民还是很有希望的。老公最后诙谐地总结道。

信念是鸟，它在黎明仍然黑暗之际，感觉到了光明，唱出了歌。就在春姑娘将临、树木枝条已经拱满小骨朵的时候，都市迎来了一场超大的瑞雪。早晨六点，就被窗外的亮光晃醒，探头一看，外面已然是一个洁净的世界。灰霾在一夜之间消失得无影无踪，只剩下清澈透明的天空和千树万树的梨花。“真是太美了！”由衷地发出一声赞叹，然后迅速作出一项决定，赶紧出门照雪景去。今儿是个晴天，太阳一出来，这些令人惊艳的雪景怕很快就会消融的。

乘地铁来到公园，发现已经有不少早起的人来这里拍照了，每个人脸上都洋溢着幸福喜悦的表情。沿着护城河一直往东走，一步一景，美轮美奂，目不暇接。北方的雪芬芬的，遮盖了城市所有的轮廓和污垢，在地上铺上一层厚厚的地毯，让人几乎舍不得践踏，又忍不住在上面留下一行足迹。高高矮矮的枝丫间堆积着厚厚的雪花，一阵风过，就有成百上千的白蝴蝶飞舞起来。最有趣的是有几尊雕像，像披上了一层厚厚的白披风，戴上了一顶白帽子，眉宇间也挂满了雪花，让原本的石头雕像刹那间变得生动、柔和起来。

不过，美丽总是短暂的。等我双脚潮湿，疲惫地走向办公楼时，市中心马路上的雪已经完全融化，树枝上也只剩下稀稀落落的残花。如果不是有照片为证，我几乎以为自己刚刚做了一个美梦，在天堂里遨游了一圈，现在重又返回尘世。聊以慰藉的是，虽然美景不再，那些美好的风景和感受已经深深嵌在脑海里，成为永恒。

5. 决战高考

幸而春天就在这突然来袭的冰雪中悄然而至了。没过多久，春意就一天比一天闹腾起来。榆树、柳树、梧桐还有银杏经过四个多月的休整，终于吐出嫩绿的细芽来，覆盖在路边冬青身上厚重的绿色防寒衣也终于被脱掉，那些无精打采的老叶子不断被新鲜的枝叶替换掉。玉兰、樱花、桃花、梨花大气骄傲地开满了枝头，还有迎春、连翘、玫瑰、水仙以及很多叫不上名的花朵儿，红的、粉的、黄的、白的，它们星星点点地开放在城市的各个角落，一下子褪去了冬日的沉重，重新展现出一片生机盎然的景象。

为帮助儿子尽快适应新环境，我们向学校申请了住校。在校方的要求下，儿子自己独立办好了相关入住手续，把一切安排妥当，重新开始了住宿生活。两个月后，他逐渐融入了新团队，结交了新朋友，开始喜欢上这个新学校。对两边老师讲的不一致的地方，他也找到了症结所在，是因为学科发展、认知深化，知识产生了更新。这边的教材已经据此做了相应修改，而另一本教材尚未升版。

新同学比预想中的要厉害很多，各学科都有超级达人，儿子在班里不再是领跑者。不过，跟在超级达人身后跑也没什么可觉得羞耻的，他们不经意中闪现的思想火花常会让儿子有所顿悟和收益。更何况儿子也有自己的强项，在理科综合方面基础非常扎实，思维缜密、训练有素，尤其在练习或考试的难度增加时，儿子的优势更加明显。

来都市前，都说这里的学校学习气氛比较宽松，有很多课外实践活动，非常重视孩子的素质教育和学生的自主学习能力。这话一点也不假，儿子的同学大多很活跃、很大气，敢于表达自己，有较强的综合素质和社会活动能力，跟老师的关系也非常自在融洽，这些都承蒙素质教育所赐。不过，所有这些随着高三复习的开始就戛然而止。

与全国所有其他的中学一样，进入高三阶段，学校全力以赴对学生进行两到三轮高强度的高考复习和应试技能的培养和锻炼。除了全面梳理回顾各科的知识框架、构建综合的知识体系外，每天还要做大量的习题，这些习题都是老师根据多年的高考经验分阶段精心挑选出来的。“不让学生陷入题海，老师就得先跳进题海。”这是学校对各位学科老师的要求。

除了统练，学校经常还要安排一些学科的考试，老师每次都要对考试成绩和班级弱项进行综合点评，对表现不理想的学生还要面批面改。“平时如考试，考试如平时。”这是各科老师对学生的教诲。频繁的考试锻炼了学生在时间压力和竞争环境下的抗击打能力，在不断的成功、失败、高兴和沮丧中，让孩子的内心不断强大。就像一柄锋利无比的利剑，只有经过千锤百炼和水与火的洗礼，才能变得坚硬又韧劲十足。

有人说，目前的高中教育已经被异化，变成了高考应试技能培训班，这虽然是无奈又残酷的现实，但也有它积极的一面。正是通过这些强化智力训练，才把各科的知识体系融会起来，真正在孩子脑海里形成知识网络。没有这些训练，这些知识也许就是一盘散沙，难以建立各知识点之间以及各学科之间的内在联系，没有形成一个大系统、大网络，很难充分发挥知识的力量。

复习过程也是对学生学习能力、抗压能力和问题解决力的系统培养和训练，帮助孩子形成缜密、细致的思维习惯和学习习惯，懂得自我分析、反思、顿悟和融会贯通，对今后的工作和生活都非常有益。这种综合能力训练并不是在制造高考机器，而是查遗补漏，寻找提升空间，是对知识、人生和社会的再认识。钢铁就是这样炼成的，青少年时受点苦、遭点罪是件好事，非凡的努力和付出才会有非凡的成绩。

高三共有四次大考。第一次期中考试比较容易，用来鼓舞士气，提振信心；第二次是期末考试，难度比高考难，防止大家松懈翘尾巴；第三次是这次的一模考试，难度与高考相当，对填报志愿最有参考价值；第四次是二模，要稍微简单一些，让大家轻松一下。高考前十天还有一次考试，进行考前全面预测和热身。你看，这个作战方案如何，是不是很明智？

这一年，学校开了好几次家长会，偌大的礼堂内每次都密密麻麻地坐满了家长。家长们一边聚精会神地听，还不住地记笔记、用相机拍讲稿，生怕漏掉了重要信息。校长对各次模拟考试的结果进行综合分析，针对教学管理者、学科老师、学生和家长等不同人群，分别提出了不同的要求、下一步的关注重点以及相应的改进行动方案。

忽然觉得，在讲台中央那个文质彬彬的校长，就像是位领兵打仗的将军，正在指挥着一场影响孩子一生的伟大战役。在作战方略里，有哲学思想、辩证思考、战略战术，还有人文关怀，还使用了很多现代管理理念和方法：以高考和孩子的成长需求为关注焦点，通过数据分析和趋势评价、自我评估和同行评估，对自己准确定位，识别强项和弱项。对学生进行分类管理，利用业绩目标监测和管理、文化凝聚、内外激励、团队合作，以及老师、学长的经验反馈和行为示范，在教学管理和学业成绩上持续改进、追求卓越。

儿子对一模考试结果不太满意，全校排名后退了二三十名。他知道这次考试非常重要，对能否获得心仪大学的自招优惠有重要影响。考试前，儿子参加了华约联盟的自主招生面试和体育测试，接着又参加了体育会考，智力和体力消耗都比较大。身体透支加上天气的冷热骤变，就得了感冒，整个考试期间脑袋都是昏昏沉沉的，难以进入状态。第一门刚考完，就给我发条短信：“我考砸了，不想考了，再考下去也没有意义，不开玩笑。”

心里一惊，连忙给他回了短信：“没事儿，不想考了就回家来，妈妈给你做好吃的。”儿子一直都是好学生，不可能罢考的，不过是在宣泄情绪而已。即使真的罢考，也只有接受了。现在最要紧的是要调整好他的心态，否则会影响后续的考试。临睡前，我认真给儿子写了一条很长的短信，内容如下：

任何事情无论好坏，都能找到它的价值和意义，只要我们有积极的心态，并善于总结、思考和感悟，从教训中发现不足。爸爸妈妈在工作中，遇到过很多难事，弄得身心疲惫。现在回过头看，却很感谢这些岁月，它让我们的人生变得更加厚重和丰富。人生本来就是不完美的，不会总是我们期待的样子。人生为什么要完美呢？在摸爬滚打中前行，在失败伤痛中感悟，也许正是生命的价值所在呢！

当初我们考完大学以后，以为人生最重要的考试已经结束，现在发现，那只是一个开始。后面还有一场场关口在等着，有时比高考更激烈和残酷，也绝无可能一路顺利过关斩将。即使觉得自己足够优秀，也永远会遇到比自己更优秀的人，甚至是又强且狠的对手，把我们打得七零八落、遍地找牙。经历多了以后，就不会为了一块淤青感到伤痛了。

你现在不过是碰了块淤青，没什么大不了的。我们上学包括工作以后，也是非常争强好胜，后来发现这样会把自己弄得很累，精神和身体都不能放松，几乎得了抑郁症，身体也开始出现状况。后来就慢慢懂得调整自己，学会对自己说，没什么大不了。不要对自己期望太高，就更容易满足，更容易有幸福感。尽心尽力做就可以了，谋事在人，成事在天。成功了是惊喜，失败了也不是世界末日。好好活着，比什么都强。爱你的爸爸妈妈。

在成绩分析会结束后，我们到各学科教研室找任课老师面谈。老师们对儿子的评价是：性格有些内敛，不大能放得开，学习习惯非常好，理科非常强，正常发挥就行了。语文、英语相对有点弱，这也是男孩子的通病，不过提升空间也大，尤其是作文。得语文者得高考，得作文者得语文，这句话对儿子特别适用，只要语文不出现失误，考高分就基本没问题了。

儿子在家还是很有个性、有棱角的，出了家门就变得有些腼腆木讷了。他小时候可不是这样，敢打敢冲的，不知从什么时候起变成了现在的模样。老公对儿子很有信心。他认识很多人，刚工作时都很木讷，少言寡语的，在社会上工作一段时间，阅历多了以后自然会改变。就像我们对儿子进行自招模拟面试时，儿子的表现就很不错。

在华约、北约和卓越三大高校联盟的自主招生中，儿子参加的是华约联盟自招。自招有笔试和面试两个环节，根据考试成绩，会有不同等级的降分投档和专业录取优惠。条件还是挺诱人的，就是不知道该如何备考。因为没有考试大纲，每年出题的范围、风格差异很大，根本没法预测。因此，学校老师不建议在外面上什么自招强化班，不仅没效果白花钱，还会打乱学校原有的复习节奏，影响后续的高考。有余力的同学，可以把以往自招中超出高考考试大纲的知识点看一看，但也不要花费太多的精力。

对通过笔试、进入面试环节的孩子，家长倒是可以进行一些面试技巧的模拟训练，比如神态、眼神交流、肢体语言、问题应对、语言表现力等。面试题目也没法预测，主要靠平时积累，多关注社会和时事。面试考察的是孩子的价值观、世界观，对社会的认知，综合素养和能力，对时事的解读，对现实问题的分析和阐述。没有正误之分，主要看学生的思维是否严谨、开阔，是否有独到见解，反应是否敏捷，口头表达能力是否流畅和富有逻辑等。

那次模拟面试，我和老公分工，准备了近一周的时间，查阅了大量以往的面试资料和当前的社会热点，揣测可能的面试问题，列出了十几页纸的问题和建议答案。然后，我俩扮作考官正襟危坐，有模有样地对整个面试流程进行预演。儿子的表现让我觉得又陌生又惊喜，一脸的沉着自信，侃侃而谈，条理清晰，完全不同于平日在我们面前的那个叛逆少年。

早就意识到儿子的英语、语文两科可能会影响他冲击高分，一直想帮他却总是不得要领。老公负责英语，买了一大堆的英语听力磁带，只要儿子不在学习，就打开让他听，包括起床、洗漱、吃饭、看课外书和闲聊时，儿子走到哪里，播放机就跟到哪里。“听不听没关系，只是给他营造一种英文语言环境，潜移默化中会起作用的。”在我质疑其效果时，老公解释道。

我负责作文。到书店选了好几本自认为不错的书，比如高考满分作文选，经典高考作文素材和范例等，儿子翻了翻就把它们扔在了一边。于是又变换方式，对儿子写过的作文进行点评，再自己重写一遍给他看，儿子用不到两分钟的时间就把我花了一整天写的作文看完了。从网上挑选一些精品文章，精简后发到他的手机里，他还嫌太长。后来就干脆找些名言警句，时不时写成短信发给他。

对我的这些努力，儿子好像不太领情：“你发了这么多信息，我哪有时间看。再说，你有我们老师有经验吗？”“那就换一种方式，报个高考冲刺班吧？专门对语文、英语进行强化练习，好多家长都这么做。”“你无聊啊，哪个办学机构的老师能比我们学校的老师好？跟着老师走就行了，别去花冤枉钱。”

我还不死心，总觉得要报个什么班心里才踏实：“干脆报个书法班吧，把你的字好好练一下，免得作文被扣印象分。”儿子一口回绝：“现在哪还有时间练字啊！字就这样了，着急也没用。”一个人字写得好坏，就像是他的名片，会给人留下第一印象。尽管从儿子小学开始，我们就让他经常在字帖上做些描红练习，但儿子描红时写得像模像样，离开了字帖，立刻又打回了原形，字写得太小，很多笔画都没交代清楚，显得非常局促、稚嫩。

进入高中阶段忽然发现，孩子字写得好与坏，不仅是他的名片，还会影响考试成绩。老师在批改海量考卷时，分配到每张卷子的时间非常有限，如果卷面书写质量差，很容易被扣分。尤其是语文作文和英语作文，字写得好，看上去成熟，流畅，能够提高阅卷老师的印象分，即使内容平平，没准还会得高分。相反，字写得潦草，或者显得很稚嫩，即使内容上乘，也未必能得高分。

于是，学校在平日的家庭作业和测验时，不管哪个科目，都非常强调答题要卷面整洁、书写清晰、形式规范和内容严谨正确。经过一系列强化训练，再翻看儿子的作业本或考卷时，虽然字体谈不上漂亮，倒也整洁、清晰。唯独作文，字体的稚嫩如何也难以掩盖，好像基本定型，短期内很难有大的改观。特别是在时间压力下，能保证少写错字就相当不错了，很难让卷面有一个质的提升和飞跃。

“就怪你，总让他描红。描红有什么用？当初就该坚持让他上书法班，重点练笔画和字体架构，脱开临摹要自己独立写，慢慢揣摩才有用。”心里着急，只能私下冲老公抱怨。“你现在说这些有用吗？怎么能说描红错了，只能怪孩子没坚持练习。暂时就这样了，别再在这方面给孩子压力。毕竟，正确性和作文内容比字体更重要，不能捡了芝麻丢了西瓜。”

不管怎样，高考还是一天天临近了。儿子没事儿人一样，我们心里比他紧张多了，恨不得这最后一周眨眼就过去。辛苦十二年，决战在两天，天知道最后的临门一脚会踢成什么样。这紧张还不能在孩子面前表现出来，尽可能像平常一样，把他的饮食起居照顾好，调整好状态和情绪。到了现在，拼的已经不是实力，而是心理状态，是临场发挥。

老师也详细介绍了考场纪律，希望同学们以最诚信的态度，践行绿色高考。老师把迎接最终大考的妙方编成口诀印发给大家，包括考场上可能的各种突发状况及应对措施。标准考场已覆盖全国，都安装了高清摄像头由考试院进行同步监考。试卷在运往各考点的过程中有专人押送，并对运送车辆进行全程 GPS 定位。任何电子设备不得带入考场，一经发现，成绩作废。

高考前两天，老公安排儿子严格按高考时间和节奏调整作息时间，我们也尽量遵循日常习惯安排好孩子健康、简单、安全的饮食。原本想在考场附近的宾馆订个房间，跑了好多家宾馆，却发现早在半个月前，这些“高考房”早已被预订一空。从住所到考场的路老公已来回走了三遍，把每个环节的时间都计算得非常精准，以便给儿子争取尽可能多的休息时间。儿子状况看起来不错，万事俱备，只待高考了。

前段时间还轻松自在的儿子，在高考逼近时忽然紧张起来。心里烦躁，什么也看不进去，晚上躺在床上翻来覆去睡不着觉。“我是不是生病了？肚子有点疼，感觉有点冷。”高考前一晚，儿子钻进被窝，用棉被把自己紧紧地包裹起来，显得有些萎靡不振。我心里咯噔一下，这节骨眼上千万别出什么差池，然后故作轻松地告诉儿子：紧张就对了，谁高考不紧张？我看你这几天的状态还行，不会生病的。

摸了摸儿子的额头，又量了体温，37.8 度。儿子一脸凝重地说：“完了，上次一模考试也是发烧，最后考砸了。”“只是有点偏热而已，不碍事的，别给自己心理暗示，没病找病。”我给儿子冲了杯板蓝根，又让他冲个热水澡，发发汗，体温已经降到了 37.2 度。他觉得宽慰一些，加上前一天晚上没有睡好，很快进入了梦乡。

这一晚，老公没有睡好。他半夜两三点钟爬起来，蹑手蹑脚地把挂在客厅的电子钟藏进厨房的橱柜里，怕影响儿子休息。天刚蒙蒙亮，又把时间看错了，早上4点半就开始煮粥。老公几乎睁着眼睛等到早上7点，准时把儿子叫醒。摸摸儿子额头，完全正常，他却还说自己病了，脑袋昏沉沉的。赖在床上又量了体温，36.8度，这才真正轻松地笑起来："真是的，如果发烧该多好，万一上午的语文没考好，还可以给自己找个理由呢！"

8:05分，全家人一起赶考场。但老公百密一疏，忘了看天气预报，出门时还没下雨，等十五分钟后钻出地铁站时，发现外面正噼里啪啦地下着大雨。在出站口等了一会儿，雨丝毫没有减弱的意思，就让儿子自己先过去。他的书包里永远带把雨伞，不管是晴是雨，我们经常笑他，没想到关键时刻还真能发挥作用。仍然有些不放心，我们随后还是冒雨跑到考场。

父母们都在这儿，目送自己的孩子进去后再目送其他的孩子，一朵朵伞花就盛开在校园门外，仿佛在给孩子们传送信心和力量。在进口处，低年级同学还有已经上大学的校友冒雨打着横幅为考生加油，老师们无论男女都穿着大红的衬衫、T恤或裙子，列队迎接考生。每看到自己班上的学生，女老师会送上温情的拥抱，男老师则会拍拍肩，拉拉手，给一些叮咛和鼓励。这些红衣服非常喜庆和醒目，像一团团火温暖着每个孩子。

这场景让家长们觉得心里暖暖的。老公眼睛里似乎闪着泪花，说这些老师真的是把学生们当成自己的孩子。如果他们只对其中的一些学生这么做，很容易做到，但观察了半天，每个孩子都得到了热情拥抱。有的老师还带了小板凳准备打持久战，随时响应孩子们的需要。刚才就有个孩子慌慌张张从里面跑出来，说忘了带橡皮，老师赶紧从一个包包里取出一个橡皮给他。这学校难怪会这么出色、全国闻名，的确有其不寻常之处。

6. 梦想照进现实

孩子、家长和老师们都在为了梦想而战。但是，当梦想照进现实的时候，就变得有点不尴不尬，甚至还有些残酷。今年，本市又有几千名应届毕业生放弃高考。弃考的原因多种多样，有家长觉得孩子考不上国内顶级学校，不如直接送孩子去国外读大学，或不满意国内大学的办学理念和水平，宁愿花大价钱让孩子早点接受国际化教育。有的孩子干脆什么高考也不参加，留在家里啃老或随便找个工作了事。

个别人弃考是因为身体原因。一名同学平时身体很好，但最近在完成体育测试后，觉得不舒服，晚上就开始发烧，吃不下任何东西。捱了两天，送他去医院看病，却被医生下了病危通知书。给家长吓坏了，什么高考不高考的，孩子的性命和健康最重要。好在孩子年轻，底子好，很快就康复了。孩子自己说没关系，还想参加高考，他父母不同意，劝他今年把身体好好养养，明年再考。留得青山在，不愁没柴烧。

填报高考志愿也是件让人伤脑筋的事。人人都梦想能上国内最好的学校、选最好的专业，但报志愿时只能忍痛割爱，选择与孩子实力相匹配的学校。对成绩在录取分数线附近的孩子，就更加让人纠结。很多好学校、好专业明确表示不招收二志愿。一、二志愿之间要有足够的跨度，一志愿如果踏空，二志愿的录取分数比一志愿至少高出几十分以上。二志愿要是再废掉，兜底的三志愿与一志愿之间早已相差十万八千里。

志愿填报很重要，一点也不亚于高考，尤其是还未高考就报志愿，增添了很多不确定性。为减少对孩子的干扰，大量的调研分析工作只能由家长来做。学校建议，报志愿不能全听家长的，如果孩子不乐意，会影响他的情绪和高考临场发挥；全听孩子的也不行，孩子没有社会经验，对自己的特长、爱好把握并不准确，也不会顾及今后的就业。以往每届总会发生一些家长与孩子之间的冲突，建议这时要召开家庭会议，通过沟通解决争端。

选学校要优于选专业。综合实力强的学校会拥有更多的教学、科研和社会资源，也会有更多优秀的学生，能为孩子提供更高的平台。现在很多单位不管是应届生还是社会招聘，非 985 或 211 工程的学校不要，还看重第一学历的就读学校。根据以往的学业水平和成绩排名，制定几种方案：高案是跳一跳能够着的，没准孩子超水平发挥呢；底案在孩子万一发挥失常时用来保底。然后，结合孩子最近的状态和模拟考试成绩趋势进行微调。

专业选择要考虑孩子的特长和爱好，也要结合专业发展趋势。当下热门的专业，几年后未必热门；而很多当前遇冷的专业，说不定以后反而有更好的职业前景。填报专业时，还要考虑孩子的相对竞争力。热门专业通常录取分数也高出许多，万一没录取，调配到不喜欢的专业，就得不偿失了。

学校给每个学生都发了志愿填报指南，里面有近三年各校录取的详细信息。这本厚厚的志愿填报宝典我们已扎扎实实地研究了一周。此外，还在互联网上调研了所关注学校的相关信息，他们今年及往年的招生政策、招生计划与实际招生人数，招生专业与各专业一、二志愿录取人数，各专业最低、最高录取分数线和平均分，以及近几年的变化趋势。

北大、清华这两所名校各自派了招生代表来学校推介自己，两名校同台竞技，各自展示自己独特的优势，包括学校的历史、文化、资源、成就、办学理念和远景目标等，都希望有更多优秀学生报考。他们还要共同面临着来自香港名校和国外知名学府的竞争，在儿子学校今年的四百多名应届生中，有近一百人已经拿到了海外高校的录取通知书，其中不乏美国哈佛、MIT、加州大学这样的国际顶级名校。

根据儿子平日的成绩，再加上已经获得了清华大学自招录取的优惠条件，第一志愿目标早已锁定，直奔清华，虽然风险仍然有，但很小。难就难在第二志愿，让我们头大，勉强找了三所能招二志愿、学校声誉又还不错的高校作为平行志愿，发现面临的风险一点也不比一志愿低。不管怎么报，家长都不可能把孩子的相对优势发挥到极致，有太多的变量和冒险成分。毕竟，不管孩子平日表现如何，高考的终极对决才是最要紧的。分数为王啊！

学校选定了，后续的问题跟着又来了：报什么专业？从某种意义上讲，选专业比选学校更重要，专业选择有时会决定孩子未来的职业理想。"报专业一定要是自己喜欢并擅长的，你喜欢干什么？"老公问儿子。"我喜欢做科研。比如物理、数学等专业，我还是挺喜欢的。"

"这些专业的确不错，它们是基础学科，偏重于理论研究，但毕业后找工作稍许困难些，职业选择的余地比较小。如果你要征求我们的意见，我更倾向于让你学工科，所有的基础研究只有在实践中得到推广应用才有价值。学工科一样可以搞科研，比如做一些应用研究，新产品的设计开发、技术革新等。我们国家仍处于高速发展期，工科专业应用范围广。"

通常意义上的科研有三个层面：基础研究是第一层面，它的任务是认识并揭示自然规律，获取新知识、新原理或新方法，为新的技术发明和创造提供理论前提。应用研究是第二层面，是基础研究的继续，为基础研究成果探索具体的应用途径，让它转化为实用技术。开发研究是第三层面，研究如何将前两者应用于生产实践，是科学转化为生产力的中心环节。

“好吧，那就选工科吧。”听了老公的讲解，儿子思考了一会儿，妥协道。“不过，从学校的招生简章中，看不出哪个专业特别有意思，也不知道以后究竟能干什么。看了每个专业的主要课程表，乱七八糟地设了一大堆课程，从课程名称上看，好像都挺无聊、挺枯燥的。”

不管什么专业，大学前两年的基础课程基本是一样的，尤其是大一。大二开始上专业基础课，每个系的不同专业也大同小异，到了大三、大四才开始真正上专业课。对学校所设的专业，与我们现在所从事工作相关的能说清楚，其他专业还真的不太了解，毕竟隔行如隔山啊！但我们可以找人问问。

于是，我和老公分别咨询了很多人，包括同学、同事和朋友，涉及大学教授、企事业单位的管理者、相关行业的政府官员、已毕业和在读的本科生和研究生等。网上也有很多信息，特别是一些家长博客值得一读，里面有不少精心收集、编制的相关深度分析文章。此外，我们还在清华校园开放日，与各名校、各院系的招生老师当面咨询请教，拿回了一摞招生简章。

信息太多，选择太多，反而迷失了方向。每个人有着不同的教育背景和工作经历，对相同专业的看法和观点大相径庭。比如对金融和经管专业，很多人说好，已经热门了很多年，赚钱也容易，符合当下的社会潮流；也有人说不好，越容易赚钱的行业风险越大，你看金融海啸一来，有多少华尔街的精英立马卷着铺盖走人？经济管理若没有某一专业特长做支撑，不从最基层做起，能对经济现象有深刻理解吗？

再比如，机械工程、能源动力、材料工程等专业都是传统的工科专业，有人说太传统，知识和技术更新慢，技术含量比较低，人才多，找工作和挣钱都不易，报考人数和录取分数这些年一直相对较低；也有人说，这些最基础的专业反而风险最小，实业兴国，社会需求永远存在。找工作挣个温饱应该没问题，现在虽然遇冷，没准毕业时又枯木逢春呢？

对计算机工程、电子工程、电气工程、信息技术这些时髦专业，有人说随着电子信息时代的到来，地位会变得越来越重要，路会越走越宽；也有人说这些专业知识和技术都更新太快，学着太累，需要吃青春饭，等老了以后会很容易被淘汰。况且，将来这些学科是工作中需必备的工具和技能，掌握即可，没必要把它当成自己的主业。

综合上述种种观点，再结合儿子的志向，最终选择了五个专业，排好了优先次序。前两个专业最重要，也是最热门的专业，到底哪个放在前面，一直摇摆不定。一个专业与我们现在从事的行业相关，将来找工作时会多一些人脉资源；另一个专业应用范围广，更符合未来的发展潮流，与我们从事的行业相差很大，将来很难帮孩子做些什么。

老公让儿子拍板："这两个专业都不错，你自己定。能不能录取，还要看最后的高考分数。所以，不管你选什么，一旦选定，就不去想它了，一心一意地备战高考。"儿子纠结了半天，又询问了他哥哥，最终选择了另一个我们不太熟悉的专业。他对该专业的课程体系研究了一番，又觉得有些不甘心，觉得没什么意思。

我以过来人的身份安慰儿子：不管学什么专业，都不如你想象的好，进去以后一定会有点失望。专业其实没有想象的那么重要，大学教育的核心还是一种科学思维方法和技能的训练。像我们大学同学当中，二十多年后再回头看，坚持原来所学专业的只剩下寥寥几个，大部分人都转行了，有的甚至风马牛不相及，比如有开连锁超市的，有办中小学校的。不管干什么，只要掌握了学习方法，有能力积累，一样能获得成功。

7. 人生若只如初见

高考过后，全家人紧绷的神经一下子松懈下来。尽管结果半个月后才能知晓，大山一样顶在心头的压力毕竟给卸掉了。老同学志国发起了一个聚会，有好几家的孩子都是今年参加高考，该好好放松一下了。各路人马陆续到达聚会地点，见了面免不了一阵寒暄。大学毕业二十多年后，每个人的容貌、神态和体态都发生了不小的变化，多数人尚可依稀看到过去的影子，有一两个无论在脑海里如何搜寻，也找不到当初的任何记忆了。

大家各自介绍了这些年的主要经历、工作和家庭情况，然后就自然而然地讨论起这几个应届高中毕业生的前途来。“婷婷，美国怎么样，以后打算回来吗？”婷婷两年前就被父母送到美国读高中，今年参加美国高考，已经申请了几所大学，正等待审核结果。“当然回来，不然我爸妈该怎么办？”离开了家，婷婷才知道家有多好。没有父母的陪伴和照顾，大事小事都得自己做，现在几乎都快成超人了。

“你呢，伟伟，对未来有什么梦想吗？”伟伟长得很结实，高考那天他和他妈妈却都生病了，浑身没劲儿，吃不下饭，一考完两人都好了。伟伟妈在考试前，专门带孩子去庙里许愿，求了个金榜题名的签，管它灵不灵验，只求能心安。结果心还是安不下来，也许，把高考之类的大事交给菩萨帮忙本来就有点悬，那么多人求他，帮得过来吗？

高考前，大家一直号称在为梦想而战，但梦想到底是什么？除了考上名校这个目标比较明确外，未来的人生理想似乎总是朦朦胧胧的，很少认真去想。“叔叔阿姨们，你们当初的梦想是什么，现在实现了吗？”伟伟目光里透着顽皮，把每个大人看一遍，询问道。大家静默了一会儿，不由自主地把目光转向志国，他是同学心目中的成功人士，应该最有发言权。“我的梦想？远大着呢！修身，齐家，治国，平天下。”志国笑着回应道。

志国毕业后就进了政府部门，从最基层做起。严格要求自己，勤勉工作，不贪赃枉法，甘于清贫。当公务员最吸引他的地方就是能参与国家政策的制定与组织实施，能亲眼见证很多高级别的重大活动，能调动各级资源来实现预定的目标，也能对民众的生活产生重大的影响。中国经济快速发展这么多年，不管外界如何批评政府，国家所取得的成就还是有目共睹的。自己亲历了这个进程，怎么说都还是有一份贡献的。

不过后来，手中的权力越大，心中的定力和平衡感就越差。志国常和各类大中型企业的高管打交道，论能力、论才华、论人品，哪一样也不比他们差，凭什么他们能拿几十万、上百万的年薪，而自己的工资只是他们的零头？老婆总抱怨，看别人家的老公挣了多少，开豪华私家车，住豪华别墅，孩子上贵族学校，每年去国外度假，我们什么时候才能过上这样的生活？

其实，这些东西如果志国想要，能比他们更容易得到。几乎每天都有人拿着各种各样的好处来诱惑你，他只需稍稍利用手中的权力，把项目资金在划拨时倾斜一点，就什么都有了。但他不屑这么做，往崇高了讲是一身正气、两袖清风，往低了讲，就是求自己每天不用担惊受怕，晚上能睡个安稳觉。他看了太多的非常有才华的官员，最后都栽在金钱和美色里，所有的尊重、赞美、成就、浮华、灯红酒绿都在一夜间消失。

不想放弃原则，又耐不住老婆的唠叨，志国干脆就自己把金饭碗给砸了，去一家企业工作。收入比原来增加了好多倍，生活也改善了很多，能买得起车子和房子了。不过，企业有企业的难处，一开始还真不适应，得时刻低下身段，与各路衙门打交道，跟先前在政府部门的角色完全掉了个个儿。还得随时应对市场的变化和来自无数竞争对手没有道德底线地竞争。现在，他算是真正理解老钱做企业的难处和不易了。

老钱算是同学中最富有的，长得高大，算不上英俊，但很幽默。他在大学里就显示出商人的特质，在同学们忙着读书、做论文的时候，他在忙着赚钱和谈恋爱。利用节假日在校园给学生拍照，每年毕业季在食堂外售卖毕业纪念册，还没毕业就赚取了人生的第一桶金。现在，他创建的家族企业产品卖到全国，婷婷家的超市跟他的企业相比，就是小巫见大巫了。

“我没你那么有抱负”，老钱说，他目标一向很明确，就是要挣大钱，让家人过上富裕、幸福的生活，想吃什么、穿什么都能够，想去哪儿就去哪儿。这些年一路摸爬滚打，想要的东西都有了，别人能享受的也都享受到了，公司滚雪球似的越滚越大，想停也停不下来。

看到公司壮大，财富迅速聚集，他刚开始很得意，香车美女、宾朋满座，当有钱人的感觉真好。后来慢慢发现，快乐却越来越少了，财富变成了一种负累。“你们别笑，”老钱正色道，“哥们当着同学的面还能装吗？”占有的东西越多，担心就越多。担心投资失误，血本无归；担心被朋友算计，被员工欺骗；担心国家政策变化，不定哪天会再一次打土豪分田地；担心孩子被人绑架伤害，或被惯坏了不走正道。

他夫人担心更多，怕年轻漂亮的姑娘围着他转，整天盯着他，担心有人来瓜分家庭和财富。如今的很多女孩非常勇敢，非常物质，喜欢有钱人和有权人，宁愿躲在宝马车里哭，也不愿坐在自行车上笑。这世道怎么了，从“一切向前看”变成了“一切向钱看”？知识和美德不再受到最高敬重和奖赏，金钱和权力才是这个世界的王者。

“我跟你们都不一样，不想升官发财，也不要香车美女，只想一门心思做学问，成为一个大家。”文轩干脆利落地说。他现在名校任教，博士生导师，是同学当中寥寥几个从事本专业的科研人才。文轩最初的梦想就是出国留学、搞科研，他看不上国内的科研水平，也看不惯国内那种极端的拜金主义和机会主义。因为各种原因，这个梦想一直没有实现，直到留在高校当老师以后，才终于等来去美国大学做访问学者的机会。

刚开始感觉真好，简直像进了天堂，学校资源、科技水平、生活环境还有国民整体素质，不知比国内强多少倍。尤其是有种前所未有的自由，只要不触犯法律，想干什么都行，没人管你，也没人敢管你。但不到半年，就发现有点不对劲儿了。孤独，想家，想亲人朋友，想乱糟糟的车流人流，想粗线条但很踏实的生活，金窝银窝不如家里的狗窝啊。

以前在国内，文轩总觉得自己活得没有尊严。在国外却发现，尊严要遭受更频繁的挑战。国外总抨击中国的媒体和新闻不自由，他们其实也好不到哪儿去，甚至更偏见，经常把中国和中国人丑化一番、调侃一番。他还没办法反驳，毕竟中国有十三亿人，文化的素养参差有别，他们渲染的事实都客观存在。北京奥运那会儿，这种偏见发挥到极致，西方世界都在抵制奥运，一张张很有教养的笑脸背后，还有一双双充满敌意的眼睛和深藏的戒心。

文轩说，出国这一年的最大收获，是让他从一个厌恶自己国家的人，变成了一个坚定的爱国主义者。在国外，他最喜欢听的歌曲竟然是自己曾经异常反感的爱国歌曲，每次听，都感动得一塌糊涂。以前，国家对他来讲就是一个概念，到了海外，才真正悟出国家对于每个公民的价值和意义。“国家”就是家的家，是每位公民和每个家庭的守护者；“祖国”就是家的根，家的血脉，不管你漂到哪里，永远会牵挂着自己的根和血脉。

孩子们认真听着父母们的梦想故事，不知到底能理解和认同多少。年轻时，大家“恰同学少年，风华正茂。书生意气，挥斥方遒”。由于缺乏生活历练，常常会很偏激，还自相矛盾。对其他国家的社会阴暗面能大度地理解和包容，但对自己国家，即使是积极的、正面的事件，也一定要解读出黑暗来；把中国社会批驳得一无是处，却对近三十年的飞速发展和生活水平的巨大改变视而不见；忍受不了国内的不公平待遇，却能容忍外国资本家的轻慢和侮辱，谨小慎微地苟且活着，生怕哪天成为被裁员的对象。

年轻时，个个都像是政治家，对国内国际大事关心备至。对现实批判最多的就是社会制度和政治制度，以为与西方世界趋同后就能解决一切问题，就能获得世界大家庭的热情拥抱。后来却发现，任何制度都不可能包医百病，完美无缺，都有其弊端和局限。国与国之间的明争暗斗，价值观和社会制度的差异的确有一定影响，但本质上是国家之间的利益博弈。

国家间的矛盾、纷争或战争，不管看得见还是看不见，政治的还是经济的，也不管打着什么旗号，本质上都是在维护本国利益。只有团结一致，维护国家内部的和谐与稳定，才能有效抵御外界的侵害。搞窝里斗、闹分裂是最傻的，谁也得不到好处，反而让外人幸灾乐祸，不费吹灰之力就消灭了一个潜在竞争对手，少了一个实力强大的制衡力量。

每每遇到痛斥自己国家的国人，心底就会升起一种悲哀。少年时对方志敏的《可爱的中国》有深刻记忆，成年时重温更是感慨至深。在国家那样积贫积弱、惨遭列强蹂躏的年代，他都能看出祖国的美丽和可爱来，当今中国人的生存状况不知好多少倍，怎么能因为母亲脸上有灰，身体有病，就跟其他人一起取笑她、辱骂她甚至诅咒她。

是国家养育了我们，像母亲一样努力撑起一片天为我们遮风挡雨，我们不能认为这一切都是理所应当的，不仅不感恩和回馈，反而不断抱怨国家给的不够多、不够好。热爱自己的国家，就像热爱自己的母亲一样天经地义。别人的母亲再好，那也是别人的，不可能像自己的母亲一样，对你付出全部的爱和关怀。作为国家的公民，我们要做的就是让自己变得更自信、更强壮，帮母亲洗脸、治病，让她能与任何其他的母亲相媲美。

对梦想实现过程的回顾，家长们也像是进行了一次灵魂洗礼。人在不同年龄时的梦想是不一样的。人越年轻，梦想就越高远，越虚无；年纪越大，就越现实，越具体。伟伟的父亲高中时想当一名科学家，成为国家栋梁，改变社会，改变世界；三十几岁时，希望能成为单位的骨干，最好有个一官半职并不断升迁；到了现在，一门心思想把孩子好好培养出来，然后退休，找个地方安心养老。

婷婷的妈妈从小接受与男生完全一样的教育，要好好学习，将来为祖国实现四个现代化并最终实现共产主义贡献力量。可毕业后发现社会好像不需要她的贡献，女生想找个好单位都难，于是努力工作，拼命证明自己，证明女性可以跟男性一样优秀，也拥有追求梦想的权利和现实可能。结果被尊称为女强人，常被人议论和调侃，终于发现这世界本来就是男人的，女人只能在家里才能顶半边天。最后还是将重心放归家庭，降低对梦想的期待。

婷婷长长叹了口气："人生若只如初见该多好啊。叔叔阿姨们就像是在进行一场人生长跑，起点相同，但选择的道路、看到的风景、得到的感悟却大不一样。二十多年后，每个人都有很大的改变，梦想成真后发现不是自己期待的样子，或者干脆就放弃了原来的梦想甚至走向梦想的反面。我看我今后也就像妈妈一样，安心做个贤妻良母，没什么大追求了。"

志国听了连忙摆摆手："孩子们，每代人有每代人的使命和命运，你们不能被我们的经历吓着了。你们将面临的时代注定和我们不同，你们的梦想也注定会不一样，视野会更开阔，思维会更活跃，更喜欢挑战制度和传统。有梦想是件好事儿，一定要坚持。梦想实现的方式有很多种，可以很大，也可以很小，我们这代人的梦想虽然一直在变，但仔细想大方向并没有偏离，都在以某种方式对社会的发展有所贡献。"

"你们会唱这首歌吗，'谁能告诉我，是我们改变了世界，还是世界改变了我和你？'这是我们那个年代的校园流行歌曲，当时只是喜欢，并没有真正理解。现在我可以告诉你，我们只是从很小程度上改变着世界，但世界对我们的改变更大。很多时候，当你无力改变一件事情时，就只能改变自己，适应环境，顺势而为。这不是一种妥协，而是一种生存智慧。"

8. 圆梦清华

在高考的第一天，儿子就收到了来自清华本科招生办发来的短信："同学少年，书生意气；青葱岁月，壮志凌云。多少拼搏与汗水都会随着一声铃响成为记忆，唯心中不灭的梦想会始终照亮前进的方向。明天过后，开门望去，一些花开在高高的树上，一些果结在深深的地下。不负年华追梦人，我在清华等你来”。这短信很让我们激动了一会儿，离清华似乎越来越近了，几乎伸手就能触摸到。

等待高考分数的日子挺难熬的。儿子究竟将成为高高枝头上的花，还是深埋地下的果？万一考不上又会怎样？各种可能想了很多遍，都无法确定哪个更接近未来的真相。“其实，清华也没那么重要吧。”儿子在宽慰我，也宽慰自己，“老师让我们放松心情，不要把清华、北大看得那么重。他就没考上清华、北大，照样整天高高兴兴的，上班带学生学习，下班带孩子踢球，生活一样很幸福。大家听了都很感动，使劲儿为他鼓掌”。

老师还给了孩子们一些忠告：进了大学，没有了高考压力，一定要多抽出时间好好锻炼身体，健康实在太重要了，你们锻炼得太少，身体太弱。还要培养自己的社会交往能力，有一些特长爱好。最重要的是好好利用大学这个平台，多学些本领，长些见识，为以后的发展打好基础。我们年轻时没有这么好的条件，你们有了，就要知道珍惜。等以后有出息了，别忘了回学校看看我们。

为避免孩子的情绪受高考结果的影响，学校在高考分数公布的前两天，为应届毕业生们举行了毕业典礼，要求大家穿白衬衣、黑西裤、黑皮鞋、黑皮带，还要打领带。儿子从来都是一身运动装、一双旅游鞋，听说要如此穿戴，一脸的不乐意：“干吗要这么正式？穿皮鞋、系皮带，难受死了。穿衣服就是要舒服，不是专门给别人看的。”

这就是成长的代价，是从青少年走向成年的分水岭。一开始会觉得别扭，习惯就好了。尽管有些勉强，在定做皮鞋、选购衣服时，儿子还是有些小兴奋。换了正装的儿子站在穿衣镜前仔细端详着自己的新形象，少年的青涩立刻褪去许多，平添了不少英俊和潇洒。打领带时遇到点小麻烦，怎么系都觉得不对劲儿，在网上找了段教学视频研究半天，才算是解了围。

在毕业典礼上，除了老师与同学相互祝福留念外，最难忘的就是由学生自己制作的纪念视频。在舒缓优美的音乐声中，熟悉的校园在晨曦中慢慢铺展开来，显得那样亲切、宁静和美丽。一个柔美的画外音伴随音乐娓娓道来：我们，如同一群时光的旅人，乘着梦想的列车行至中转站，带给了高中时光刻骨铭心的回忆。当六月的晨光凝固了校园的天空，往事，变成挥之不去的青春印记，在回望的目光中化成永恒。

跟随着画面，校园生活的鲜活场景逐一呈现，宿舍、食堂、教室、操场，以及有老师和同学陪伴的日日夜夜，无不感受到青春和阳光的味道，感受到一种深沉的爱与留恋。它们已然融入孩子们的灵魂和血液当中，在不经意间早已枝繁叶茂。总以为离别总还在明天，总以为在校园可以行走到永远。人生总是充满别离，也该充满梦想，母校将永远站立在记忆最初的地方，细心守护你的梦想，并期盼你再次起航。

画面渐渐隐去，像合上了一段爱恋和回忆。背景音乐也好像怕惊扰到一个美丽的梦境，变得越来越轻柔，越来越舒缓，直至完全消失在时空里。过了好半天，孩子们还沉浸在片中的意境里，那是直抵灵魂深处的一种触动，无限的感恩与怀念把内心填得满满的，眼眶里也悄然充溢着泪水。

公布分数当天，儿子一早就紧张不安地坐在电脑前，跟同学不断交换最新消息。“完了，文理科状元都不在我们学校。”有人发布消息。很快就有跟帖：状元有那么重要吗？这份沉重让别人背去吧。怎么不重要？大家永远只会记住第一名，不信我们等着瞧，状元家门口很快会记者云集，争相报道。状元也一定是德、智、体、美全面发展，会学，更会玩，不用说地球人都知道。“唉——”老师在班级QQ群里留下一声叹息，让大家的心全都悬了起来，“完了，肯定‘砸’了！”时间好像凝固不动，压抑得令人窒息。

在紧张不安中，时钟终于指向了十二点整。儿子避开拥堵的网络，利用电话查询，在第一时间得到了高考分数。凝重被打破，一家人长舒口气，还好，还好，发挥正常，总分和排名都在预期以内，圆梦清华已没有任何悬念。悬着的心终于放下了，儿子忙着向老师同学报告成绩，我则忙着打电话、发短信，向关心孩子高考的亲朋好友报喜。

谜底揭开后，孩子们开始了不同的忙碌。有的忙着为出国留学做准备，申请签证，联络住宿，打点行装；有的忙着走亲访友，或去国内某个地方旅游。家长们还与旅行社合作，为孩子们组织了一个欧洲旅行团，下周就要去法国、西班牙等地快乐去了。还有同学开始利用暑期当家教，打短工，开网店等。挣钱不是目的，只是希望获得一个社会实践的机会，锻炼生存能力，学会与人交往，为不久的将来走向社会热身。

“不行，我得赶紧学会计算机编程，已经落后同学很多了。班里那些大神级的人物马上就要去哈佛、剑桥、港大学习，我们剩下的就只能在清华、北大混了。不能被他们落下太远。”儿子网购了C语言基础教程，正经八百地实施起自己的学习计划，平生第一次完全凭兴趣而不是考试压力，专心致志、饶有兴趣地研读起一门课程来。

有点出乎大家意料的是，个别平日成绩非常优秀的同学发挥失常，与清华、北大失之交臂。他们在网上发表博文，对人生进行深刻思考和感悟，对未来道路重新选择和设计。不管是复读、降格入学，还是远离体制到海外留学，任何一种选择对十七八岁的青少年来说，都是难以承受之重，非常纠结和痛苦，也需要极大的勇气。不少老师和家长在关注这些高考失利的孩子，纷纷回复博文：上帝关上一扇门，必会开启另一扇窗。每个人的人生都担负着特有的使命，也许，这另外一条路，才能通达自己的梦想呢！

将近有一年没回家看望父母了。让儿子在网上订购了高铁票，然后不可思议地用了仅仅三四个小时，就走完了曾经需要十七八个小时的车程。见了父母，自然是又抱又跳一阵热闹。父母又年长了一岁，两人都八十多了，看上去还挺精神，一个劲儿地笑着夸着儿子。他觉得有点不好意思，略显羞涩地收了长辈们派发的红包。

“你们在都市买了房子、车子没有？等你们安顿好，我要过去看看，还要亲自把外孙送进清华大学校园里，好好看看这个最高学府到底长什么样儿！”父亲的耳朵有点背，说话的声音很大。

母亲不以为然，说：“这大把年纪，老胳膊老腿的，就别瞎折腾了。你爸就是一个老顽童，习主席提了两个百年目标，他给自己也订了一个，争取活到一百岁。这事儿是能够计划的吗？我才没有这么大的雄心壮志，现在每过一天都觉得是赚的。”

父亲在家呆不住，每天骑着电动三轮车在外面跑。母亲怕他出事或走丢了，就要求他每天出门、回家都要向她报告一声。还给父亲的手机设了几个快捷键，每个数字都对应我们几个姊妹的手机号，不管拨哪个号码都能找到人求救。上次他在外面骑车时翻车了，人倒在地上额头撞破了满脸是血，被人送到医院缝了好几针，把我们吓坏了，他却没事儿似的，第二天照样骑车到外面玩去了。

“呵呵，呵呵。”父亲听母亲在数落他，一个劲儿傻笑。“我活到建党一百年肯定没问题。你看，我现在摘掉了戴了一辈子的眼镜儿，能看到很远的地方。牙好，胃口也好，吃嘛嘛香。我还能啃甘蔗呢！你看，这个门牙就是在啃甘蔗的时候给崩掉的。呵呵！”

看着父母这么说笑着，心里暖暖的。在平平淡淡的生活中，相扶相伴一辈子，即使一路磕磕绊绊，孩子们也长大离开自己，还总能在平淡琐碎中找到乐趣。这就是幸福吧！

收到清华大学的录取通知书，有同事问：“为什么一定是清华？北大也很好，港大也不错。”曾经，我就是那个追梦少年，与梦想的学校失之交臂，成为终身遗憾。为弥补这小小的一步之差，把圆梦的希望寄托在儿子身上。就像一颗梦想的种子，在一代人心中生根发芽，历经三十年风雨，在下一代人心中开花结果。尽管身外世界已发生翻天覆地的变化，内心的那种声音、那份渴望从未远离。

儿子小学毕业的那年暑假，我们就带他专程从外地来到北京，怀着朝圣般的心情，转遍了清华园的每一个角落。今日的清华跟六年前相比，变得更加优美，更加气定神闲，也更有国际范儿。它端庄大气地站在那里，不管是赞美还是批评，是热爱还是不屑，都宽厚仁爱地迎接着过往的每一个人，任凭一个个或喜或悲的光阴故事和历史事件在身边持续上演。一如那句随处可见的校训“自强不息，厚德载物”，在经意或不经意间影响了很多人。

现在，我们站在清华大礼堂前面那片开阔的草坪上，浓郁的人文气息从四周弥漫过来，让你有种莫名的感动。陪着儿子一路打拼，快乐成长，只为有一天他能以一个清华人的姿态站在这里，并把它作为新的人生起点。未来的目标和道路在哪里不得而知，剩下的就靠儿子自己掌控了。这就是幸福吧！拥有一个梦想，历经千辛万苦去实现，然后再去追寻下一个梦想。哪怕这个梦想不是自己的，做个助梦人，也一样幸福啊！

环顾四周，有三五成群的学生闲散惬意地躺着或坐在草坪上，有的在看书学习，有的在说笑聊天，还有的围坐成一圈，伴着吉他在唱歌，一首接着一首。更远处，有一群穿着宽大的学士服、顶着夸张的学士帽，正在清华学堂、日晷和清华大礼堂等建筑物前面合影留念。又是一个毕业季，他们看上去那么年轻绚烂，充溢着激情和活力，仿佛就像二十多年前的我们。

那是一个多么让人眷恋的学生时代啊。怀揣的远大理想还没有被现实的残酷击碎，未来的生活道路还展现出无限的可能，内心的激情、自信和勇气还满满地写在年轻光洁的脸上，尚未被时光和社会雕琢和侵蚀、变成我们未曾想象的模样。忽然，一首熟悉的旋律在四周荡漾开来，一个苍劲的歌喉伴着吉他在空中唱响：

每当我感到疼痛，就想让你抱紧我，
就像你一直做的那样，触摸我的灵魂。
每当我迷惑的时候，你就给我一种温暖，
就像某个人的手臂，紧紧搂着我的肩膀。

有时我会孤独无助，就像山坡上滚落的石子，
可是只要想起你的名字，我总会重拾信心；
有时我会失去方向，就像天上离群的燕子，
可是只要想到你的存在，就不会再感到恐惧。

有一天这首歌会变老，就像老杨树上的枝丫，

可我还会一遍遍歌唱它，如同我的生命。

有些人会慢慢消失，有些感情会渐渐破碎，

可你却总在我心中，就像无与伦比的太阳。

希望你把我记住，你流浪的孩子，

无论在何时何地，我都思念着你。

希望你能够知道，你对我的意义，

无论在何时何地，你就像我的生命。

我爱你中国，亲爱的母亲，

我为你流泪，也为你自豪。

我爱你中国，亲爱的母亲，

我为你流泪，也为你自豪。

是那曲让人百听不厌、总会潸然泪下的汪峰的歌——《我爱你中国》。四周渐渐安静下来，很多人直起身子，凝神静气地倾听。等到最后两句，有人忍不住跟着唱起来。和声在不断壮大，它们从四面八方聚拢过来，越来越高亢，越来越宏大。这歌声在清华园的上空升腾、凝聚，继而发出耀眼的亮光，随着神舟十号宇宙飞船冲向太空，点亮整个中华大地，点亮全球华人的心底。在理想与现实之间，爱并痛着，谁说不也是一种幸福呢！

祝福孩子，祝福祖国！

致　谢

感谢父亲母亲，他们不仅给了我们生命并养育成人，还用自己的一举一动、一言一行教会我们，如何关爱自己的孩子，如何当称职的家长。兄弟姐妹们的父母角色都当得十分出色，提供了很多示范和借鉴。尤其在时代大潮中回望他们的经历，才真正理解其中的艰辛与付出，还有智慧、坚韧、宽厚与博大。

感谢儿子，他不仅随我们一起完成了生命的接力，还让我们有机会再次感受童年的单纯快乐和少年的成长烦恼，让我们思考更多，感悟更多。还有老公，他总会以独到、冷静的分析，让复杂问题变得简单清晰。是他们成就了这本书，也让生活变得多彩和有趣。

感谢老师、朋友和同事们，以及一切有缘相遇、相识的人们。每个人就像是一本书，让我们看到了不同的世界，不同的人生，带来更多的人生体验和感悟，使生命变得更加厚重和富有意义。

最后，感谢中国环境出版社，是他们的慧眼，成就了我的梦想。

出版后记

通常，在家庭教育上花费很多心血的父母，在孩子成人后都有一种倾诉和分享的愿望，希望传达自己的育儿经验，不让教训在其他父母和孩子身上重演。这是近年家庭教育类书籍获得重视并拥有大量读者群的一个重要原因，也是家长们以真情实感和生活智慧回馈社会的重要方式。

刚拿到《成长保卫战》书稿时，对是否值得出版还心存疑虑，因为目前的图书市场，家庭教育类书籍同质化倾向严重，书品众多，已经让读者有些审美疲劳。等读完后，疑虑被打消了，它首先触动了我们的编辑—— 一位年轻妈妈。当她读到作者在与孩子激烈冲突后的一段内心告白时，忍不住潸然泪下。相信书中的真挚情感也会触碰到你内心最柔软、最温暖的角落，让你感同身受。

这不是一本枯燥的家庭教育教科书，而是在讲述两代人鲜活生动的成长故事。作者在与孩子的相处过程中，不断在成人世界与青少年世界之间、在现实世界与过往记忆之间来往穿梭，将家庭故事放在特定的历史背景和时代大潮中，诠释两代人的期望与叛逆、对话与冲突、关爱和成长，努力去发现和理解两代人观念和思想差异背后的原因，不滥用家长权威，用爱和尊重与孩子相互体谅并达成和解。

书中描述的很多事儿都是我们每个普通人在生活、学习和工作中会经常遇到的。作者通过不断观察、总结、质疑和反思，把获得的生活经验和生命感悟传达给下一代，同时把孩子当作一面镜子，不断发现和纠正自身的错误和局限。当有事情发生时，没有是非曲直的判断，而是将孩子、父母和老师的表现真实呈现出来，他们看待事物的不同角度和处理问题的不同方式，让读者自己去体会和判断。

孩子的成长和父母的成长是相辅相成的，它们不仅需要家庭成员间的相互关爱，还必须植根于历史与社会现实之中，植根于民族文化和世界文化之中，才能长久获得成长所需的丰厚营养。书中的人物和故事就是在历史和现实的文化土壤中生根发芽，既有深沉细腻的情感表达，又有严肃认真的理性思考，充满了父母、老师与孩子之间的爱与关怀，饱含着深刻的人生体验和感悟。

生命不息，成长不止；成长不息，战斗不止；战斗不息，关爱与责任不止。读后掩卷沉思，就像完成了一次心灵旅行，在平淡和琐碎中感受着爱与尊重，感受着生命和文化的传承与生生不息。一本好书就像心灵鸡汤，作为生命流域的有缘人，你只需用心聆听，一定会感受到这脉心泉的清澈醇厚，并在润物细无声中使心灵得到休整和滋养。